# CASE STUDY OF AVIATION LAW
## Crime Prevention and Control Volume

# 航空法案例教程
## 犯罪防控卷

林 泉 ◎ 编著

知识产权出版社
全国百佳图书出版单位

图书在版编目（CIP）数据

航空法案例教程．犯罪防控卷／林泉编著．—北京：知识产权出版社，2023.11
（航空法学案例教学规划丛书）
ISBN 978-7-5130-8389-8

Ⅰ.①航… Ⅱ.①林… Ⅲ.①航空法—案例—中国—高等学校—教材②预防犯罪—案例—中国　Ⅳ.①D922.296.5②D917.6

中国版本图书馆 CIP 数据核字（2022）第 194354 号

策划编辑：齐梓伊　　　　　　　　　　　责任校对：潘凤越
责任编辑：唱学静　秦金萍　　　　　　　责任印制：孙婷婷
封面设计：久品轩

### 航空法案例教程·犯罪防控卷

林　泉　编著

| | | | |
|---|---|---|---|
| 出版发行： | 知识产权出版社有限责任公司 | 网　　址： | http://www.ipph.cn |
| 社　　址： | 北京市海淀区气象路 50 号院 | 邮　　编： | 100081 |
| 责编电话： | 010-82000860 转 8367 | 责编邮箱： | 1195021383@qq.com |
| 发行电话： | 010-82000860 转 8101/8102 | 发行传真： | 010-82000893/82005070/82000270 |
| 印　　刷： | 北京中献拓方科技发展有限公司 | 经　　销： | 新华书店、各大网上书店及相关专业书店 |
| 开　　本： | 720mm×1000mm　1/16 | 印　　张： | 17 |
| 版　　次： | 2023 年 11 月第 1 版 | 印　　次： | 2023 年 11 月第 1 次印刷 |
| 字　　数： | 270 千字 | 定　　价： | 78.00 元 |
| ISBN 978-7-5130-8389-8 | | | |

出版权专有　侵权必究
如有印装质量问题，本社负责调换。

# 总 序

案例教学模式的改革与创新是当代法学教育教学改革的重要内容，已获共识并被广泛采用。案例教学模式以问题为中心，以实务为导向，以理论与实践相结合为教学目的，是培养应用型、创新型人才的有效途径。自最高人民法院提出"建立和完善案例指导制度"以来，判例研究作为一种教学组织模式的重要性日益彰显。在信息化和智能化的时代，案例教学的资料收集与检索获得前所未有的便利，但也给如何创新法学案例教学的形式和内容提出新挑战。

推进案例教学必须要有相应的案例教材配套，教材（特别是案例教材）建设是深化教学改革、全面推进素质教育、培养卓越法律人才的重要保证。教材是体现教学内容和教学方法的知识载体，是进行教学的基本工具，是学科建设和课程建设成果的凝结和体现，加强教材规划与建设是提高教学质量的重要基础性工作。

目前，案例教学虽然在法学教育中推广较快，以案例分析为内容的各类图书或参考书也汗牛充栋，但因其选择的相关案例过于零散和随意，或过于简单和浅显，较多图书在规则阐述方面存在系统性和逻辑性不足，尤其是特色化、个性化的案例教材严重短缺，案例教材没能发挥应有的作用。

近年来，中国民航大学的法学学科专业建设取得重大进展。2001年法学本科专业面向全国招生，2012年获批法学一级学科硕士点，2014年获批法律硕士专业学位点，2017 年获批天津市高等学校"十三五"综合投资规划"应用型"专业建设项目，2020 年获批天津市一流本科专业建设点。拥有天津市人文社科重点研究基地——航空法律与政策研究中心、天津市级实验教学示范中心——航空法学实验教学中心。

中国民航大学法学专业为有效实现专业特色化发展，围绕应用型航空法律人才需求特点，以学校为本位，自我设计开发和确定了大量凸显航空法特色的"校本课程"，意在通过校本课程教学实现专业人才培养目标。多年来，法学院持续构建以任课教师为主体的研究团队，积极开展对航空法教学内容的研究，有计划地推进分层分类、立体化的特色教材建设，开发和编撰作为校本课程实施的媒介——"校本教材"。其中《航空法学原理与实例》《航空运输合同法》《航空保险法》和《航空恐怖主义犯罪的防范与控制》等教材，已在教学中投入使用，获得良好效果和较大反响。

为进一步促进中国民航大学航空法案例教学的发展，避免航空法案例教材的无序、重复编撰与出版，根据航空法律人才培养教学计划，本书编写组特别开展"航空法学案例教学规划丛书"的编写，统一规划和设计案例教程的体系和内容，强化案例教材建设的过程性管理。

本套丛书注重特色性、研究性和实用性。每部教程所选案例均为航空领域的典型案例，反映现实问题，突出强化对案例的深度研究和法理阐释，不局限于对既有案例的单纯评述，也非对臆造案例的学术构造，而是意在通过总结法律适用的经验和技术，探讨司法裁判的妥当性，切入航空业发展对法律规范和法学理论的真需求，研究理论和实务良性互动的现实问题。每部案例教程的编著均以法学课程的案例教学为指引，在教程体例设计上注重科学性、逻辑性和教学规律，在案例选择上注重精准性、代表性和可接受性，充分发挥案例教程对航空法学案例教学的作用。

郝秀辉

2021 年 3 月

# 前　言

犯罪，是人类社会历史发展的一种现象。"明者因时而变，知者随世而制。"习近平总书记曾指出，形势在发展，时代在进步。要跟上时代前进步伐，就不能身体已进入21世纪，而脑袋还停留在旧时代。对于犯罪问题的认识，也要随着时代的变迁而与时俱进。从犯罪学的产生和历史发展来看，它是从刑法学中分离出来的一门学科。刑法学是一门规范学，它是以国家刑法法律的有关规定为依据而展开研究的，研究的重点在于定罪和量刑，研究的落脚点在于精准地惩治犯罪。而犯罪学则是一门事实学，它是以犯罪造成的社会危害的事实为依据的，与是否被刑法规定为犯罪并无直接关联。犯罪学研究的是犯罪的现象、规律、特征以及原因，研究的落脚点在于提出预防和控制犯罪的对策。

航空安全是国家安全的重要组成部分，与习近平总书记提出的总体国家安全观中的国土安全、政治安全等要素密切相关。航空犯罪系发生在民航领域的犯罪，是影响航空安全，特别是空防安全的最主要因素。犯罪学意义上的"航空犯罪"应该分为三个层面：一是我国刑法规定的法定犯罪，鉴于航空犯罪的特殊性，可以从国际刑法的角度来进行界定，即包括劫持航空器罪、暴力危及飞行安全罪、危害国际民用航空机场安全罪以及其他新型航空类犯罪；二是一些未达到犯罪程度的严重违法行为，即一些违反《中华人民共和国治安管理处罚法》等行政类法律法规的航空类违法犯罪行为；三是违反航空运输秩序的一般行为，如非法滋扰行为等。

运用案例辅助教学的模式对当代的法学教育有着十分重要的意义。在案例教学模式下，通过对案例问题的分析和讨论，可以帮助学生学习并理解其中所蕴含的法学理论知识，培养学生分析问题、解决问题的实践能力，将教学和实务相结合，以塑造新型应用型人才。迄今为止，案例教学模式在法学教育中得到了广泛推广，在法学教学中已成为一个必不可少的环节。案例教学模式的运用对提升教学质量有着不可忽视的作用，可以说是节省时间、效益最优的"社会实践"。

针对现有案例教学模式的教材在教学中存在的案例零散、系统性缺乏、延展性有限等实际问题，特编写这本应用型的航空犯罪防控相关案例分析教材。本书是作者《航空犯罪防控》一书的姊妹篇，书中对相关航空犯罪理论以案例分析的方式进行解读，采用了引入专门案例评析的教材模式，以突出法学的应用性这一主要特点。本书基于犯罪学原理，按照行为类型分门别类，以简洁的文字、清晰的框架、实用的案例确立问题、释法明理，此外还增加了延伸思考与讨论，兼顾理论性与实践性，确保所选择的案例真实、实用，将理论研究与实践成果应用于教学。

本书将航空犯罪的行为类型分为五大类，每一类都有若干案例，且大多案例来自相关的司法判决。本书在描述案例的基础上，以犯罪学的方法分析犯罪的特点、规律，探寻犯罪的原因，然后提出防范与控制此类犯罪的对策。本书在编写过程中，引用了案件判决作出时具体生效的法条、各方的观点，也参考了其他学者、专家以及民航一线工作人员的研究成果和工作总结，使相关的研究分析更接地气，更具有实践价值。从理论上讲，犯罪学是刑法学的一个分支，因此在进行案例分析的过程中，自然脱离不了刑法学上的分析，对书中列举的违法犯罪行为，大多从犯罪构成角度展开分析，对司法判决或者行政处罚进行了法理解读。当然，更重要的是，本书还从犯罪学的角度进行了研究，分析了此类犯罪行为的现象，探究其生成原因，提出了相关的对策。

本书有三大特色。一是航空犯罪防控的针对性。具体到航空犯罪防控的案例学习，能更有针对性地辅助航空法方向读者以及对航空法有兴趣的读者学习。二是以行为类型分门别类。正因航空安保规制行为的违法犯罪性质程度各不相同，所以本书根据行为进行分类，从轻到违法至重到犯罪都进行了一定的分析讨论，对违法行为和犯罪行为在内容编排方面并没有予以明显的区分。三是案例分析内容丰富。本书涵括法律法规的罗列与解读，专家学者的观点分享，以及政府机关发布的各项文件等，从多方面多角度出发进行了案例的研讨。

本书努力吸收了国内外的研究成果，试图在具有理论深度和实践意义方面做出努力。在案例的选择方面，也尽量照顾到航空犯罪所涉及的主要方面。在案例分析中，运用犯罪学理论，尽量贴近民航的实际工作，使案例分析不至于泛泛而谈，这也是提高民航治理体系现代化水平的具体体现。当然，受到主客观因素的影响，本书亦存在一定的不足，对此，寄希望于在将来的研究中能有更深入的认知，使关于航空犯罪的研究能进一步丰富和完善。

本书是中国民航大学法学院航空法学案例教学规划丛书中的一种。中国民航大学法学院刑法学专业研究生苗永恒、卢锐、卫小丹、李凌霄、耿敏、肖辉平在资料收集整理、初稿撰写等方面做了大量的工作。作者也参考了大量民航业界和其他专业学者的研究成果，在此一并致谢。

林　泉

2023 年 8 月 22 日

# 目　录

## 第一部分　危害公共安全行为 …………………………………… 1
案例一　朴某某擅开应急舱门案 ………………………………… 3
案例二　昆明某航班开舱门事件 ………………………………… 11
案例三　王某暴力危及飞行安全案 ……………………………… 22
案例四　李某戏言炸机案件 ……………………………………… 31
案例五　新疆和田劫机事件 ……………………………………… 39

## 第二部分　扰乱秩序行为 ………………………………………… 53
案例一　航班旅客吸烟事件 ……………………………………… 55
案例二　强行闯入驾驶舱案 ……………………………………… 63
案例三　强占座位被取消乘机资格案 …………………………… 71
案例四　郑某基醉酒机上闹事案 ………………………………… 78
案例五　旅客冲闯飞机滑行道案 ………………………………… 86
案例六　男子编造虚假恐怖信息案 ……………………………… 96
案例七　机上打架斗殴案 ………………………………………… 104

## 第三部分　侵害他人人身以及财产行为 ····· 111

案例一　赵某、李某行李赔偿案 ····· 113
案例二　张某抢劫售票厅案 ····· 123
案例三　刘某机场故意伤害案 ····· 129
案例四　殷某、王某财产盗窃案 ····· 139
案例五　施某机上斗殴案 ····· 147
案例六　李某、小云盗窃、毁坏机上救生衣案 ····· 154
案例七　李某机上性骚扰案 ····· 163

## 第四部分　妨害社会管理秩序行为 ····· 171

案例一　西双版纳飞昆明航班旅客斗殴事件 ····· 173
案例二　深圳飞往郑州航空炸弹事件 ····· 182
案例三　昆明至沈阳航班斗殴事件 ····· 193
案例四　兰州中川国际机场体内藏毒案 ····· 202

## 第五部分　民航职务犯罪行为 ····· 219

案例一　赵某某受贿、私分国有资产案 ····· 221
案例二　张某忠受贿、索贿案 ····· 233
案例三　李某英受贿、贪污案 ····· 244
案例四　司某民受贿案 ····· 254

# 第一部分

# 危害公共安全行为

在民航领域的犯罪中，危害公共安全的行为时有发生。关于危害公共安全行为的后果，一般而言，轻则违反行政法律规定，扰乱和危害社会公共秩序，重则违反刑事法律规定，造成危害公民人身及财产安全的严重后果。在民航领域，相关行为在行政违法层面，一般都会扰乱机场以及航空器上的公共秩序，但一旦触及刑事犯罪的底线，危及航空器的运行安全和民用航空的稳定秩序，则会影响与此相关联的方方面面。

民航领域中危害公共安全行为的普遍特点是易发性、突发性以及结果的不特定性。具体而言，首先，小到擅开应急舱门，大到劫持航空器，危害公共安全行为通常以轻型行政违法的形式发生，具有普遍易发性，行为人甚至在不知道此行为是违法的情况下实施了该类行为。其次，由于民航领域多方的严格制度规制，所以危害公共安全行为通常是突发的、急发的，这就需要相关部门具有充分的应急处置机制。最后，由于该类行为人大多是在对结果的无认知状态下实施相关行为的，所以最终导致的结果具有一定的不特定性。

根据具体行为严重程度的不同，民航领域中危害公共安全行为的犯罪人、被害人以及犯罪行为也有着不同的表现方式。一般而言，该类犯罪人的犯罪动机多样，可能是为了满足个人需要，可能是为了维护个人或他人的合法权益，也可能是单纯对社会不满而想报复。该类行为中，被害人一般为不特定人，通常发生在机场或航空器内，并最终使公共安全受到威胁或遭到破坏。

关于民航领域的危害公共安全行为，在行政违法领域中一般涉及的是《中华人民共和国治安管理处罚法》（以下简称《治安管理处罚法》）第三章第二节"妨害公共安全的行为和处罚"第三十四条规定："盗窃、损坏、擅自移动使用中的航空设施，或者强行进入航空器驾驶舱的，处十日以上十五日以下拘留。在使用中的航空器上使用可能影响导航系统正常功能的器具、工具，不听劝阻的，处五日以下拘留或者五百元以下罚款。"

在刑事犯罪领域中，与之最相关的刑法罪名就是以危险方法危害公共安全罪。除此之外，还会涉及一些其他罪名，如暴力危及飞行安全罪、劫持航空器罪等。有些行为在法律上并不归属于危害公共安全类犯罪，但对民航的安全实际上构成了严重威胁，如侵入民航的计算机信息系统，这种行为的危害是巨大的。

危害公共安全行为将会给社会带来安全威胁，而安全作为大众对民航业最为关心、最为重视的问题，是需要方方面面都对其给予保障的，从人到事都需要尽可能地为安全服务。因此，需要对危害公共安全行为作出一系列防控。具体来看，就犯罪人角度而言，要做好事前预防与事后惩罚机制；就被害人角度而言，要规范补偿与安慰程序，充分保护被害人的利益；就社会角度而言，要培养整个社会的相关防控意识，加强认知，避免危害公共安全行为的发生与影响的恶化。

## 案例一

# 朴某某擅开应急舱门案

【案情介绍】

2015年2月12日12时许,在吉林省延吉市朝阳川国际机场,朴某某乘坐了韩国韩亚航空公司由延吉飞往韩国仁川市的航班。鉴于朴某某所坐的座位靠近飞机的前左侧应急舱门,韩国籍乘务员禹某某于飞机起飞前根据安全手册的相关内容专门向朴某某单独予以讲解,告知其严禁打开应急舱门,并说明了应急舱门及相关按钮的重要性;此外,如有紧急情况,在得到机组人员的指令后,方可协助其他旅客逃生。12时30分许,航班关闭舱门,并于12时34分50秒被牵引车推出滑行,滑行38米左右后进入飞行状态。这时,在未接到乘务员指令的情形下,朴某某不顾警示擅自将其座位附近应急舱门手柄上的防护罩拽开,并抬起防护罩内手柄,致使应急滑梯弹出。地勤和机组人员发现该情况后立刻采取紧急措施,于12时35分24秒将飞机迫停,机场也启动了应急救援预案。朴某某的行为严重威胁了飞行安全,导致此次航班延误近4小时,直接经济损失高达3.4万元人民币,严重扰乱了朝阳川国际机场的运行秩序。①

2015年4月20日,吉林省延吉市人民检察院向吉林省延吉市人民法院提起公诉,指控被告人朴某某涉嫌犯以危险方法危害公共安全罪。法院认为,在明知擅自打开飞机应急舱门会危及飞行安全的前提下,飞机被牵引车推出阶段中,被告人朴某某故意将应急舱门打开,危及了飞行安全,没有造成严

---

① 张淑秋:《我国首例因擅自开启飞机应急舱门被追责案宣判》,载法制网2017年1月4日,http://www.legaldaily.com.cn/index/content/2017-01/04/content_6942312.htm?node=20908。

重后果，其行为已构成以危险方法危害公共安全罪。公诉机关对朴某某的相关指控，即在未收到指令时不顾警示标语，擅自将应急舱门手柄上防护罩拽开，抬起其内手柄，导致应急滑梯弹出、飞机迫停，严重威胁飞行安全，航班延误近4小时，直接经济损失高达3.4万元人民币，经庭审核实的证据予以证实，故指控的犯罪事实和罪名成立。由于应急舱门打开时飞机尚未使用自主动力滑行，地勤和机组人员发现后及时将飞机迫停，地勤人员已离开滑梯弹出形成的危险区域，没有造成人员伤亡和重大经济损失，故朴某某的行为系犯罪情节轻微，可依法免予刑事处罚。依照《刑法》第一百一十四条、第三十七条①的规定，判决被告人朴某某犯以危险方法危害公共安全罪，免予刑事处罚。②

此外，官方核实，被告人于1994年出生于吉林省和龙市，初中文化，无业。2015年2月12日因擅自移动使用中的航空器设施被行政拘留10日，同年2月21日因涉嫌犯破坏交通工具罪被刑事拘留。

## 【相关法条】③

《中华人民共和国民用航空法》（以下简称《民用航空法》）第一百九十七条规定："盗窃或者故意损毁、移动使用中的航行设施，危及飞行安全，足以使民用航空器发生坠落、毁坏危险的，依照刑法有关规定追究刑事责任。"

《刑法》第一百一十四条规定："放火、决水、爆炸以及投放毒害性、放射性、传染病病原体等物质或者以其他危险方法危害公共安全，尚未造成严重后果的，处三年以上十年以下有期徒刑。"

《刑法》第一百一十五条规定："放火、决水、爆炸以及投放毒害性、放射性、传染病病原体等物质或者以其他危险方法致人重伤、死亡或者使公私财产遭受重大损失的，处十年以上有期徒刑、无期徒刑或者死刑。"

---

① 本书案例判决所涉法律法规，均为案例判决作出时所适用的当时有效的法律文本，故与现行法律文本会有不一致的情况。
② 参见吉林省延吉市人民法院（2015）延刑初字第291号刑事判决书。
③ 相关法条主要呈现的是案例中所涉及的当时行之有效的法律条文，下同。

## 【案情评析】

根据案发当时有效的中国民用航空局航空安全办公室发布的《民用航空其他不安全事件样例》（AC－396－AS－2010－05）第1.23条的规定，首先，航空器在空中运行时，发生紧急滑梯非正常放出的可能非常小。这是因为空中航空器处于增压状态，人打开舱门会非常困难。识别生产制造、机械故障等原因造成紧急滑梯非正常放出的风险是此类事件的重点。其次，除生产制造、机械故障等原因外，地面运行航空器发生紧急滑梯非正常放出的情况大多是人为因素造成，且可能使地面人员伤亡或损坏设备。本次事件中，主要是人为因素造成了事件的发生，就主观方面而言，在空乘人员刚对朴某某宣讲紧急出口注意事项并明确告知其严禁擅自打开应急舱门，且本人明确表示知晓的情况下，其不顾多处警示标识，擅自打开应急舱门，可确定是其故意为之。

此外，中国南方航空股份有限公司吉林分公司飞机维修厂出具的《关于发动机危险区域与前应急门滑梯的说明》证明，以空中客车A321－200型飞机为例，发动机前部半径4.57米范围以及左前应急舱门后门框到发动机1.115米的范围为发动机在地面慢车状态下的危险区域。就涉案的空中客车A321型飞机而言，如果左前侧应急充气滑梯弹出，其位于发动机前的红线危险区域内，而此区域内发动机吸入异物具有极大危险，且飞机在移动中弹出应急充气滑梯，可能还会伤害地面人员等，那么朴某某的行为就具有现实危险性。

本案中，朴某某擅自打开应急舱门，实施了具有一定危险性的行为，并产生了现实危险性。对于朴某某以危险方法危害公共安全罪判罚，事实清楚，证据充分，且由于情节轻微，可依法免予刑事处罚。

在打开应急舱门的一系列事件中，本事件的处罚最为严重，且引起社会强烈反响。该事件的主要争议焦点在于：一方面，被告人是否故意打开应急舱门；另一方面，飞机正处于正式飞行前的准备阶段，此时应急滑梯的弹出是否能被定义为危害公共安全行为，即朴某某的行为是否能构成以危险方法危害公共安全罪。针对上述争议，本案被告人及其辩护人作出了反驳。被告人认为其是为找餐桌而误开了应急舱门。其辩护人提出：第一，被告人是首次坐靠近应急舱门的座位，不清楚其行为会危害公共安全，也并不希望发生危害公共安全的结果，其主观目的是找餐桌；第二，本案应急滑梯下落时，飞机正处于飞行前的准备阶段，并不一定危害公共安全，不能定义为危害公共安全的行为，故被告人的行为不构成犯罪。对于如何处罚被告人，大众主要有三种观点：一是强烈批判被告人的行为，认为严重危害公共安全；二是认为不需要对被告人施加过于严重的处罚；三是持中立态度。

透过本次事件，可以分析出隐藏于法律之后的两大不可忽视的问题。

**1. 社会公众不合理的理念**

在本案开庭之后，社会与新闻媒体的舆论反响非常热烈。从大众舆论讨论的中心内容以及关注方向等方面，可以看出对于航空安全的一般知识，社会公众的认知程度是远远不够的，大致存在以下三个误区。

第一，社会公众认为只要在结果层面没有造成严重后果，即人身无伤亡、财产零损失，就意味着航空安全未受到相关威胁。从理论上讲，安全是指不遭受威胁且免除了不可接受的损害风险的一种状态。航空安全是指不发生与航空器运行有关的人员伤亡和航空器损坏等事故的状态，这也是民航发展的重要前提和基础，是民航工作永恒的主题。原则上，航空安全需达到没有危险和威胁的安全状态，但实践中民航多采用持续风险管理来实现风险的降低，并使其保持在社会公众可接受程度的范围内。此外，要区分实害结果与危险结果，但问题在于通过"试错"来验证其危险是否存在或者危险程度究竟如何，显然是行不通的，毕竟安全问题事关重大，容不得半点差池。因此，在判断是否危及航空安全时，应当注意到一个微妙的"止损点"。从安全管理的角度出发，这个"止损点"一定要设在"风险可被社会公众认可接受"的范围之内，这同时也是航空安全的底线。那么社会公众能否接受航空安全的底线是"不出现人身伤亡、财产损失"呢？对此，可以联想2014年航班旅客吸烟①一事（详见本书第二部分案例一）。笔者认为，针对航空安全，显然不能允许双重标准的存在，航空安全底线只能有一条，即只要出现影响航空安全的危险因素，就是触碰了航空安全的底线，而未必是有实害结果。

  第二，社会公众认为只要行为动机合理，就算是擅自打开应急舱门也无伤大体。同样，媒体也从此类观念误区出发，为2015年深圳飞北京航班中声称为救昏迷旅客擅自打开应急舱门②的那位旅客辩解，认为该旅客之所以会打开应急舱门，是出于救人的合理合法理由，因此不应该受到非难。另外，也有观点认为，犯罪嫌疑人朴某某擅自打开应急舱门是出于无意，属于无心之失，应判无罪。从行为动机出发来作分析的理念误区，在危害航空安全事件中屡见不鲜。应为明确的是，擅开应急舱门这一行为已是违法行为，从某种程度上而言，可能会触犯《刑法》，不论是动机合理也好，他人过错也罢，都不能改变行为本身的违法性。在本案中，朴某某在登机后，乘务员对其进行了应急舱门相关操作及注意事项的讲解，依照此种情形，从一般人角度出发，可认定其明知擅开应急舱门的后果，并且此时没有打开应急舱门的任何特殊情况，朴某某完全是出于自身原因而打开了应急舱门，因此，"无心之失"的解读缺乏合理逻辑。

  第三，社会公众的个人倾向性严重，在判断航空安全是否遭受威胁时，也首先从自身角度出发，而忽略了比个体更为重要的整体的情况。这种观点甚至被很多媒体采用，导致在分析事件时，不能保持一个客观合理的态度，主观解读严重。隔行如隔山，在专业领域人员作出专业解读之后，社会公众不仅无法接受，还认为专业领域人员是一定的利益相关者，其解读不够客观。例如，在本案中，擅开应急舱门是发生在飞行中的严重危及航空安全的行为，而所谓"飞行中"的界定并非像社会公众所认为的那样简单，不是只有飞机飞离地面才属于"飞行中"。根据国际民航组织的一系列公约的规定，如经

---

① 孟环：《成都飞北京航班多人吸烟引冲突　中联航值班领导致歉》，载北晚新视觉网2014年9月1日，https：//www.takefoto.cn/viewnews-150889.html。
② 《深圳客机晚点有人晕倒　乘客开应急门救人被警方带走》，载观察者网2015年5月13日，https：//www.guancha.cn/society/2015_05_13_319349.shtml。

2014年《蒙特利尔议定书》修订后的1963年《东京公约》① 第一条第三款规定:"一架航空器在完成登机后其所有外部舱门均已关闭时起,直至其任一此种舱门为下机目的开启时止,其间的任何时候均被视为在飞行中;在航空器迫降时,直至主管当局接管对该航空器及其所载人员和财产的责任时止,航空器应当被视为仍在飞行。"可见,专业认知与大众认知往往存在一定的差别。

**2. 擅开应急舱门犯罪防控中存在的漏洞**

一方面,为了满足个人目的,旅客朴某某擅自打开应急舱门,给机组、航空公司、民航相关单位等带来了很多难题,这从侧面反映了我国在擅开应急舱门方面的法律规定的惩罚力度和威慑力明显不够,致使很多人认为为满足个人需求就可以随意打开应急舱门。另一方面,机上人员对旅客当面给予安全手册等的讲解,这种方式能否产生相应的作用,是否从形式和实质层面落实了安全防范制度,是否完善了安全教育和宣传工作,值得考虑。上述漏洞警示我们:类似问题的发生不能完全归咎于社会公众,毕竟社会公众属于非专业人群,且大多数人对航空安全的概念到底如何界定并不清晰,因为这并非日常生活所必需。因此,民航专业领域的有关部门应积极通过各种方式广泛宣传航空安全的常识,从而消除民航专业与社会之间存在的误解,达成共识,强化法律的权威性。

如何解决民航领域机上犯罪防控漏洞,是类似案件发生后亟待考虑的问题。虽然《民用航空法》《刑法》《治安管理处罚法》以及《中华人民共和国民用航空安全保卫条例》(以下简称《民用航空安全保卫条例》)等法律法规中均已有具体条文来规制危及航空安全的行为,但"徒法不足以自行",关于法律如何适用的问题,在舆论上也存在一些争议。因此,笔者建议在不违反相关法律的情况下,全程直播类似案件的审判过程,借此达成普及航空安全常识,杜绝此类事件发生的目的。这不仅有利于提升公众的航空安全理

---

① 《东京公约》即1963年9月14日在东京签订的《关于在航空器内犯罪和其他某些行为的公约》。《海牙公约》(即1970年12月16日在海牙签订的《关于制止非法劫持航空器的公约》)、《蒙特利尔公约》(即1971年9月23日在蒙特利尔签订的《关于制止危害民用航空安全的非法行为的公约》)以及《东京公约》是我们通常所说的反对空中劫持的三个国际公约。

念,而且有利于推动民航相关部门在航空安全管理上实现全方位改善。

为了降低航空犯罪相关案件的发生率,更好地保障国家和人民的利益,采取一定的预防犯罪措施是必要的。通过对外国预防措施与经验的借鉴,再结合本国现阶段的发展趋势,针对本案,主要可以采取两方面措施。一是航空犯罪预防的教育措施。要借用教育手段,积极发展和创造有利因素,提高全民族的政治觉悟和科学文化素质,最终减少航空犯罪行为,避免航空犯罪结果的发生。二是航空犯罪预防的行政措施。要借用行政手段,加强各部门、各行业、各单位(尤其是民航单位)的犯罪预防工作,以及强化这些单位相互之间的协作,并对航空犯罪预防具体措施的落实情况实施督促与检查,健全各种安全制度,尽量补全机上管理与宣传工作中存在的漏洞。

## 【案件延伸】

本案中擅开应急舱门被定性为以危险方法危害公共安全的犯罪行为。前文提及本案在同类案件中处罚最为严重,而通过检索同类案件,结果显示,一般而言,对擅开应急舱门的最终处罚为行政拘留,比如2020年8月22日在河南发生的金某误开应急舱门事件,① 最终被处以拘留10日的行政处罚。该类行政处罚依据的法律规定有以下内容。《民用航空安全保卫条例》第二十五条规定:"航空器内禁止下列行为:(一)在禁烟区吸烟;(二)抢占座位、行李舱(架);(三)打架、酗酒、寻衅滋事;(四)盗窃、故意损坏或者擅自移动救生物品和设备;(五)危及飞行安全和扰乱航空器内秩序的其他行为。"《民用航空安全保卫条例》第三十四条规定:"违反本条例第十四条的规定或者有本条例第十六条、第二十四条第一项、第二十五条所列行为,构成违反治安管理行为的,由民航公安机关依照《中华人民共和国治安管理处罚法》有关规定予以处罚;有本条例第二十四条第二项所列行为的,由民般公安机关按照《中华人民共和国居民身份证法》有关规定予以处罚。"《治安管理处罚法》第三十四条规定:"盗窃、损坏、擅自移动使用中的航空设

---

① 《旅客突然打开应急舱门,原因哭笑不得,后果很严重》,载百家号"半岛晨报"2020年9月13日,https://baijiahao.baidu.com/s?id=1677688044344931164&wfr=spider&for=pc。

施,或者强行进入航空器驾驶舱的,处十日以上十五日以下拘留。在使用中的航空器上使用可能影响导航系统正常功能的器具、工具,不听劝阻的,处五日以下拘留或者五百元以下罚款。"因此,针对擅开应急舱门这一行为,一般依据《治安管理处罚法》第三十四条规定进行处罚。

  一直以来,民航安全都是旅客们最为关注的一大问题,擅开应急舱门事件频频发生,对民航安全保障提出了不小的挑战。从已经发生的擅开应急舱门的违法犯罪案例分析来看,之所以实施此行为,几乎都是由于行为人对相关的规定不了解或者误解造成的,并无主观恶意,即发生此类违法犯罪行为的原因是广大旅客对应急舱门的相关规定不了解,缺乏航空安全的基本常识。近年来,民航公安机关加大力度,为遏制威胁民航飞行安全犯罪活动的多发势头,加大了擅开应急舱门等危险性行为的宣传力度,使广大民航旅客对擅开应急舱门等危险性行为所应该承担的法律风险有了比较广泛的认识。

## 案例二

# 昆明某航班开舱门事件

## 【案情介绍】

截至 2015 年 1 月 9 日 21 时，由于迎来首场降雪，昆明某机场航班延误 83 架次，取消 23 班，备降 6 班，除冰雪 189 架次。本案所涉航班由达卡出发，经停昆明到达北京。同年 1 月 10 日 0 时许，机场开放航班登机；凌晨 1 时，153 名旅客结束登机。在旅客登机后，飞机未起飞，而是排队等待除冰。凌晨 3 时 45 分，飞机开始了机身除冰工作。除冰时需要飞机内暂时关闭空调，时长大约为 30 分钟。飞机内空气流通性差，导致机上一位年长女性身体不适，而大多旅客比较担心该旅客的身体状况，要求机长出面进行解释。之后，由本次航班副机长出面解释，但由于其回答无法让旅客满意，导致旅客情绪不稳定，与机组发生了争执。[①] 同时，一名旅客发微博称，机长强行开机，旅客打开逃生门，准备跳机。

凌晨 4 时 20 分许，接局指挥中心指令后，云南省公安厅民用机场公安局航站区派出所立即派出民警前往现场维护秩序，对航班进行处置，并按照领导要求将部分旅客带回调查。1 月 10 日下午，航空公司的通报显示：由于持续雨雪和降温结冰等，航班推迟至 1 月 10 日凌晨执行，在飞机推出过程中，有旅客将机翼上方三个应急出口打开，因此航班放弃起飞，机场公安部门也将相应旅客带离调查。通报还称，航空公司迅速协调了后续航班安排，并协助办理改签后续，其他旅客已顺利成行。

---

① 史广林：《云南机场：飞机关闭空调致旅客身体不适引发争吵》，载央视网 2015 年 1 月 10 日，http://news.cntv.cn/2015/01/10/ARTI1420878307671752.shtml。

经警方进一步调查核实，该航班被违法打开的三道应急舱门分别位于41L、42A、42L座位旁。航班延误后，在导游李某媛（女）的煽动下，旅客中的北京某旅行社25人团队情绪尤为激动。其中，旅客周某（男）违法打开41L、42L座位旁两道应急舱门，①旅客李某辉（男）发布虚假信息。

根据《治安管理处罚法》第二十三条第二款和第三十四条，机场公安局航站区派出所对李某媛的违法行为予以治安拘留15日处罚；对周某的违法行为予以治安拘留15日处罚；对李某辉的行为予以训诫②。

## 【相关法条】

《民用航空法》第一百九十七条规定："盗窃或者故意损毁、移动使用中的航行设施，危及飞行安全，足以使民用航空器发生坠落、毁坏危险的，依照刑法有关规定追究刑事责任。"

《民用航空法》第二百条规定："违反本法规定，尚不够刑事处罚，应当给予治安管理处罚的，依照治安管理处罚法的规定处罚。"

《治安管理处罚法》第二十三条规定："有下列行为之一的，处警告或者二百元以下罚款；情节较重的，处五日以上十日以下拘留，可以并处五百元以下罚款：（一）扰乱机关、团体、企业、事业单位秩序，致使工作、生产、营业、医疗、教学、科研不能正常进行，尚未造成严重损失的；（二）扰乱车站、港口、码头、机场、商场、公园、展览馆或者其他公共场所秩序的；（三）扰乱公共汽车、电车、火车、船舶、航空器或者其他公共交通工具上的秩序的；（四）非法拦截或者强登、扒乘机动车、船舶、航空器以及其他交通工具，影响交通工具正常行驶的；（五）破坏依法进行的选举秩序的。聚众实施前款行为的，对首要分子处十日以上十五日以下拘留，可以并处一千元以下罚款。"

《治安管理处罚法》第三十四条规定："盗窃、损坏、擅自移动使用中的

---

① 《昆明机场强开舱门事件2人被拘　东航否认机长骂人》，载腾讯网2015年1月11日，https://news.qq.com/a/20150111/002174.htm。

② 史广林：《昆明机场乘客不满延误打开航班应急舱门被拘15日》，载中华网2015年1月11日，https://news.china.com/domestic/945/20150111/19194818_all.html。

航空设施,或者强行进入航空器驾驶舱的,处十日以上十五日以下拘留。在使用中的航空器上使用可能影响导航系统正常功能的器具、工具,不听劝阻的,处五日以下拘留或者五百元以下罚款。"

《刑法》第一百一十四条规定:"放火、决水、爆炸以及投放毒害性、放射性、传染病病原体等物质或者以其他危险方法危害公共安全,尚未造成严重后果的,处三年以上十年以下有期徒刑。"

《刑法》第一百一十六条规定:"破坏火车、汽车、电车、船只、航空器,足以使火车、汽车、电车、船只、航空器发生倾覆、毁坏危险,尚未造成严重后果的,处三年以上十年以下有期徒刑。"

## 【案情评析】

在分析本案之前,需要强调的是,旅客、机场工作人员或机组人员,其各自的行为可能存在不妥之处,但法律作为人们行为的最低标准,这一底线不容触碰。

从治安管理处罚法角度出发,李某媛严重扰乱了机场的公共秩序,周某擅自打开应急舱门,李某辉在网络上发布虚假信息,这些行为已经违反了《治安管理处罚法》。

从刑法角度出发,依据犯罪构成四要件分析,可以得出,在本案中,主要涉案主体分别是煽动旅客情绪的导游李某媛,以及在导游煽动下,违法打开41L、42L座位旁两道应急舱门的旅客周某和发布虚假信息的旅客李某辉,三人符合刑法对于主体的相关规定,都具有刑事责任能力。就主观方面而言,在导游的煽动之下,旅客无疑以故意的心态打开了应急舱门,尽管旅客可能没有认识到这一故意为之的行为会严重危害机场公共安全。民用航空的安全秩序是涉案客体,显而易见的是,旅客随意打开应急舱门的行为必然会影响飞机的正常起飞,制造不必要的民用航空安全隐患,扰乱机场的公共秩序;而随意发布虚假信息则可能使机组、机场人员、中国民用航空局以及其他旅客陷入大面积的混乱僵局。就客观方面而言,主要涉案主体或随意打开应急舱门,或随意发布虚假消息,这些行为在一定程度上,扰乱了公共秩序,损害了公共安全。因此，在刑事层面，这些行为有可能会违反相关的刑事法律规定。

虽然本案主体可能违反了相关法条，但如何适用法条来处理案件依旧是一个不可忽视的问题。就本案而言，案件的具体情况并非完全符合法条规定，其原因在于很难明确界定法条中的一些语词，这就需要重新界定相关语词的含义，以更贴切地适用法条，使案件处理更加合理。比如，在《民用航空法》第一百九十七条规定中，危害程度必须达到"足以使民用航空器发生坠落、毁坏危险"；在《刑法》第一百一十四条规定中，"以危险方法危害公共安全"意指危险方法必须与放火、决水、爆炸等行为具有相当性；同样地，在《刑法》第一百一十六条规定中，危险程度必须达到"足以使火车、汽车、电车、船只、航空器发生倾覆、毁坏危险"。以上提到的三个法条都不约而同地涉及如何合理界定危害程度；此外，法条中涉及的"情节严重""情节较重""尚未造成严重后果"等语词都需要进一步明确。

对于这样具有模糊性的、需要进一步明确界定的语词，我们称为"不确定性法律概念"。在理解这个概念之前，应首先明确什么是法律概念。法律概念是指法律对各种具有法律意义的事物、状态、行为进行概括而形成的专门术语。有些法律条文规定了一些法律概念的特定含义。例如，《刑法》第十四条第一款就规定了"故意犯罪"的概念："明知自己的行为会发生危害社会的结果，并且希望或者放任这种结果发生，因而构成犯罪的，是故意犯罪。"其次应理解"不确定性"的含义。法律概念根据其确定性程度的不同，可以分为确定性法律概念和不确定性法律概念。确定性法律概念是外延、内涵相对确定的法律概念；不确定性法律概念是外延与内涵相对不确定的法律概念。当然，作为程度概念，"确定性"与"不确定性"是相对的，因此确定性法律概念与不确定性法律概念也是相对的。通过立法、法律解释或法律适用，不确定的法律概念可以趋向确定；而随着社会的发展与情势的变化，一个原本确定的法律概念也可能趋向不确定，但经过立法解释或司法解释后，这种不确定又可以重新取得它的确定性。在司法或执法过程中，就确定性法律概念而言，在解释时一般会排除法官或者执法者的自由裁量权，只能严格依照法律规定来进行解释；而在适用不确定性法律概念时，法官或执法者可以行使各自的自由裁量权。总而言之，此种不确定性法律概念或概括条款，法律本身极为抽象，须在具体的个案中予以价值判断，使之具体化，而后其法律功能始能充分发挥，此种透过法官予以价值判断，使其规范意旨具体化之解释方法，谓之价值补充。①

此外，从犯罪构成角度出发，以"情节严重"作为犯罪成立条件，是《刑法》中最为常见的一种情形。作为情节犯典型的入罪条件及量刑升格条件，司法机关对"情节严重"作了较为具体的规定，但在一些具体案件中，法条无法涵盖全部情形，所以针对具体情形定罪量刑的种类和标准也不同。因此，就"情节严重"而言，首先，要根据案件与涉及法条的不同，进行数量化分析，从标的数量化分析到重量数量化分析；其次，要分析法律造成的后果，即犯罪行为所造成的犯罪后果或结果，也就是犯罪的社会危害性以及人身危险性；最后，犯罪的实行行为是情节严重的衡量标准，即罪犯所实施的与该罪名相关的、程度相当的行为。正如前文所述，"情节严重"须是与足以使民用航空器发生坠落、毁坏危险具有相当性的行为。

至于本案焦点，需要注意的是，公民维权方式与法律之间的冲突，以及相关机关的处理方式与应对策略是否正确。就本案而言，后者实质上是民用机场公安局航站区派出所根据《治安管理处罚法》作出的处理处罚是否合理。要明确这个问题，首先需要明确《治安管理处罚法》与《刑法》的本质区别。其实，对行为所带来的社会危害性认定的不同是两者最根本的区别。例如，就妨害公共安全而言，扰乱社会秩序且危害不太严重的行为，一般会根据《治安管理处罚法》处以警告、罚款或者拘留；而针对危害公共安全，危害性通常不可估量，人民群众的生命财产安全遭受威胁，社会秩序遭受严重扰乱。具体应用到本案中，如果要认定危害公共安全，就必须达到与民用航空器发生坠落、毁坏危险等具有相当性的危险程度。但事实上，在飞机准备起飞前，打开应急舱门的危害程度，无法达到《刑法》规定的"情节严重"的认定标准，最终处理结果仅仅是中国民用航空局与旅客进行协商，以及适用《治安管理处罚法》作一处罚，处罚力度明显不足可能会引起大多数

---

① 杨仁寿：《法学方法论》，中国政法大学出版社2013年版，第128页。

人的反思。因此，无法适用《刑法》来处罚旅客的违法行为而其他部门法处罚结果又过轻的问题，将很难发挥法律应有的权威性。

从本案延伸思考，可以分析总结出下列五点值得关注的问题。

### 1. 法理与情理

每个公民都要维护法律的权威和尊严，任何人不能逾越法律，也不能触碰法律的底线。正如前文提到的本案焦点之一，公民在维护自己的合法权益时，维权手段与法律之间出现了冲突，因此，不得不探讨公民如何运用法律这一武器来维护自身的合法权益这一问题。在探讨该问题之前，首先要理解法理与道德情理之间的关系。全面推进依法治国的基本原则之一要求坚持依法治国和以德治国相结合，而要想促进国家治理体系和治理能力现代化，就需要法律和道德共同发挥作用，既重视发挥法律的规范作用，又重视发挥道德的教化作用，以法治体现道德理念、强化法律对道德建设的促进作用，以道德滋养法治精神、强化道德对法治文化的支撑作用，实现法律和道德相辅相成、法治和德治相得益彰。应用到案例中，也需要将二者结合，发挥"一加一大于二"的作用。

### 2. 依法维权与合理诉求

事态的发展状况会因为采取维权手段的不同而产生很大的差别。每个人都希望以更好的方式维护自己的权益，而维权方式有很多种，需要对其衡量之后做出合理的选择。选择合理的维权方式，将会有益于旅客、机场以及中国民用航空局等。因此，在强化法律权威的前提下，要引导旅客依法维权，理性表达自己的见解和诉求。

具体而言，一是建立健全社会矛盾预警机制，特别要重视民航领域的矛盾预警机制、利益表达机制。民航相关单位和工作人员应该充分听取旅客的陈述和申辩，做好相关记录，让旅客拥有充分表达利益需求的空间。二是建立健全协商沟通机制。相关民航机构与旅客之间有效协商的缺位很有可能导致旅客的不理性维权。在处理意见不能使绝大多数旅客满意的情况下，相关单位没有进一步与旅客进行多渠道协商，也是致使本案事态进一步恶化的重要因素之一。三是建立健全权益保障机制。只有保障了旅客的合法权益，恶化的事态才可能有所回转，回归到正轨上。四是完善多元的民航安全纠纷解决机制和应急突发状况处理机制。为此，亟须设立民航安保调解机构，发挥自我调解、行政调解、司法调解联动作用，使当下冲突当时解决，用牺牲小利益的方式来维护更大的利益。五是建立立体化的民航安保防控体系，依法打击妨害民航安全行为和犯罪行为，争取从根源上化解由于安全问题引发的其他一系列严重违反公共秩序的问题。

### 3. 法律语词的模糊

自然语言的一大特性就是模糊，它普遍存在于新闻、广告、政治外交辞令、法令、文学作品及日常生活用语等各种语体之中。有时，语言过分精确反倒不清晰，适当模糊反而能够更好地适用法律。通常认为，模糊语言是指没有明确表达外延概念的语言。美国哲学家 C. S. 皮尔斯认为："当事物出现几种可能状态时，尽管说话者对这些状态进行了仔细的思考，实际上仍不能确定是把这些状态排除出某个命题还是归属于这个命题，这时候，这个命题就是模糊的。上面说的实际上不能确定，我们指的并不是由于解释者的无知而不能确定，而是因为说话者的语言特点就是模糊的。"[1] 英国法学家 H. L. A. 哈特则认为："任何语言，包括法律语言，都是不精确的表意工具，都具有一种'空缺结构'（open texture），每一个字、词组和命题在其'核心范围'内具有明确无疑的意思，但是随着核心向边缘的扩展，语言会变得越来越不明确，在一些'边缘地带'，语言则是根本不确定的，对法律的解释和适用不存在绝对或唯一的正确答案，解释者或者法官拥有自由裁量权，需要在多种可能的解释和推理结论中作出选择，甚至可以扮演创建新规范的角色。"[2] 在法律语言中，模糊性的存在具有客观性，并主要体现在以下三个方面。第一，立法原则要求法律语言具有很强的概括性。法律现象本身具有复杂性，客观存在的法律现象千差万别，这使模糊语言的存在具有一定的必然性。由于有的法律现象无法被量化，有的法律现象则无法用确切的语言进行

---

[1] 伍铁平：《模糊语言学》，上海外语教育出版社1999年版，第136页。
[2] 徐国栋：《民法基本原则解释：以诚实信用原则的法理分析为中心》，中国政法大学出版社2004年版，第89页。

表达，如果要在这种抽象概括的基础上，制定具有普遍指导意义的法律条文，就必须借助概括性强的模糊语言。第二，在法律语言中，评价性词语的运用。法律条文及条款需要描述和评价一定的法律行为，而评价性语言往往具有一定模糊性，这也是自然语言的一大特点，比如《刑法》中的"重大损害""明显""情节严重""情节较重"以及"其他危险方法"等语词。第三，认识的主体差异性。由于认知背景和文化习惯的不同，人们对法律语言所要表达的含义也会有不同的理解。

在处理案件时，基于法律语词存在一定的模糊性，我们不能仅凭自我认知进行认定。例如，对于打开应急舱门的危害程度和等级的评定，不仅要结合专业的评定数据，还必须结合法条的整体性来判断。此外，也可以利用司法实务来推敲具体语词所包含的范围和程度。同样地，我们应该从法律条文涉及的目的以及法律所保护的应有利益出发，运用解释语词的合理技巧与方法，来深入理解法律语词的延伸范围。结合本案，应合理准确地认定打开应急舱门这一行为是否构成《刑法》所规定的"情节严重""情节较重""危险"程度，进而明确界定旅客的行为，适用合理依据来处理案件，进一步减少社会对于案件处理结果的热议。

**4. 法律的精细化**

就立法层面而言，对于旅客违法打开应急舱门的违法情形，《民用航空法》第一百九十七条和第二百条、《刑法》第一百一十四条和第一百一十六条的规定都比较抽象。一般而言，人们可能认为打开应急舱门的行为危险性最多是造成飞机不能起飞的后果。但在深入考虑后续连锁反应后，旅客打开应急舱门的行为危险性较大，可能对飞机产生进一步的危险，旅客的情绪激动也会引起一系列的问题；而为了应对该突发情况，机场方面也必须投入大量工作成本，可能严重妨害公共安全。但《民用航空法》和《刑法》又未将这种具有较大危险性的行为纳入规制范畴，因而只能依照《治安管理处罚法》来规制，处罚的力度可能会引起社会公众的争议。在某一案件涉及违法情形，而又没有被法律明确规定属于哪一部门法的规范范围时，应该进一步加强法律的精细化程度，避免出现适用法律模糊、适用结果不当的情形。

秉承最新立法理念，要建设中国特色社会主义法治体系，必须坚持立法先行，发挥立法的引领和推动作用，抓住关键，提高立法质量，贯彻社会主义核心价值观，使立法的每一项都符合宪法精神。从本案角度切入，做到科学立法，必须推进立法精细化，健全向中国民用航空局、基层民航单位征询立法意见的机制，建立民航领域的基层立法联系点制度。同时，民航事业迈向国际化，就要根据民航事业的快速发展现状制订立法规划，完善立法项目的征集和论证制度；可以将民航领域法律草案的起草工作委托给第三方，使立法与民航发展现状更加切合。就民主立法而言，民航领域要加大社会各方参与力度，健全向旅客公开征求意见以及公众意见采纳反馈机制，广泛凝聚民航领域的社会共识。近年来，重点领域立法备受关注，民航安全领域尤为受重视，对此应该在贯彻落实总体国家观、建设法治国家的大背景下，尽快构建总体国家安全观下的民航安全法律制度防范体系，推进民航安全的法治化建设。

### 5. 客舱安全

当前民航领域中，客舱安全是第一要务，客舱管理的理念是良好的服务流程设计，要加强客舱服务水平的提升，也要兼顾客舱安全，正确地处理安全和服务的关系。我们必须在这一理念的推动中，认识到要多方面来维护客舱安全。首先，客舱乘务员完成的工作内容对飞机在正常、非正常和紧急情况下的安全、有效和高效运行是非常有利的。在事故和事故征候的预防中，客舱乘务员可以起到举足轻重的作用。其次，处置安全突发事件的关键桥梁是机组的调度和通知。最后，旅客的合理行为有利于快速、有序地处置安全事故，而旅客的违法违规行为将带来更大的安全隐患，危险性程度的增强必然使秩序混乱。目前在客舱安全方面，协商沟通不完整、相关人员的应急培训不够到位、突发事件应对联动能力不够、旅客管理和宣传教育不够全面、机组及客舱人员的自我防范意识和自我保护能力不够等诸多问题，有待进一步解决。

因此，若想客舱安全地运行，应该做到以下几点：一是提升人的效能，提高培训质量，进一步完善培训内容；二是提升航前协同会内容的完整性，明确机组和乘务组对接程序;三是完善应急沟通情景机制,确保机组与乘务组应对突发安全事件的联动力;四是重视客舱上机前安全教育,提升旅客在客舱内的安全意识;五是严格规范旅客的违法行为,进客舱后加强杜绝违法犯罪宣传工作;六是提升客舱所有人员的自身防范能力,增强自我保护意识。

## 【案件延伸】

2018年,民航安全度已经提升到前所未有的高度,"5·14"川航航班备降成都事件[1]的成功处置并非偶然。在接见"中国民航英雄机组"时,习近平总书记明确要求,学习英雄事迹,弘扬英雄精神,就是要把非凡英雄精神体现在平凡工作岗位上,体现在对人民生命安全高度负责的责任意识上。这为民航工作指明了努力的方向,它不仅是对"中国民航英雄机组"的最高褒奖,也体现了党中央对民航工作的高度重视和总书记对民航广大干部职工的巨大关怀,极大地鼓舞了全体民航人的精神。"忠诚担当的政治品格、严谨科学的专业精神、团结协作的工作作风、敬业奉献的职业操守"这一当代民航精神,是全体民航人共同的价值追求和行为准则。

在处置安全事件,应对突发事件时,中国民用航空局及相关单位和工作人员多年来始终高度重视"三基"工程建设的结果,即抓基层、打基础、苦练基本功,这是确保民航安全的重要基石。长期以来,民航领域也一直深入领悟四个关系,即安全与发展、安全与效益、安全与正常、安全与服务的关系。此外,在充分认识民航安全所面临形势的严峻性、复杂性的同时,民航公安机关始终重视加强空防安全保卫工作的责任感、紧迫感,扎实完成各项民航空防安全保卫工作。[2]要想民航安全事业蓬勃发展,一方面,旅客要约束自身行为,在提升维权意识的同时,也要注意维护民航安全的尊严,提高自我保护意识和防范意识;另一方面,民航单位和相关工作人员要确保每个

---

[1] 2018年5月14日,四川航空股份有限公司3U8633航班在成都区域巡航阶段,驾驶舱右座前风挡玻璃破裂脱落,机组成员临危不惧,机长刘传健凭着过硬的飞行技术和良好的心理素质,在民航各保障单位协同配合下,正确及时处置,飞机最终在成都双流机场平安落地。

[2] 《民航局:严惩飞机上吸烟打架滋事等行为》,载中国航空新闻网2015年1月20日,http://www.cannews.com.cn/2015/0120/117846.shtml。

航班安全平稳地飞行，保障每位旅客顺畅出行。"对安全隐患零容忍"，就是对民航事业最忠诚的担当，就是对生命最高的尊重，就是对安全文化的最好诠释。

总之，安全是民航发展的基础和前提，是民航业也是人民群众的生命线。如果将旅客明确、合理的认知力与相关人员的团结协作的工作作风、敬业奉献的职业操守结合起来，民航安全这一胜仗就势在必得。

## 案例三

# 王某暴力危及飞行安全案

【案情介绍】

1997年11月11日，在乘坐某航空公司由北京飞往广州的班机途中，因邻座朱某不小心踩到王某的脚，王某即对朱某大打出手，朱某忍无可忍遂还手。不料，王某掏出水果刀刺向朱某，朱某四处躲闪，机舱内一片混乱，飞机也因失衡摇晃。① 最后朱某被王某扎死。据此，人民检察院就以上情况指控被告人王某构成故意杀人罪、暴力危及飞行安全罪，经人民法院公开审理，查明以上所述情况属实。此外，经核实，被告人王某曾因故意伤害致人重伤入狱。一审法院认为，被告人王某在飞行中的航空器上，因小事而故意杀死他人，其行为已构成故意杀人罪；且被告人王某的杀人行为严重扰乱了机舱内秩序，飞机发生摇晃，飞行安全遭受威胁，其行为也构成暴力危及飞行安全罪；被告人王某主观恶性深，行为情节恶劣，应数罪并罚。因此，人民检察院指控罪名成立，被告人辩护律师提出的王某仅构成暴力危及飞行安全罪的意见不正确，不予采纳。

这是民航史上针对故意杀人后暴力危及飞行安全行为的判罚最严重的案件，引起了强烈的社会反响：一方认为不应该对王某判处如此严重的刑罚；而另一方认为王某因小事就刺杀他人，且严重危及民航安全，严重危害民航秩序，最终处予的刑罚合理合法。此外，被告人为自己辩解，事件并非由他

---

① 任文娟：《王某暴力危及飞行安全案——暴力危及飞行安全与故意伤害、故意杀人的界限及罪数认定》，载110法律咨询网2013年9月15日，http：//Lawyer.110.com/1735104/article/show/type/3/aid/467124。

引起，被害人也有责任，随后上诉。最终，二审法院经审理后认为，上诉人王某在飞行中的飞机上因小事对他人使用暴力，不仅故意造成他人死亡，还可能产生危及飞行安全的危险状态，事实上也危及了飞行安全，其行为既触犯故意杀人罪，又触犯暴力危及飞行安全罪，属于想象竞合犯，应从一重罪，以故意杀人罪论处。一审法院定罪量刑不准，其判决应予撤销。因此，二审法院作出如下判决：撤销一审法院判决；上诉人王某犯故意杀人罪，判处死刑，剥夺政治权利终身。

## 【相关法条】

《民用航空法》第一百九十七条规定："盗窃或者故意损毁、移动使用中的航行设施，危及飞行安全，足以使民用航空器发生坠落、毁坏危险的，依照刑法有关规定追究刑事责任。"

《刑法》第六十九条第一款规定："判决宣告以前一人犯数罪的，除判处死刑和无期徒刑的以外，应当在总和刑期以下、数刑中最高刑期以上，酌情决定执行的刑期，但是管制最高不能超过三年，拘役最高不能超过一年，有期徒刑总和刑期不满三十五年的，最高不能超过二十年，总和刑期在三十五年以上的，最高不能超过二十五年。"

《刑法》第一百二十三条规定："对飞行中的航空器上的人员使用暴力，危及飞行安全，尚未造成严重后果的，处五年以下有期徒刑或者拘役；造成严重后果的，处五年以上有期徒刑。"

《刑法》第二百三十二条规定："故意杀人的，处死刑、无期徒刑或者十年以上有期徒刑；情节较轻的，处三年以上十年以下有期徒刑。"

## 【案情评析】

犯罪人王某在飞行中的航空器内实施杀人的行为，使得被害人朱某死亡，且严重扰乱了航空器的舱内秩序，严重威胁了飞行中航空器的飞行安全，轻则一人死亡，重则危害航空器上所有人的生命财产安全。对该犯罪的防控应从以下几方面考虑：第一，从犯罪人角度来说，应对其危险行为提早识别，尽可能地实现事前预防，预防不成则采取与犯罪行为相适应的事后惩罚来进行控制；第二，从被害人角度来说，应尽可能给予补偿，以示对犯罪行为的严重苛责；第三，从物的角度来说，本案中王某利用水果刀扎死朱某，这就需要相关部门对物进行事前预防，禁止携带水果刀乘机；第四，从环境的管控来说，意味着应建立健全相关应急事件处理机制，将风险与危险程度降到最低，充分保障机上安全。

那么在本次事件中，可以总结出两个焦点：一是如何准确界定机上故意杀人又暴力危及飞行安全的行为；二是在能够携带水果刀乘机的情况下，机场或航空公司的相应防范措施是否存在漏洞。

从以上事实出发，结合法律依据，可得出一审法院判决不合理，而二审法院判决合理。暴力危及飞行安全罪，是指对飞行中的航空器上的人员使用暴力，危及飞行安全，尚未造成严重后果或者已经造成严重后果的行为。本罪侵犯的客体是航空飞行安全和他人的人身权利，客观方面表现为行为人对飞行中的航空器中的人员使用暴力，尚未造成严重后果或者已经造成严重后果的行为。按照1971年《蒙特利尔公约》第二条甲款相关规定，航空器从装卸完毕、机舱外部各门均已关闭时起，直至打开任一机舱门以便卸载为止，应被认为在飞行中；航空器被迫降落时，则在主管当局接管对该航空器及其所载人员和财产责任前，应被认为在飞行中。此外，只要犯罪人的暴力行为危险程度达到足以危及飞行安全的程度，即可构成本罪，因此本罪是危险犯。但如果犯罪人行为仅是轻微程度的冲撞争斗，并没有严重扰乱客舱秩序，未达到危害飞行安全程度，则不符合本罪的犯罪构成，不构成本罪；若犯罪人的行为达到相应危害程度并造成了一定的严重后果，则不仅构成了本罪，还将会通过加重法定刑来进行惩罚。本罪主体为一般自然人，主观方面为故意。

本罪与故意伤害罪、故意杀人罪的区别主要表现在以下几个方面。首先，犯罪客体不同。暴力危及飞行安全罪的客体是飞行中的航空器的飞行安全和他人的人身权利，而故意伤害罪与故意杀人罪的客体一般是他人的健康权利。如果在航空器内实施暴力行为，不足以危及飞行安全，则不构成前罪，但有可能构成故意伤害罪。其次，犯罪对象与地点不同。暴力危及飞行安全罪的犯罪地点在飞行中的航空器内，相应地，犯罪对象也被局限在了特定范围之内，即航空器上的人员；故意伤害罪与故意杀人罪的犯罪对象与地点则不受限制。最后，行为方式不同。暴力危及飞行安全罪的行为方式一般是作为形式，必须通过暴力行为表现出来，而故意伤害罪与故意杀人罪的行为方式没有特殊限制。

不仅在理论中要予以区分，在司法实践中更要厘清暴力危及飞行安全行为与在航空器内实施的故意伤害、故意杀人行为的界限，以明确审理依据与理由。问题是，在正在飞行中的航空器上，对于以故意剥夺他人生命、损害他人健康为目的，对航空器上的人员实施伤害、杀害等犯罪行为的行为人，应该如何定罪处罚？要考虑的问题是一罪还是数罪，要从重处罚还是数罪并罚。关于罪数问题，应从犯罪人的行为出发：犯罪人究竟实施了一个行为，还是数个行为？如果犯罪人只实施了一个行为，如在飞行中的航空器内的暴力行为，那么这个行为会同时涉嫌暴力危及飞行安全罪、故意伤害罪或者故意杀人罪，依据一事不再罚、禁止重复评价的原则，针对一个行为只能进行一次法律评价，属于想象竞合犯，这时应对其从一重罪论处。目前，《刑法》中对于暴力危及飞行安全罪规定的刑罚并不趋于严重，甚至可以说偏轻，对此应具体案例具体分析，作出从一重罪论处的决定。如果犯罪人实施了两个行为，则应根据实际情况，分别进行法律评价，最终依照数罪并罚原则给予刑罚。

此外，从立法者的本意来看，之所以《刑法》规定暴力危及飞行安全罪，是因为要着重强调危及飞行安全的严重问题，突出保护飞行中的航空器的飞行安全。从这个角度出发，如果行为人对正在飞行中的航空器上的人员使用暴力，危及飞行安全，可能会造成严重的后果，比如导致航空器严重毁损、人员产生重大伤亡，理应按照特别法条即暴力危及飞行安全罪定罪处罚。但从刑罚结果来看，适用特别法条似乎无法符合罪责刑相适应的原则，因为暴力危及飞行安全罪的最高刑罚为15年有期徒刑。相反，如果行为人以故意剥夺他人生命为目的，对航空器上的人员使用杀害、伤害等暴力行为，同时又使飞行安全遭受威胁，依据刑法基本理论，一个行为触犯数个罪名，属于想象竞合犯，遵循想象竞合犯从一重罪论处的原则，应以故意杀人罪论处。显然，在这种情况下，如果最终仍以暴力危及飞行安全罪论处犯罪人的行为，则违背了罪责刑相适应原则，最终会使犯罪人甚至全社会产生侥幸心理，无法起到一般预防与特殊预防的效果。鉴于以上分析，暴力危及飞行安全罪中的"严重后果"，应不包括本应涵括在故意伤害与故意杀人行为之中的，因犯罪人的暴力行为而导致的被害人重伤或死亡的后果，而应限定在犯罪人在飞行中的航空器内对他人使用暴力致使飞行安全遭受威胁的严重后果范围之内。

综上所述，对本罪与故意伤害罪、故意杀人罪的区分以及对法定刑的明确，应该总结为以下两种情况。第一种情况是，行为人对正在飞行中的航空器上的人员使用暴力，最后导致人员受轻伤或重伤，同时又危及了飞行安全，应该对其界定为暴力危及飞行安全罪，以暴力危及飞行安全罪论处。其原因在于，此时行为人只有一个行为，并且同时触犯了数个罪名，属于想象竞合犯，要从一重罪论处，由于暴力危及飞行安全罪的法定刑重于重伤情形下的故意伤害罪的法定刑，前者最高法定刑为15年有期徒刑，后者为10年有期徒刑，故对行为人应以暴力危及飞行安全罪论处。第二种情况是，行为人对正在飞行中的航空器内的人员使用暴力，最终直接导致人员死亡，或者故意伤害人员致人死亡，或者以特别残忍手段致人重伤造成严重残疾的后果，同时又危及了飞行安全，则应以故意杀人罪或故意伤害罪论处。其原因在于，此时行为人仍是一个行为触犯了数个罪名，属于想象竞合犯，从一重罪论处，且故意杀人罪及故意伤害罪的最高法定刑均为死刑，高于暴力危及飞行安全罪的最高法定刑15年有期徒刑，因此应根据事实以故意杀人罪或故意伤害罪论处。

在上述分析的基础之上，结合本案事实，犯罪人王某仅因为飞机上一点小事就产生了故意杀害朱某的动机，且最终造成了被害人朱某死亡的后果，王某的行为已经触犯了《刑法》第二百三十二条，构成故意杀人罪。此外，犯罪人王某故意杀害他人的暴力行为是针对飞行中的航空器内的旅客朱某实施的，客观上严重扰乱了机舱的公共秩序，导致人员混乱，飞机失去平衡，虽然最终未发生严重后果，但事实上飞行安全已经遭受严重威胁，其行为符合暴力危及飞行安全罪的构成要件。由此，犯罪人王某持一个杀害朱某的犯罪故意，实施了一个杀害的犯罪行为，同时触犯了两个罪名，属于想象竞合犯，依据从一重罪论处的原则，最终应当以故意杀人罪定罪处罚。因此，二审法院的判决是合理合法的。

## 【案件延伸】

在了解本案的事实情况之后，可进行如下延伸思考。

### 1. 我国民航安检存在的问题

民航安检经历了一个逐渐发展完善的过程，随着全面加强深化改革力度，民航体制机制改革也不断深化，新问题、新情况不断出现。目前，民航安检表现出三个特点：①过于强调服务，执法方面显得比较弱化；②安检人员流失严重，安全隐患严重；③多方管理安检工作，执行标准不一。结合本案，旅客竟携带水果刀上机，这是那个年代安检工作的一大疏忽，与当时的安检规定存在一定关联。

由于安检工作强调服务，工作人员的权限被弱化，所以旅客在安检过程中会存在侥幸心理，安检人员也只是注重形式检查，并没有从实质上排除隐患，致使旅客将违禁品携带进入飞机，危险性极大。此外，经过一定的培训后，安检工作人员才能上岗，这就意味着机场需要对安检工作投入大量的人力、物力以及财力，但安检人员短期内离职现象高发，究其原因，不乏针对安检人员的物质保障不全面的问题。最后，在实践中，安检工作并没有明确的领导机构和统一的执行标准，导致工作混乱，致使安检可能产生漏洞与问题，也给予了机上违法犯罪可乘之机。

### 2. 我国民航针对机上犯罪应急救援体系的现状

"9·11"事件说明，一个健全的应急救援体系可以有效地降低事故损害，并且能在极其困难的情况下阻碍事故的进一步恶化。因此，建立应急救援体系日益迫切，非常重要。首先，越发庞大和复杂的航空运输体系增加了事故所可能造成的损害，航空安保体系面临着越来越多的威胁；其次，就目前而言，仅依靠航空运输安保体系，安全并不能得到完全保障，后续救援机制应尽快完善，以应对突发情况；最后，被害人受到身体损害后是否能够对其实施有效救援，减少危险损害并尽快平息事件，这在某种程度上关系着航空运输体系的可持续发展。

一般而言，在机上发生不安全事件后，应急处置以及救援措施应包括预防、预备、响应和恢复等内容。目前，在实践过程中，完整的预防和救援体系是缺位的，在上述四个阶段中，缺乏合理分工和协调，最终使得不安全事件频发。

针对以上两点，我们可以采取以下措施来解决相应的问题。

**1. 提升安检预防措施**

首先，提升旅客对安检的认同度。这不仅可以减轻安检工作的负担，还可以提高航空的安全水平，同时还可以使旅客对民航安检的服务满意度得到提升。其次，加大民航安检工作的宣传力度。对于民航安检，人们的认知水平是逐渐提升的。由于民航的专业性，广大旅客对相关规定的了解并不是很多，导致很多乘机旅客在准备行李物品时，对安检的规定一知半解，很有可能将一些违禁物品带入机场。因此，加大宣传民航安检相关规定，督促广大旅客在出行前妥善准备和处理行李物品，也可以使安检的工作量大大减少。此外，应该及时、完整地将民航安检的规定告知公众，并采取多方式、多渠道的宣传手段。目前，宣传方式有新闻报道、中国民用航空局官网上发布通告、在机场候机楼内设置安检提示牌等，都可以使旅客了解到民航安检的相关规定。但上述宣传都属于面向大众的被动宣传形式，还需要针对乘机旅客进行主动宣传。比如将民航安检的最新规定以微信、短信、邮件等方式及时发送给已订票的旅客，提醒旅客遵守民航安检的相关规定；开设多元化的民航安检咨询渠道，如开通热线电话、建立安检微信公众服务平台、在候机楼设置安检服务站等，旅客如果有问题，可以通过咨询得到解决。最后，采取旅客安检信誉评级制度。根据旅客每次过检表现，安检部门可以给其进行安检信誉评级：针对安检信誉比较高的旅客，采取鼓励措施，如优先安检、赠送小礼品等，也可以通过与航空公司合作采取票价优惠等措施；而对于安检信誉差的旅客，可以加入"安检黑名单"，采取从严检查等措施。分级制度不仅可以使旅客认识到民航安检工作的重要性以及权威性，而且能够发挥其社会影响力。近年来，由于安全检查在地铁、船舶、旅游景点、文博展览场馆、体育场馆等场所的常态化，全社会中树立"旅客要主动配合安检"的意识基本形成。

**2. 完善我国民航机上犯罪应急处置机制**

首先，应该充分建立健全航空犯罪预防机制。"打防结合，标本兼治，预防为主"是航空犯罪防控应急处置的基本治理方针。就航空犯罪的治理而言，从根本上讲，要从预防抓起，只有这样才能降低航空犯罪的可能性，直至最低限度，从而保障民航空防安全。当前，相关部门都能明确针对机上犯罪需要做到预测、预防以及控制的结合，但在实践中，处置机上突发犯罪行为的防范机制还有所欠缺。因此，要从制度、技术和人三个层面出发，建设预防机制：①制定完善的基础预防制度，保证有制度可依；②发展高科技来完成预防机制的硬性要求；③提高相关工作人员以及全社会对于航空犯罪的警惕意识，并充分培养专业人员的工作素养，以此达到航空犯罪防控的高标准与强效果。其次，要完善民航机上犯罪事后处置机制。只有事前预防是远远不够的，事件发生之后，正确迅速的处置方式显得尤其重要，对于稳定社会秩序、震慑相关行为人也有着非常重要的作用。针对事后处置机制，也同样从制度、技术和人三个层面来进行完善：①保证事后处置流程的完备；②保证相应技术的配备与进一步的研究发展；③相关工作人员要具有相应的工作素养，有良好的应急处置能力。只有这三方面共同协作，才能保证机上犯罪事件发生以后，局面不至于进一步恶化，而是能处于良好的控制之中。前述航空犯罪防控的几个重要环节也是民航机上犯罪防控体系的内容，它们紧密联系，相辅相成，缺一不可，只有在各个部门、各个环节相互配合、密切合作之后，才能做到对航空犯罪有效的预防和控制，从而确保民用航空机上环境的安全。实践中，应该继续坚持民航空防安全"地面防、空中反、内部纯"三原则，这是老一辈民航安检人用鲜血和生命总结出来的行之有效的经验，在处置突发的机上危害航空安全的事件时，要坚持空地一体化，坚持空中与地面协同配合，做到对航空领域犯罪的全环节、全链条的防范。

总而言之，突发性、欲望性、群体性以及破坏性是机上突发事件的几大特点，往往使旅客产生抱怨、愤怒和焦虑等负面情绪，增加民用航空不安全系数。因此，危害民用航空机上安全犯罪侵犯的法益限定为民用航空安全。对民用航空安全法益内容的不同界定，会进一步影响危害民用航空安全犯罪的立法和解释，进而会影响危害民用航空安全犯罪的刑事处罚种类和幅度，甚至带来"质"与"量"的差异。比如在本案中，犯罪人的犯罪目的与动机决定了侵害法益的种类，而法益的种类又决定了相应刑罚的种类选择，也大大影响了刑罚幅度的适用。因此，在立法完善进程中，要合理界定民用航空安全法益的内容，如此不但能有效预防和惩治危害民用航空机上的安全犯罪，而且能保障民用航空的机上安全，保护民航最重要的生命航线。

## 案例四

# 李某戏言炸机案件

## 【案情介绍】

2015年9月3日20时20分许,在杭州某机场前往长沙的航班内,旅客正在有序进入飞机寻找座位,安放随身携带的行李。此时,一位中年男性旅客李某费力地把一个黄色木箱举过头顶放进行李舱,空乘人员黄某于是上前询问是否需要帮助,并发生了以下对话:"先生,请问您的箱子里是什么?"李某回复称:"炸弹。"空乘人员再次向旅客李某确认,旅客李某仍回答:"我都已经这么说了,你可以检查一下。"由于空乘人员不能确定李某言语的真实性,为确保航班安全,遂报警。机场公安迅速派出民警赶往现场处置,同时机场方面立即启动非法干扰处置程序,中止了起飞计划,并对飞机的客舱和货仓进行清仓,疏散所有旅客下机接受复检。

无独有偶,杭州该机场还发生了另外两起"诈弹"警情。旅客王某欲乘坐航班前往吉隆坡,在航站楼安检通道接受检查时,因对安检员反复检查随身携带行李的行为心生不满,便自称行李内有爆炸品,导致安检通道关闭并疏散待检旅客。旅客张某欲乘坐航班前往深圳,因其在登机口看到部分经济舱旅客已通过摆渡车上机,对头等舱摆渡车晚到心生不满,遂与机场地服工作人员争论,扬言要炸飞机,机场方面立即启动应急预案,对此次航班实施清仓、全体旅客复检等措施,最终导致航班延误。①

回到本案案情,经官方核实,旅客李某的箱子里只有一件瓷器礼品,并

---

① 张经辉、张瑨:《"我的行李中有炸弹"——一句玩笑飞机清舱》,载民航资源网2015年9月6日,http://news.carnoc.com/list/323/323081.html。

没有炸弹。这名旅客向民警承认，自己非常悔恨造成了航班终止起飞的后果，当时"炸弹"二字是未经思考脱口而出的。浙江省公安厅机场公安局认定他的行为使飞机的正常起飞受到影响，并严重扰乱了机场秩序，根据《治安管理处罚法》第二十三条第一款之规定，作出对李某予以行政拘留10日并处500元罚款的处罚决定。前述另外两起案件的违法行为人均同样被予以行政拘留处罚。

经过诸多类似案件的发生，机场警方郑重提醒广大旅客，机场是公共场所，"诈弹"言论不可轻易出口，此类扬言爆炸或谎称行李内有炸弹等行为，轻者属于虚构事实扰乱公共秩序的治安违法行为，重者则属于编造恐怖信息的犯罪行为，都将依法被追究法律责任。

## 【相关法条】

《民用航空法》第一百九十六条规定："故意传递虚假情报，扰乱正常飞行秩序，使公私财产遭受重大损失的，依照刑法有关规定追究刑事责任。"

《民用航空法》第一百九十八条规定："聚众扰乱民用机场秩序的，依照刑法有关规定追究刑事责任。"

《治安管理处罚法》第二十三条第一款规定："有下列行为之一的，处警告或者二百元以下罚款；情节较重的，处五日以上十日以下拘留，可以并处五百元以下罚款：（一）扰乱机关、团体、企业、事业单位秩序，致使工作、生产、营业、医疗、教学、科研不能正常进行，尚未造成严重损失的；（二）扰乱车站、港口、码头、机场、商场、公园、展览馆或者其他公共场所秩序的；（三）扰乱公共汽车、电车、火车、船舶、航空器或者其他公共交通工具上的秩序的；（四）非法拦截或者强登、扒乘机动车、船舶、航空器以及其他交通工具，影响交通工具正常行驶的；（五）破坏依法进行的选举秩序的。"

《刑法》第二百九十一条之一第一款规定："投放虚假的爆炸性、毒害性、放射性、传染病病原体等物质，或者编造爆炸威胁、生化威胁、放射威胁等恐怖信息，或者明知是编造的恐怖信息而故意传播，严重扰乱社会秩序的，处五年以下有期徒刑、拘役或者管制；造成严重后果的，处五年以上有期徒刑。"

## 【案情评析】

本案涉及一个焦点问题：如何认定戏言炸机等行为的性质及危害程度。在本案中，旅客李某具有完全刑事责任能力。主观上，明知在机上说出此类话语会扰乱机上秩序，会导致机组人员采取中止飞行、全方位的检查的措施，而反复称行李箱内有炸弹，无疑是故意为之。客观上，在航空器临飞前，李某反复称行李箱装有炸弹这一行为，严重扰乱了机上秩序，并造成了相应的后果。《民用航空法》第一百九十六条规定："故意传递虚假情报，扰乱正常飞行秩序，使公私财产遭受重大损失的，依照刑法有关规定追究刑事责任。"但一般来说，一个行为只有在使航空器以及机上人员造成重大损失时，才会依照《刑法》处理。那么，本案需要依照《治安管理处罚法》第二十三条第一款之规定来进行处罚。同时，2018年中国民用航空局公安局下发的《民航公安行政处罚裁量基准》中规定了虚构事实扰乱机场公共秩序的违法情形和处罚基准，其中，发生以下两种情况时，要处5日以上10日以下拘留，可以并处500元以下罚款：一是散布谣言，谎报险情、疫情、警情或者以其他方法故意扰乱公共秩序，导致相关部门采取应急或应对措施的；二是散布谣言，谎报险情、疫情、警情或者以其他方法故意扰乱公共秩序，导致相关部门启动应急预案的。在本案中，机场方面启动了非法干扰处置程序，因此，即使在本裁量基准文件下发之后，浙江省公安厅机场公安局对李某予以行政拘留10日并处500元罚款的处罚决定依旧是合理合法的。但社会公众对此存在的疑问是，李某此类虚构恐怖信息的行为其实本身已经比较恶劣了，毕竟恐怖信息动辄会造成严重后果，行为本身就会引起相关部门的强烈关注，乃至社会恐慌，因此仅依照《治安管理处罚法》进行处罚，是否畸轻？但从严格依法处理的角度出发，依照《治安管理处罚法》来进行处罚不容置疑。

那么问题就在于，编造、故意传播虚假恐怖信息罪的相关《刑法》条文的入罪标准是什么？就条文表述而言，也即"严重扰乱社会秩序"的界定问题。在《最高人民法院关于审理编造、故意传播虚假恐怖信息刑事案件适用法律若干问题的解释》（法释〔2013〕24号）中，对此进行了界定。该司法解释第二条规定指出："编造、故意传播虚假恐怖信息，具有下列情形之一的，应当认定为刑法第二百九十一条之一的'严重扰乱社会秩序'：（一）致使机场、车站、码头、商场、影剧院、运动场馆等人员密集场所秩序混乱，或者采取紧急疏散措施的；（二）影响航空器、列车、船舶等大型客运交通工具正常运行的；（三）致使国家机关、学校、医院、厂矿企业等单位的工作、生产、经营、教学、科研等活动中断的；（四）造成行政村或者社区居民生活秩序严重混乱的；（五）致使公安、武警、消防、卫生检疫等职能部门采取紧急应对措施的；（六）其他严重扰乱社会秩序的。"严重扰乱社会秩序在民航领域中表现为：致使机场秩序混乱、采取紧急疏散措施和影响航空器正常运行等情形。结合本案事实，李某的行为发生在即将起飞的航空器内，就案件事实来看，尚未引起机场秩序混乱，机场方面也尚未采取紧急疏散措施，那么李某的行为是否影响了航空器的正常运行，要从航空器正常运行的界定标准判断。本案中，李某的行为最终导致航班延误。一般认为，航班延误的情形比较常见，应当不在影响航空器正常运行的范围之中，因此，依据该司法解释，李某的行为也尚未达到本罪的入罪标准。

《最高人民法院关于审理编造、故意传播虚假恐怖信息刑事案件适用法律若干问题的解释》第三条规定："编造、故意传播虚假恐怖信息，严重扰乱社会秩序，具有下列情形之一的，应当依照刑法第二百九十一条之一的规定，在五年以下有期徒刑范围内酌情从重处罚：（一）致使航班备降或返航；或者致使列车、船舶等大型客运交通工具中断运行的；（二）多次编造、故意传播虚假恐怖信息的；（三）造成直接经济损失二十万元以上的；（四）造成乡镇、街道区域范围居民生活秩序严重混乱的；（五）具有其他酌情从重处罚情节的。"第四条规定："编造、故意传播虚假恐怖信息，严重扰乱社会秩序，具有下列情形之一的，应当认定为刑法第二百九十一条之一的'造成严重后果'，处五年以上有期徒刑：（一）造成三人以上轻伤或者一人以上重伤的；（二）造成直接经济损失五十万元以上的；（三）造成县级以上区域范围居民生活秩序严重混乱的；（四）妨碍国家重大活动进行的；（五）造成其他严重后果的。"编造、故意传播虚假恐怖信息,严重扰乱社会秩序,同时又构成其他犯罪的,应择一重罪处罚。

通过案情介绍以及相关法律分析,可以总结出以下两个问题。

**1. 部分乘客航空安全意识淡薄**

民用航空业赖以生存及发展的基础是民航安全,同时这也是维护民航工作人员及乘客根本利益的前提。民航领域中一旦出现安全问题,一般会造成严重的后果,产生较大的影响,严重时可能会影响到国际层面,形成的损失往往也不可估量。据相关数据显示,航空运输每年增长速度高达15%,市场发展潜力极大,需求量持续上升。而这种快速发展的趋势,同样也向航空业的管理与法治建设提出了极大挑战,如何保证航空安全是面临的首要问题。民用航空业的迅猛发展,使得旅客人数增幅与往年相比,有了大幅度提高。因此,部分旅客乘坐飞机外出的次数少,对飞机安全基本知识和民用航空法律基本规则不够了解。这就导致尽管当前旅客人数迅速增长,但是公共安全意识包括法律素养在内的基本素质并没有得到应有的提升。而旅客基本航空知识的缺乏,也是使不安全事件发生的重要原因之一。

**2. 民航机上违法犯罪处罚依据合理性有待提升**

如何合理定性航空器内旅客戏言炸机的行为,是值得关注的问题。《民用航空法》《民用航空安全保卫条例》《刑法》以及《治安管理处罚法》均对这类行为的处理作出了处罚规定。就戏言炸机的行为而言,适用《刑法》显然处罚力度趋于过重,适用《治安管理处罚法》显然处罚力度过轻,《民用航空法》第一百九十六条则仅仅规定使公私财产遭受重大损失的依照《刑法》有关规定来处罚。由此导致适用《刑法》与适用《治安管理处罚法》的处罚之间的悬殊差距引发了一定的舆论争议,此时能否规定一种介于两者之间的处罚方式以使处罚更加合理,是值得商榷的。

针对以上问题思考,我们可以考虑以下相应的解决措施。

第一,提升安全意识。美国、欧洲各国等,除极度重视研制开发高新技术及装备外,还在努力推动科普航空知识的相关工作,以及早期的航空教育工作。要想有效提升民用航空安全意识,就需要多部门进行协作。除完善法律法规外,航空公司、机场、机组人员就航空安全知识向旅客的普及工作也要做到位。毫无疑问,航空器内发生的违法犯罪行为会影响整体的飞行安全。作为民航安全的主要责任主体,航空公司、机场、机组人员应全方位地贯彻落实安全原则,对旅客进行充分的宣传教育,以达到减少不安全事件发生数量的目的。

第二,预防与规制航空器违法犯罪。通常情况下,预防是指对安全事故、犯罪现场等负面情况,需要事先做好防备工作。而民航机场的预防工作是指在民航工作过程中,对可能危及安全的行为或可能造成航空犯罪的事情进行有效控制,防止其进一步发展,避免造成损失。

经充分调查,要发挥预防工作的作用,必须牢记全员教育是实施预防工作的基础,有法可依、奖惩分明是落实预防工作的保证,互相监督则是实施预防工作的关键。在实施预防工作时,要坚持以下三个原则。一是重点预防高危犯罪事件。凡事要善于抓住事物的主要矛盾,重点预防危险程度最高的事件。二是预防为主、防治结合。要提早干预民航机场中潜在的危害事件,严防事态进一步扩大,尽可能降低影响。此外,针对事态结果严重的案例,应有必要的惩治机制,而针对预防工作落实的案例,应有奖励机制。这样才能有效提高工作人员的积极性,进而提高工作效率。三是提倡关联预防原则。马克思主义哲学指出,任何事物都不是孤立存在的。因此,很多安全事故表面看起来与其他事物毫无联系,但是究其根本,一定可以发现其中存在着某种联系。从事物的相互联系中寻找线索,找出问题的根本原因,从而从源头出发,达到预防航空犯罪的目的。

## 【案件延伸】

本案引发的思考问题是:如何预防航空犯罪?结合前述所提安全管理和预防规制两方面措施,应该实施"人+法+技"预防机制。"人+法+技"预防机制建设即加强建设民航相关人员和安全管理部门对航空犯罪防范的机制,完善预防航空犯罪法律,结合现代化技术,实施高科技侦查、管理等手段,提升防范和打击航空犯罪的水平。结合国家立法保障和民航机场相关制度，配合现代化预防航空犯罪技术，如"机场安全管理体系""人+法+技"预防机制，可以有效地打击航空犯罪。

### 1. 通过人为因素预防航空犯罪

所谓"人"，即民航机场工作人员，包括机场公安、安检人员及其他安保人员等。首先，机场公安人员负责保障机场空防安全，处置非法干扰航空安全事件，侦破危害民用航空安全犯罪和机场内其他刑事案件，开展机场消防监督检查和专机安全警卫工作，实施航空器突发事件应急救援，负责机场范围的治安管理和道路交通管理。其次，航空机场安检人员主要负责检查登机人员是否满足机场的要求，包括携带的行李和随身携带物品中是否有违禁品，保证登机物品的安全。此外，一些机场安保人员会负责巡查机场禁区，看护飞机并保证飞机起飞安全，同时保证飞机飞行过程中的空中安全、从事航空保安审计等工作。总而言之，"人"作为机场预防航空犯罪工作中最为重要的一环，起着特殊作用，因此应重点关注人员安排。首先，在招聘机场工作人员时，机场公安要做好人员调查工作，人力部门要做好把关工作，对应聘人员有足够充分的了解。其次，机场公安、安检人员和其他安保人员需具备责任心，坚持服从上级领导和安排。最后，应把关培训过程，在工作之余，机场公安要对员工进行系统安保培训，以期在短时间内提高员工的工作技能，增强员工的工作能力、自信心和责任心，从而提高工作效率，节约公司的人力成本。

### 2. 通过法律预防航空犯罪

目前，我国预防航空犯罪的依据主要有航空法律相关规定和民航机场制度。针对预防航空犯罪，建立一套完备的航空犯罪防控体系有着重大意义。为保障民航机场有序且稳定地运行，可以从两个方面着手确保做好法律规范层面的预防工作：第一，建立并完善航空犯罪相关法律法规，并根据民航安全形势和航空犯罪发展的动态及时调整相关的法律法规；第二，借用行政手段加强各部门、各行业、各单位的犯罪预防工作，健全各种规章制度。

### 3. 通过科学技术手段预防航空犯罪

民航机场犯罪中，犯罪分子通常以暴力手段损坏航空机场和飞机跑道。

此外，通过黑客技术侵入机场系统，利用电子技术干扰机场指挥中心系统等方式也越发常见。为有效防范先进犯罪手段的侵入，科学技术和反恐设施的研制也非常重要。目前，较为流行的科学技术手段主要有两种。一种是结合互联网技术以达到预防航空犯罪。现今，互联网技术快速发展，各行各业都离不开互联网，预防航空犯罪领域也不例外。目前，通过互联网技术，各个民航机场以及航空公司可以实现快速的信息共享，提前发现并预防犯罪分子。另一种是通过生物测定技术预防航空犯罪。利用生物测定技术，安保人员可以快速识别旅客身份，通过鉴别旅客的各项信息（如指纹、脸型等特征），可以方便快捷地预防航空犯罪。

## 案例五

# 新疆和田劫机事件

【案情介绍】

2012年6月29日,新疆和田飞往乌鲁木齐的某航班于12时25分起飞,12时35分,有6名歹徒用暴力的方式要砸开驾驶舱的门。嫌犯企图劫机,被机组人员和旅客共同制服,飞机随后返回和田机场,安全着陆,飞机上其他旅客安全返回。① 劫机事件发生时,客机上共有旅客92人,机组成员9人。此次反劫机共有8人受伤,分别为2名安全员、2名乘务员和4名旅客。除了机上的空警、乘务员和旅客,因公到乌鲁木齐出差的洛浦县4名警察以及和田2名警察对制服暴徒起了很大作用。

经和田公安机关初步审查,6名劫机者为:木某·玉某某、阿某某某某·伊某某某某、艾某某某某·依某、买某某某某·玉某某、亚某·麦某某、吾某某·依某,均为男性。6名暴徒年龄最小的是20岁,最大的是36岁。这是一起以劫持飞机为手段的严重暴力恐怖案件。"6·29"事件后,民航公安系统派出联合调查组调查显示,未发现当事机场安检失职,机上未发现爆炸物。

新疆和田地区中级人民法院公开开庭审理木某·玉某某等4名被告人暴力恐怖劫机案并当庭宣判,以组织、领导、参加恐怖组织罪,劫持航空器罪和爆炸罪等数罪并罚,分别判处被告人木某·玉某某、艾某某某某·依某、吾某某·依某死刑,剥夺政治权利终身;判处被告人阿某某·木某无期徒刑,

---

① 周音:《新疆劫机案歹徒以拐杖为武器欲闯驾驶舱》,载腾讯网2012年6月30日,https://news.qq.com/a/20120630/000897.htm。

剥夺政治权利终身。①

人民群众、中国民用航空局、海南省政府对机组的行为给予了认可和赞许。中国民用航空局授予该机组"中国民航反劫机英雄机组"荣誉称号，并对英勇搏斗并光荣负伤的机组成员给予记功表彰，对积极协助处置的旅客表示感谢和慰问，并给予奖励表彰。希望全行业以他们为榜样，坚持国家利益和人民利益至上，立足岗位，确保民航持续安全。②

2012年7月9日，海南省委、省政府在海口举行大会，隆重表彰"6·29"反劫机英雄机组。海南省委、省政府决定，奖励临危不惧、挺身而出的机组成员郭佳、杜岳峰各10万元，奖励"6·29"反劫机英雄机组50万元，并号召全省各单位、各企业向该机组学习，学习他们对党忠诚、对祖国忠诚、对人民忠诚的先进本色。海南省妇联授予乘务组"三八红旗集体"荣誉称号，授予乘务长郭佳、吕慧、宋佳和王婉钰"三八红旗手"荣誉称号。海南共青团授予反劫机英雄机组"海南青年五四奖章集体"荣誉称号。海南省总工会代表中华全国总工会授予反劫机英雄机组"工人先锋号"荣誉称号。海南省委授予海南航空股份有限公司③党委"创先争优"模范党委称号。海航集团有限公司（以下简称海航集团）决定授予英雄机组全体成员"海航功勋员工"勋章，并给予安全员杜岳峰、徐洋和乘务长郭佳各现金100万元、房产一套（价值300万元）、奥迪车一辆作为奖励，给予英雄机组其他成员各现金50万元、房产一套（价值200万元）、奥迪车一辆作为奖励。海航集团还对天津航空全体干部员工给予奖励。

## 【相关法条】

《刑法》第一百一十四条规定："放火、决水、爆炸以及投放毒害性、放射性、传染病病原体等物质或者以其他危险方法危害公共安全，尚未造成严

---

① 曹志恒、王文：《新疆6·29和田劫机案宣判 3名嫌犯获死刑1人无期》，载腾讯网2012年12月11日，https：//news.qq.com/a/20121211/001461.htm？pgv_ref＝aio2012。

② 《6·29反劫机成功 中国民航局表彰机组和乘客》，载中国日报网2012年6月30日，http：//cn.chinadaily.com.cn/2012-06/30/content_15538858.htm。

③ 现已更名为海南航空控股股份有限公司。

重后果的，处三年以上十年以下有期徒刑。"

《刑法》第一百一十五条第一款规定："放火、决水、爆炸以及投放毒害性、放射性、传染病病原体等物质或者以其他危险方法致人重伤、死亡或者使公私财产遭受重大损失的，处十年以上有期徒刑、无期徒刑或者死刑。"

《刑法》第一百二十条规定："组织、领导恐怖活动组织的，处十年以上有期徒刑或者无期徒刑；积极参加的，处三年以上十年以下有期徒刑；其他参加的，处三年以下有期徒刑、拘役、管制或者剥夺政治权利。

犯前款罪并实施杀人、爆炸、绑架等犯罪的，依照数罪并罚的规定处罚。"①

《刑法》第一百二十一条规定："以暴力、胁迫或者其他方法劫持航空器的，处十年以上有期徒刑或者无期徒刑；致人重伤、死亡或者使航空器遭受严重破坏的，处死刑。"

**【案情评析】**

新疆和田劫机事件曾引发公众对航空安全的极大担忧。从案件本身来看，本案涉及的罪名较多，应予以重点剖析，掌握罪与非罪的区分标准。这在工作实践中，对我们如何处理劫持航空器行为，加强民航安检力度，会有很大的裨益。

### 1. 本案中的罪名

法院最终判决三个罪名包括组织、领导、参加恐怖组织罪，劫持航空器罪及爆炸罪，这三个罪名的犯罪构成具体如下所述。

（1）组织、领导、参加恐怖组织罪。该罪是指以进行恐怖活动为目的，组织、领导、积极参加恐怖组织活动的行为。本罪作为刑法分则第二章"危害公共安全罪"中的一个罪名，其设置也是为了更好地维护公共安全、预防相关犯罪行为。

本罪侵害的客体是公共安全，即不特定多数人的生命、健康或者财产的

---

① 2015年8月29日，全国人大常委会表决通过的《中华人民共和国刑法修正案（九）》对刑法第一百二十条规定进行了修改。

安全。本罪犯罪对象不作限制，可以是本国公民，也可以是外国公民。此外，恐怖组织是指以实施杀人、爆炸、绑架等恐怖活动为目的的犯罪组织。过去在部分地区，一些犯罪分子拉帮结伙，制造杀人、爆炸、绑架事件，严重威胁了当地人民群众的生命财产安全，严重扰乱了社会治安秩序。为清除黑恶势力，2021年5月，中共中央办公厅、国务院办公厅印发了《关于常态化开展扫黑除恶斗争巩固专项斗争成果的意见》，对常态化开展扫黑除恶斗争作出安排部署，以巩固一直以来专项斗争的工作成果。

本罪在客观方面表现为组织、领导、积极参加和参加恐怖组织活动。其中，组织是指行为人首倡、鼓动、发起、召集有实行恐怖活动目的的人结合成一个恐怖组织的行为。领导是指恐怖组织的领导者在恐怖组织成立以后，所实施的策划、指挥、布置、协调恐怖组织活动的行为。积极参加是指自愿加入恐怖组织，且积极参加谋划、实施恐怖活动。参加是指行为人虽然不是恐怖组织的组织者、领导者或积极参加者，但以一定方式加入恐怖组织并成为一名成员。根据恐怖组织规模大小、组织严密程度不同，参加方式也不同，或口头方式，或书面方式，或通过一定手续，举行一定仪式。但无论采取何种方式，只要实际加入就是参加。

本罪犯罪主体为一般主体。凡自然人，具有完全刑事责任能力，无论是中国公民还是外国人、无国籍人，均可构成本罪。根据《刑法》第一百二十条的相关规定，对组织、领导、参加恐怖活动组织，足以危害公共安全的恐怖活动组织的组织者和领导者、积极参加的人员以及其他参加的人员，应当立案追究，即在本罪中，犯罪人涵括以上三类人群。

本罪的主观方面为直接故意，并且具有进行恐怖活动的目的，即以长期实行一种或几种恐怖犯罪活动为目的，行为人明知组织、领导恐怖组织是危害公共安全的犯罪行为，却仍然故意组织、领导，或者明知是恐怖组织而积极参加或参加。本罪行为人的动机复杂，报复社会、政治目的、图财贪利、人格变态等都可以是行为人的动机。行为人的动机不影响本罪成立与否。

结合本案事实，6名犯罪者为报复社会，欲制造机毁人亡后果，这并不是单纯地劫持民航客机，而是一起以劫持飞机为手段的严重暴力恐怖案件。犯罪行为人都是具有刑事责任的一般主体，客观上通过暴力、威胁行为，积极参加、谋划、实施恐怖活动，以劫持航空器的手段来危害公共安全，威胁到不特定多数人的生命、健康或者财产的安全，主观上持故意心态。依照刑法主客观相统一的原则，对几名犯罪者的处罚符合罪刑法定原则。

（2）劫持航空器罪。本罪侵害的客体较为复杂，劫持航空器的犯罪行为会严重威胁民航公共安全和公众生命健康及财产安全，严重扰乱民用航空的秩序。从国际范围来看，民航事业的发展与航空犯罪相伴随，惩治劫持航空器犯罪的相关法律，也经历了一个从无到有，再到逐渐丰富和完善的过程。在联合国及国际民航组织和世界各国的共同努力下，先后制定了三个关于反对空中劫持的国际公约，即 1963 年签订的《东京公约》、1970 年签订的《海牙公约》及 1971 年签订的《蒙特利尔公约》。我国于 1978 年加入了《东京公约》，而后又于 1980 年加入了《海牙公约》和《蒙特利尔公约》。此外，1992 年 12 月 28 日通过的《全国人民代表大会常务委员会关于惩治劫持航空器犯罪分子的决定》（已失效），标志国内规制劫持航空器相关犯罪行为有了重要进展，旨在加强惩治、防控相关犯罪，保护社会公共秩序、公共利益以及公共安全。此后，便在《刑法》修订中增加了该条劫持航空器罪的规定。本罪侵犯的对象是使用中的航空器。在《东京公约》与《海牙公约》中规定的相关对象限于飞行中的航空器。所谓"飞行中"，是指航空器在装载结束，机舱外部各门均已关闭时起，直到打开任一机门以便卸载时为止的任何时间；如果航空器是被迫降落的，则"飞行中"是指主管当局接管该航空器及其所载人员和财产以前的时间。而之后的《蒙特利尔公约》扩大了犯罪对象的范围，不再限制于飞行中的航空器，还扩展到使用中的航空器。所谓"使用中"是指从地面人员或机组对某一特定飞行器开始进行飞行前准备起，直到降落后 24 小时止。因此，为了与国际公约良好接轨，不能把本罪的侵犯对象狭义地理解为飞行中的航空器。此外，关于航空器的种类，立法中并未明确区分民用航空器与国家航空器。根据《东京公约》《海牙公约》和《蒙特利尔公约》的规定，公约不适用于军事、海关或警用的航空器，非民用航空器（即国家航空器）即使被劫持，按照国际公约规定，属于国内犯罪，不应构成作为国际犯罪的劫持航空器罪，而可作其他犯罪处理。因此，对于劫持非民用航空器，属于国内犯罪，可按照本条定罪处刑。后续的《北京公约》和《北京议定书》是在航空犯罪新变化基础上，针对更加复杂的航空犯罪而达成的国际公约，也是针对航空犯罪的国际公约现代化的具体成果。

本罪客观方面表现为以暴力、胁迫或者其他方法劫持航空器的行为。暴力是指直接对航空器实施暴力袭击，或者对被害人采用危害人身安全和人身自由的行为，使其丧失反抗能力或者不能反抗的身体强制方法，如劫机分子携带匕首、枪支、炸药、雷管、引爆装置等对旅客和机组人员进行捆绑、殴打、伤害等。胁迫是指以暴力为内容进行精神胁迫，使被害人不敢反抗的精神强制方法。其他方法是指除暴力、胁迫以外的其他使被害人不能反抗或不敢反抗的强制方法。劫持航空器是指犯罪人按照自己的意志非法强行劫夺或控制航空器的行为，如改变航空器的飞行路线或着陆地点等。劫持航空器的行为一经实施即构成本罪，行为人是否实际控制了航空器并不影响犯罪成立。

本罪主体为一般主体，即达到刑事责任年龄、具备刑事责任能力的人。外国人劫持航空器进入中国境内，也构成劫持航空器罪。此外，根据有关国际公约，凡劫持我国航空器进入他国的，我国仍对该犯罪分子具有刑事管辖权。

本罪在主观方面表现为故意，犯罪目的如何不影响本罪成立。不论出于何种目的劫持航空器，都可构成本罪，有关国际公约对此进行了确认并已被包括我国在内的所有缔约国承诺。对于以政治避难为名劫持航空器的，也应依法追诉。

关于本罪的既遂与未遂，关键是合理确定区分标准。关于这个问题，刑法学界存在着以下不同意见。

一是着手说。该学说认为劫持航空器的犯罪属于行为犯，只要行为人一开始着手实施劫持行为，无论该行为持续时间长短，无论把航空器劫持到哪里，均构成劫持航空器罪的既遂。只有在特殊情况下，如罪犯已将犯罪工具带入航空器内，在准备着手实施劫持行为就被抓获，因而未能实施劫持行为的，才构成本罪的未遂。

二是目的说。该学说认为犯罪人劫持航空器的目的一般是要外逃，因此行为人在着手实施劫持行为后，把航空器劫持到了其指定的地点，劫持航空器外逃取得了成功，才算本罪的既遂；如果未能使航空器劫持到预定的降落地，就是本罪的未遂。

三是离境说。该学说认为行为人着手实施劫持行为后，被劫持的航空器飞出了本国的领域以外，即飞出了国境线的，构成本罪的犯罪既遂，否则就是本罪的未遂。

四是控制说。该学说认为行为人着手实施劫持行为后，已经实际控制了该航空器的，为本罪的既遂；未能控制该航空器的，就是本罪的未遂。

一般来说，本罪是危险犯，《刑法》对此没有规定"情节"方面的要求，只要行为人实施了以暴力、胁迫或者其他方法劫持航空器的行为，无论航空器是否真的被挟持，是造成人员伤亡还是航空器被损坏的严重后果，均构成犯罪，应当立案追究。

本罪设置了两个量刑档次，即根据情节一般和情节特别严重予以不同处罚：其一，情节一般的，处10年以上有期徒刑或者无期徒刑；其二，致人重伤、死亡或者使航空器遭受严重破坏的，处死刑。从规定可以看出，针对劫持航空器罪的处罚偏重，具体体现在以下两个方面。一是最低刑期为10年，意味着无论是否造成后果，只要实施了劫持航空器的行为，一般最低都将被判处10年有期徒刑，这在我国刑罚体系中比较少见。二是劫持航空器如造成严重后果的，只规定了死刑一个刑种。笔者认为，重罚劫持航空器的行为，符合罪责刑相适应这一基本原则，考虑到后续一系列社会影响，也非常需要对其进行重罚。

这里需要注意的是，犯罪情节是依法惩治劫持航空器犯罪分子的重要依据。认定情节轻重，应从犯罪动机和目的、劫持具体行为方式、危害后果等方面综合分析认定。

结合本案事实，犯罪分子作为具有刑事责任能力的自然人，主观上故意持有暴力工具，以暴力、胁迫方式劫持飞往乌鲁木齐的航班，对民航安全以及公共安全构成严重威胁。

（3）爆炸罪。本罪侵害的客体是公共安全，即不特定多数人的生命、健康或者财产的安全。本罪侵害的对象是工厂、矿场、港口、仓库、住宅、农场、牧场、公共建筑物或者其他公私财产，以及不特定的人、畜。如果是以爆炸的方法破坏火车、汽车、电车、船只、飞机等交通工具，或者破坏轨道、桥梁、隧道、公路、机场等交通设备，虽然也采取了爆炸的手段，同时也使公共安全遭受威胁，但由于《刑法》中规定了破坏特定危险对象时的罪名，因此应当分别以这些罪名即破坏交通工具罪或破坏交通设施罪来定罪处罚。

本罪的客观方面表现为利用爆炸物对公私财物或人身实施爆炸，进而危害公共安全的行为。具体而言，爆炸物品，包括炸弹、手榴弹、地雷、炸药（包括黄色炸药、黑色炸药和化学炸药）、雷管、导火索、雷汞、雷银等起爆器材和各种自制的爆炸装置（如炸药包、炸药瓶、炸药罐等）。实施爆炸行为的方式有很多，包括：在室内安装炸药包，在室内或者室外引爆；将爆炸物直接投入室内爆炸；利用技术手段，使锅炉、设备发生爆炸；使用液化气或者其他方法爆炸等。爆炸地点主要是在人群集中或者财产集中的公共场所、交通线等处，比如将爆炸物放在船只、飞机、汽车、火车上定时爆炸，在商场、车站、影剧院、街道、群众集会地方制造爆炸事件等。本罪客观方面的本质特点在于爆炸行为危害或足以危害不特定多数人的生命、健康或者重大公私财产的安全。所谓足以危害公共安全，就是指由于主观或客观的原因，如行为人自动中止爆炸犯罪、炸药的破坏性未达到行为人主观想象、炸药受潮失效、爆炸物投掷位置偏差、爆炸物被拆除等，行为人实施的爆炸行为实际上并未造成危害公共安全的结果，但实质上排除相关原因可能造成危害公共安全的结果。因此，只要行为人实施了爆炸行为，足以危害公共安全的，就构成爆炸罪，爆炸罪的成立并不要求发生危害公共安全的实际后果，故而本罪为危险犯。此外，其行为指向的对象是不特定多数人的生命、健康或者重大公私财产。若是行为人主观针对特定的人或者物，但客观也危害了不特定多数人的生命、健康或者重大公私财产的安全，比如在人群密集或者财物集中的公共场所实施爆炸，也可以爆炸罪论处。但如果爆炸行为指向特定的人或者公私财物，并且行为人有意识限制破坏范围，客观上也未发生危害公共安全的结果，则要根据具体的实际情况定罪。最后需要强调的是，如果目的是炸坍江、河、湖泊、水库的堤坝，造成水流失控，泛滥成灾，危害公共安全，只是采取了爆炸的手段，应定决水罪，因为《刑法》对决水罪进行了专门规定，且此时爆炸只是决水的一种手段。

本罪的主体为一般主体，即达到法定刑事责任年龄、具有刑事责任能力的人。另外，根据《刑法》第十七条第二款的规定，已满 14 周岁不满 16 周岁的人犯爆炸罪，也应当负刑事责任。

本罪在主观方面表现为故意，即行为人明知其行为是爆炸，将危害不特定多数人的生命、健康或者重大公私财产的安全，并希望或者放任这种危害结果的发生。本罪犯罪动机不影响本罪的成立。

关于本罪的既遂与未遂标准，因本罪为危险犯，行为一旦实施即为既遂，则应以行为是否实行终了为标准。依照《刑法》相关规定，一旦实施终了爆炸行为即既遂；如果发生了致人重伤、死亡或者使公私财产遭受重大损失的严重后果，即以结果加重犯对其处罚。鉴于以上分析，本罪不存在实行终了的未遂，因为实行终了的爆炸行为都已达到了既遂的标准。因此，本罪的未遂只能发生在尚未实行终了爆炸行为的阶段。

结合本案事实，本案犯罪人具备完全刑事责任能力，客观上，除持有金属拐杖外，还持有火柴、打火机以及 6 枚爆燃物，而危险物品的持有显然会对民航安全以及机上人员的生命、健康和财产安全构成巨大的威胁隐患，主观上本案犯罪人以直接故意的心态持有具有爆炸性质的危险物品。本案最终虽未发生严重后果，但由于本罪为危险犯，仍为既遂。因此，法院的定罪合理合法。

**2. 本案中的罪数**

根据《刑法》第一百二十条的相关规定，犯组织、领导、参加恐怖组织罪并实施杀人、爆炸、绑架等犯罪的，依照数罪并罚的规定处罚。此外，因劫持航空器罪与爆炸罪两罪侵害的法益不同，本案犯罪人也实际上同时实施了多个行为，因此法院最终判处前述三罪数罪并罚符合《刑法》的相关规定。

**【案件延伸】**

由以上案情评析出发，我们可以对本案进行延伸思考。

### 1. 民航安检的现状与问题

当前安全形势日益复杂，一直以来我国在民航安检投入了巨大的人力、物力和财力，以保证民航运行的安全与高效。但随着科技的发展，民航安全犯罪逐渐呈现犯罪手段科技化、犯罪分子内外勾连化、犯罪知识专业化等几大特点，给民航安检工作带来了不小的挑战与压力。全面加强深化改革力度背景下，民航体制机制改革不断深化，新问题、新情况也将不断出现。当前民航安检呈现几大现状问题：一是过于强调服务，执法权缺失；二是安检人员流失严重，安全隐患严重；三是多方管理安检工作，执行标准不一。

首先，过于强调服务性质导致安检在保障安全方面的特殊性被忽视。民航安检是一种提供安全的服务保障工作，这应向全社会进行宣传。用服务的管理办法和模式来衡量安检工作效果的做法，也是有问题的。此外，要避免根据旅客通过安检时长来约束和要求安检工作，在现有硬件水平和安检工作人员素质的条件下，要求安检高速与排查彻底是相互矛盾的。对此，应该向全社会宣传"安全性高于服务性"的理念，只有当广大旅客形成了对民航安检工作的严肃性充分认可的舆论氛围后，相关工作人员才能更有效地开展和执行安检工作。

其次，在民航实施政企分开后，机场公司划归地方，实行市场化运作，而企业行为的目标是利润的最大化。因此，为控制人工成本，近几年大多数机场招聘安检人员时，采用派遣制或合同制。当前，我国经济持续快速增长，航空客运量和货运量迅速增长，可以预见的是，未来随着我国不断增加客货吞吐量、增加新建机场，安检岗位数量需求会逐渐增加，于是形成了非正式工正在渐渐取代正式工并成为现阶段安检工作骨干力量的趋势。虽然中国民用航空局要求70%以上的安检人员为正式工，但能真正落实的机场并不多。即使招聘的安检人员为正式工编制，但由于待遇偏低，年龄偏小，工作强度偏大，安检人员很容易在对比中产生不平衡心理，导致性格浮躁、工作偏激，最终辞职。安检人员的高度流动性使得安检工作的进行出现很多问题。为了缓解这种现状，机场安检站开始成立安检培训中心或培训部，旨在培养专业的安检人员，但由于前文分析的事实，往往是在一批新的安检人员预备入职时，同时也会有一批在岗的人员辞职离开，最终形成再招人、再培训、再离职的恶性循环。当下国内外反恐态势及社会安全形势极其严峻，人员变动过大，使现有安检工作不稳定、不专业、不完备，对民航整体的安全保障工作造成了较大的挑战。

最后，中国民用航空局统一指导民航安检业务，但各地方政府的机场公司或集团管理民航安检组织和财务方面，客观上形成了现有的我国民航安检系统的多方管理的格局，这也导致不能形成统一的安检工作执行标准。根据各地政府和机场对安检工作重视和再投入资源程度的不同，各地安检队伍的软硬件建设参差不齐，各地从事安检工作的执行标准也各有不同，这给民航系统安全保障埋下了隐患。

21世纪以来，无论是从我国旅客客流量角度来看，还是从机场建设发展角度来看，民航事业的发展是比较充足的。民航的经济效益固然明显，但同时也要强调其安全效益，特别是由于民航业自有的特殊性，恐怖分子往往把民用航空器作为袭击的首选目标，以期达到最大影响，引起社会恐慌，这不仅导致生命财产损失，还会在政治层面带来巨大影响，使政府公信力下降。所以，保证民航运行安全至关重要，安检作为保障民航安全的重要一环，应当得到足够的重视。

**2. 关于劫持航空器的认知**

在震惊世界的"9·11"事件发生以后，作为航空犯罪最主要的手段之一，劫持航空器成为影响民航安全重要的非法人为因素。劫持航空器又称为劫机、空中劫持，是危害国际民用航空安全的非法行为。狭义的空中劫持是指针对飞行中的航空器的劫夺行为。而广义的空中劫持涵括了危害民用航空安全的非法行为，泛指劫夺、破坏、损害航空器和其他危害民用航空安全的非法行为。根据1971年《蒙特利尔公约》相关规定，犯罪对象不仅包括"飞行中"，也包括"使用中"的航空器。一般来说，国内立法采取了狭义的概念解释，本案中劫持航空器的行为也是针对飞行中的航空器进行的。

由于犯罪人的不特定性、事件的突发性和急发性，以及后果的严重性，劫持航空器行为给国家乃至整个世界的安全秩序都带来了巨大的挑战。由于民用航空运输的特殊性质，机上人员众多，跨国运输往往还具有国际性，所以一旦劫持航空器的事件发生，不论犯罪人持有何种目的（满足个人需求抑或机毁人亡），都将给航空以及地面的公共安全带来严峻的挑战。

3. 解决措施

（1）提高安检质量。

首先，针对旅客而言，需要提高旅客对安检工作的认知程度，以缓解其对安检工作的抵触情绪，提高对安检的认同度。这样不仅可以减轻安检工作负担，保障民航的安全运营，而且可以提升旅客对民航安检工作的满意度。

其次，加大对民航安检的宣传力度。虽然民航业获得了长足的发展，但旅客依旧对民航安检缺乏认识。而安检是旅客必经的一道关卡，一些旅客在准备行程时，正因忽略或者根本不知晓安检的相关规定，才误将一些违禁物品带到了机场。所以，笔者认为应从以下几方面入手。第一，通过加大民航安检规定的宣传力度，使广大旅客在出行前将行李物品进行妥善处理，从而有效降低安检的工作量。此外，应该及时完整地将民航安检规定告知公众，采取多方式、多渠道的宣传手段进行宣传。目前投入使用的宣传方式有新闻报告、官网通告、安检提示牌等，使旅客能够了解民航安检的相关规定。但这些都是被动宣传形式，还需针对乘机旅客进行主动宣传，比如将民航安检的最新规定以微信、短信、邮件等方式发送给已订票的旅客，提醒旅客遵守民航安检的相关规定。第二，设置民航安检信息通道。信息的不对称使得旅客与机场、航空公司之间存在一定的信息差异，而这往往就是争端的导火索，为此应设置一系列信息沟通渠道，比如开通热线电话、创建安检微信公众平台、设置安检服务站等，提供相关信息服务。第三，建设旅客安检信誉评级制度。根据旅客以往过安检的实际情况，相关安检部门可以对其进行安检信誉评级，这不仅能让旅客意识到安检是一项服务，更是一项安全工作职责，还可以推动旅客主动了解安检、认识安检。

（2）关于劫持航空器犯罪的预防和处理。

目前，反劫机的相关研究倾向于安检改进与危险品控制方面，鉴于劫机犯罪特点的演变，为预防劫机，应该从以下几个方面入手。

首先，社会整体的改变。一方面，以习近平新时代中国特色社会主义思想为指导，构建和谐社会。在加强公民法制宣传的同时，要充分注重社会公平，完善社会分配制度，健全社会保障制度，维护社会的和谐与稳定，从而使劫机事件发生的可能性降低。另一方面，要缓和旅客与营运一方之间的矛盾。例如，航班延误时，旅客与航空公司之间的信息不对称等矛盾更加凸显，由此导致的激情犯罪亦成为飞行安全的严重隐患。针对该问题，航空公司方面要完善应急处置机制，旅客也要提升个人素养。

其次，完善法律法规体系。国际上已有一系列规制犯罪的国际公约，我国国内法也要及时与其接轨，这不仅是为了更好地规制劫机相关犯罪的行为，也是为了国际上沟通协作的便捷。

再次，加强国内外军警合作。具体而言，包括以下三个方面。一是加强国际合作，建立共享的情报网络。由于民航的特点，劫持航空器往往影响着全球范围的安全稳定。因此，防控劫机犯罪活动需要国际社会的统一协作。二是应重视空中警察和空勤人员反劫机能力训练工作，提高其应对能力。三是组建一支训练有素、装备精良的反劫机特警部队。四是在特殊情况下，军方可以参与防控反劫机案件。

最后，要注重民航的内外防控。一方面，完善机场安检制度，升级换代安防科技。另一方面，加强民航内部危机管理能力，关注空勤人员心理健康。

在本案中，劫机事件发生之后，中国民用航空局公安局立即派出联合调查组，对新疆和田机场安检情况展开调查，通过多种形式，调查组一一核对了已被封存的安检资料，并未发现安检失职以及爆炸物漏检。但安检依旧是民航领域工作的重中之重。

其实不论事实如何，在本案中可以看到目前存在的两大问题：一是制度漏洞，即是否有一套完备的防控和规范制度，以及是否严格执行该套制度；二是技术缺位，携带危险物品进入飞机并不一定就是安检人员工作不力，还有可能是技术层面的不完善。恐怖犯罪一直存在于整个国际社会中，其危害之大、影响之坏注定需要整个国际社会将足够的注意力投射其中。鉴于此，相关部门亟须技术的进一步研发与应用，提高预防航空器恐怖活动的技术能力，提升全系统预警的科学性与预见性，强化民航员工的总体国家安全观。在民航的实际工作中，要大力弘扬和践行当代民航精神，以"敬畏生命、敬畏规章、敬畏职责"为内核，切实增强敬畏意识，深入推进作风建设，不断提升专业素养，全力确保民航安全运行平稳可控。

# 第二部分

# 扰乱秩序行为

扰乱秩序行为，通常会对公共场所的稳定秩序形成破坏，根据破坏程度的不同，影响也大不一样，轻则仅为秩序的混乱，严重时则可能会造成重大人员生命安全威胁以及财产的损失。而民航领域中的扰乱秩序行为，更多是扰乱机场秩序或者民用航空器上的秩序等。机场、民用航空器等作为公共场所，在不法行为人扰乱行为以后，其秩序会受到一定程度的干扰。作为人员密集场所以及空中运行场所，机场和民用航空器的空间秩序显得尤为重要。

一般来说，民航领域的扰乱秩序行为表现出以下特点。一是易发性。乘机需要机场、航空公司、旅客多方的沟通协作，一旦出现矛盾，需要各方进行信息沟通与矛盾的疏解，而伴随着矛盾的产生，一些扰乱秩序的行为也随之而来。二是广泛性。我国民航法律法规对扰乱秩序行为已有所界定。由于机场与航空器场所的复杂性，所以扰乱秩序行为的表现方式也多种多样。三是疑难性。由于扰乱秩序行为（小到吸烟，大到人身冲突）产生的原因复杂，场所特殊，所以该方面的应急处置机制也较难设立。即使设置好处置机制，也不一定能够对其进行很好的规制解决。这也是本章内容的重中之重。

同样地，根据扰乱秩序行为的具体方式的不同，其犯罪人、被害人以及犯罪行为的表现形式也不甚相同。就犯罪人而言，实施扰乱秩序行为一般有两类原因：一是维护自身权益；二是满足个人私利。就被害人而言，扰乱秩序行为一般侵害的是公共秩序的稳定，在产生严重后果的情形之下，可能会危害他人的生命、健康以及财产安全。就犯罪行为而言，扰乱秩序的行为也各式各样。

在行政违法层面，扰乱秩序行为一般会违反《治安管理处罚法》第二十三条和第三十四条的规定。此外，《公共航空旅客运输飞行中安全保卫工作规则》第四十九条规定，航空器上的扰乱行为主要包括：强占座位、行李架的；打架斗殴、寻衅滋事的；违规使用手机或其他禁止使用的电子设备的；盗窃、故意损坏或者擅自移动救生物品等航空设施设备或强行打开应急舱门的；吸烟（含电子香烟）、使用火种的；猥亵客舱内人员或性骚扰的；传播淫秽物品及其他非法印制物的；妨碍机组成员履行职责的；扰乱航空器上秩序的其他行为。

在刑事犯罪层面，与本部分规定的扰乱秩序行为最为相关的刑事罪名有聚众扰乱公共场所秩序、交通秩序罪。此外，还有多种相关罪名和法律规定，如寻衅滋事罪和编造、故意传播虚假恐怖信息罪等罪名，在本部分的七个案例中会一一涉及，并做相应的介绍。

良好的秩序是为了保障安全，秩序的扰乱会给安全带来隐患。因此，机场秩序以及航空器上的秩序同样是需要重视的问题，要对民航领域中的扰乱秩序行为进行防控。整体而言，大致从以下几个角度考虑。第一，对犯罪人的事前防控与事后惩罚。事前防控机制须做好，给予相应合理的惩罚，以起到一般预防与特殊预防的作用。第二，对被害人的合理补偿。要做好受到影响的人群的补偿工作。第三，民航专业工作人员的专业提升。做好专业培训，尽可能预防扰乱秩序行为的发生，即便发生也要迅速做好应急工作。

## 案例一

# 航班旅客吸烟事件

【案情介绍】

2014年8月30日晚,在晚点一小时后,一架基本满员的波音737客机于夜间22时12分从成都机场起飞,飞往北京。飞机平稳飞行一小时后,一名旅客在上厕所时闻到厕所有烟味,于是向乘务员反映情况,经查实后,乘务员找到吸烟的旅客,并没收其香烟及火柴。后因北京雷雨,航班于2014年8月31日0时备降太原机场,在太原机场停留过程中,几名旅客在飞机舱门外吸烟,其他旅客发现后遂报警,太原机场公安到场进行了相应的处理后,便离开。部分旅客要求重新安检,但乘务长表示已经接到起飞通知,在太原机场共停留4小时后,于31日凌晨4时8分起飞,飞往北京。早晨5时8分,航班安全抵达北京南苑机场。此时,约30名旅客要求机组人员给一个说法,并与机长产生冲突,但最终并没有取得结果。①

2014年9月1日,就旅客吸烟事件,航空公司发出道歉信,提到当班机组人员及时制止了违规行为,仍在调查事件具体情节,如果发现公司员工存在违规行为,将进行严肃处理,并为因此事给旅客带来的不便表示诚挚歉意。9月2日,中国民用航空华北地区管理局有关负责人表示,正在详细核查航班旅客吸烟事件的处置过程及程序,如航空公司有不作为行为,绝不姑息。

该事件发生后,引起了旅客和社会各界的强烈不满。部分乘坐该航班的旅客表示不认同处理结果,将对此事提起诉讼。有评论说,在飞机厕所里吸

---

① 孟环:《成都飞北京航班多人吸烟引冲突 中联航值班领导致歉》,载北晚新视觉网2014年9月1日,https://www.takefoto.cn/viewnews-150889.html。

烟不是小事，是航班潜在的安全隐患，而且设备也没有报警。消费者对航空安全问题格外敏感，航空公司在这个问题处理上存在不当之处，需要机长代表机组成员来对所有旅客进行必要的歉意表达，而不是硬邦邦地说"我已经完成了承运的任务"，相应责任就随之消失了。① 之后，尽管航空公司通过微博声明其航班全程禁烟，希望吸烟旅客理解和配合，但网友认为该声明避重就轻。还有网友认为，一直以来，火柴问题作为安检盲点，应得到机场安检部门的重视和解决。

## 【相关法条】

《民用航空安全保卫条例》第二十五条规定："航空器内禁止下列行为：（一）在禁烟区吸烟；（二）抢占座位、行李舱（架）；（三）打架、酗酒、寻衅滋事；（四）盗窃、故意损坏或者擅自移动救生物品和设备；（五）危及飞行安全和扰乱航空器内秩序的其他行为。"

《民用航空安全保卫条例》第三十四条规定："违反本条例第十四条的规定或者有本条例第十六条、第二十四条第一项、第二十五条所列行为，构成违反治安管理行为的，由民航公安机关依照《中华人民共和国治安管理处罚法》有关规定予以处罚；有本条例第二十四条第二项所列行为的，由民航公安机关依照《中华人民共和国居民身份证法》有关规定予以处罚。"

《治安管理处罚法》第二十三条第一款规定："有下列行为之一的，处警告或者二百元以下罚款；情节较重的，处五日以上十日以下拘留，可以并处五百元以下罚款：……（三）扰乱公共汽车、电车、火车、船舶、航空器或者其他公共交通工具上的秩序的；……"

《关于重申禁止旅客随身携带打火机、火柴乘坐民航飞机的公告》（民航公告〔2015〕7号）规定："……（一）禁止旅客随身携带打火机、火柴乘坐民航飞机。（二）禁止旅客将打火机、火柴放置在手提行李中运输。（三）禁止旅客将打火机、火柴放置在托运行李中运输。"

---

① 唐明、李尔昱：《中联航回应吸烟事件：没有"补偿1800元"的事》，载腾讯网2014年9月1日，https://news.qq.com/a/20140901/064125.htm? qqcom_pgv_from = aio。

《民用机场和民用航空器内禁止吸烟的规定》第三条规定："民用航空器内的下列区域禁止吸烟：（一）国内航线、特殊管理的国内航空运输航线、澳门航线及海峡两岸航线的民用航空器的客舱和厕所内；（二）国际航线的民用航空器的客舱禁烟区和厕所内；（三）在地面上停放的民用航空器内。"

## 【案情评析】

本案争议焦点非常多，无论是航空公司、机场安检部门还是机组工作人员，都有着无法推卸的责任。就航空公司而言，旅客对其后续的安排和处理并不满意；就机场安检部门而言，打火机、火柴等均属明令禁止带上飞机的易燃易爆物品，但在本案中，机场安检部门未能检查到旅客携带有此类危险物品，因此机场安检部门是否存在一定责任，是值得思考的问题；就机组工作人员而言，在知晓旅客机上吸烟事实时，其是否采取了合理有效的解决办法；此外，旅客于厕所内吸烟，为何烟雾报警器未有任何反应。

关于机场安检部门。作为明令被禁止带上飞机的危险物品，由于难以扫描出小盒火柴，在安检工作中，火柴是否应该被给予更多的重视，而机场安检针对未能检查出火柴这个工作漏洞是否存在过失，是值得讨论的。此外，由于机场客流量巨大，所以安检工作可能会出现选择性执法的问题。一般我们把国家"根据情势需要，什么时候严格执行哪部法律，采取什么执法手段，什么时候放松哪部法律的执行，什么时候严格执行哪个具体的案件，采取什么执法手段，什么时候对哪个案件执行特别对待的视具体情况而定的执法方式"称作选择性执法。[①] 在民航安检领域，选择性执法可谓不可或缺。其原因在于，随着民航业的进一步发展，机场客流量迅速增加，而安检工作人员数量不够、工作强度高、任务重，所以选择性执法难免会存在，这也是为了提高工作效率与控制工作成本。此外，安检中还存在醉酒旅客重点检查、异常行为旅客重点检查等相关规定。加之本案中火柴本身具有难以查出的特点，所以安检工作的进行更为困难。

---

[①] 戴治勇、杨晓维：《间接执法成本、间接损害与选择性执法》，载《经济研究》2006年第9期。

关于旅客应承担的责任。英国哲学家哈耶克曾言："自由与责任实不可分。自由不仅意味着个人拥有选择的机会并承受选择的重负，而且还意味着他必须承担其行动的后果，接受对其行动的赞扬或谴责。"① 就旅客而言，当然享有吸烟的自由，但同时也需要承担相应的后果，也就是说，吸烟这一自由权利的行使不得违反相关的法律法规，这也就涵括了不得在航空器上吸烟的内容。此外，不得侵害他人的身体健康权利、财产权利乃至生命权等，否则法律理应给予这一行为否定性评价，行为人也要因此承担相应的法律责任。德国哲学家康德认为，自律是一个人所必需的品质，所谓自律是指一个人不可为追求个人自由而影响到他人的自由。根据我国《民用机场和民用航空器内禁止吸烟的规定》第十一条及第十三条的相关规定，可以对违反禁止吸烟有关规定的个人进行教育，责令其停止吸烟，并可处以 10 元罚款；对经教育、劝阻后仍不执行规定的，可处以 20 元以上 50 元以下罚款；此外，如果旅客吸烟导致航空运输正常秩序被扰乱，根据《治安管理处罚法》的规定，具有管辖权的公安机关在调查结束后要对其处警告或 200 元以下罚款，情节较重的，处 5 日以上 10 日以下拘留，可以并处 500 元以下罚款；同时，如果吸烟旅客对航空器上的人员使用暴力或暴力威胁，涉嫌犯罪的，还应当承担相应的刑事责任。

出于规制旅客不文明行为的目的，我国民航领域建立了"黑名单"制度，依据为《民航旅客不文明行为记录管理办法》，这也是因旅客罢机等严重妨害航班正常飞行秩序事件而采取的针对个别极端旅客的拒载黑名单措施。那么结合本案，吸烟行为已被列入不文明行为，相对应的惩罚是在被列入黑名单后，已造成严重社会不良影响但未受到行政处罚的，旅客不文明行为记录期限为 1 年；受到行政处罚的，旅客不文明行为记录期限为 2 年。该管理办法的出台及实施可以对旅客的不文明行为起到一定的规制作用，从而降低扰序行为的发生频率。

关于机组工作人员。从机组人员的职责角度出发，根据《民用航空法》

---

① ［英］弗里德利希·冯·哈耶克：《自由秩序原理》，邓正来译，生活·读书·新知三联书店 1997 年版。

《民用航空安全保卫条例》以及《公共航空旅客运输飞行中安全保卫工作规则》等规定，作为航空器安全保卫工作负责的一方，在发现旅客有吸烟等扰乱航空安全的行为时，机长应当采取管制措施，立即制止或者强制其离机，除机长外的其他机组成员也要及时地通知航空安全员，以帮助机长和航空安全员妥善处置类似危险行为。例如，在本次机上吸烟事件中，管理吸烟行为并对其加以制止，既是航空公司工作人员的权利，也是他们的一项义务，有助于保障航空安全。同时，在旅客提出相关投诉后，机组人员应积极承担义务，而不应采取一种消极的态度。

针对机上吸烟规制，我国法律经历了一个从无到有的阶段式发展。自1988年开始，当时的中国民用航空局规定在该局注册的民用飞机上必须禁烟，并应在明显的位置悬挂提示标志。1992年，国际民航组织153个成员代表开会决定，各国航空公司须在1996年7月1日前禁止旅客在国际航班上吸烟。由此可以发现，机上吸烟不仅是旅客私事，更关乎飞机运行的安危。作为民航的生命线，只有飞行安全被保障，才能够保证民航事业的长足发展，才能提升社会大众乘坐飞机的安全感。本次事件存在以下问题，这些问题必须要得到民航安检部门以及机组工作人员的重视，才能够长久保障飞行安全。

### 1. 火柴是如何被带上飞机的

严格来说，按照中国民用航空局的相关规定，打火机、火柴等易燃易爆物是禁止带上飞机的，但由于火柴体积小且重量轻，含磷量也非常低，所以安检仪难以将其检测出来，只有大批量火柴才有可能被检测出来。因此，如果将极少量火柴夹带在钱包、杂志等行李中，即便采用精密的机器进行安检，也可能检查不出来。实务中，偷带火柴上飞机的行为通常比较隐蔽，因此火柴等小件危险物品的安检问题需要得到进一步的妥善解决。

### 2. 飞机上吸烟有何种危害

一方面，可能会导致火情出现。高空飞行状态下，飞机外部空气稀薄且客舱内相对密封，吸烟可能会影响飞机内设备正常运行，从而引发火情。据国际民航组织统计，机上火灾事件中，有80%都是旅客在厕所中吸烟且吸烟后随意丢弃烟头引发的。显而易见的是，机舱起火将会带来严重后果，即使是小火也会使得旅客恐慌、机舱内设备失灵,从而威胁飞行安全,而一旦引起大火,则将机毁人亡。

另一方面,在飞机这种相对封闭的环境中吸烟,将会污染空气,危害飞行员以及被动吸烟者的生命健康,从而危害航空安全。烟草含有的尼古丁成分将会导致飞行员全身血管收缩,视力下降,从而威胁飞行安全;此外,密闭环境会使其他旅客被动地吸入有害气体,导致身体健康受到威胁。

### 3. 航空公司的后续处理是否合理

本次事件发生后,旅客提出了以下三点要求:第一,航空公司彻查当班机长,全体机组工作人员向旅客道歉;第二,退还全体旅客的机票费用;第三,航空公司应就耽搁的9个小时,按照每小时每人200元的标准进行赔偿。最后,航空公司认可了旅客的最后一点要求,并经由微博发布了一篇道歉信,但未得到旅客认可。

由此可见,航空公司未能实施有效的安全排查措施,仅仅是道歉加赔偿了事,未能从根本上进行反思。一般发生了该类事件后,航空公司首先要做的是安抚旅客,之后进行安全隐患方面的排查工作,最后向机组工作人员开展安全教育以防止类似事件再次发生。就本事件中航空公司的后续处理而言,于情于理都不太合适。

那么如果想要从根本上解决这几个问题,需要做到以下三点。

一是完善法律制度。我国现行的民航法律体系包括为法律、行政法规、部门规章以及地方性法规,还有与规章相对应的相关规范性文件以及技术规范。与禁止性义务相关的规定大多规定在行政法规和部门规章中,因此就强制性的效力而言,还远远不够。根据特别法优于一般法原则,建议在特别法《民用航空法》中继续细化旅客的禁止性义务,比如明确规定禁止携带火柴等易燃品进入飞机,禁止在飞机起落及飞行过程中吸烟等,对于违反规定的旅客应当处以高额罚款或者列入黑名单,禁止其在一定时间内乃至终身不得乘坐任何航班等。此外,针对不履行航空安全保卫职责的机组工作人员,应给予处罚,如调离、停职甚至终身禁飞等。

二是提高机场安检能力,严防火柴等危险品进入机舱,严格把好每一道安全关。目前，国内安检设备的重点检查对象是金属和液体，而火柴主要成分为木头和红磷，且其体积小、重量轻，不易被检查。火柴虽小，但也事关重大，可能会危害飞机和旅客的安全。如今为更好地保障航空安全，坚持人民利益至上，更要加强对易燃易爆等危险物品的安全检查力度。

三是加强对机组工作人员的安全教育，进一步落实对旅客的监督职责，提高执法部门的执法能力。一方面，培养乘务人员安全意识和责任意识，巩固安全常识。在飞机飞行中，机组工作人员还需积极履行对旅客的监督职责。例如，提示旅客不得吸烟，发现旅客吸烟时也应立即进行制止，并采取相应的管束措施，对类似威胁飞行安全的行为绝不姑息。另一方面，明确航空安全管理执法部门的职责，落实法律法规规定。与制定规则和完善制度相比，更为重要的是，要通过严格执法来使人们认识到规则与制度的重要性，从而严格遵守规则与制度。因此，在事件清晰明了过后，航空安全管理执法部门需遵照相关的法律法规严格执法。

## 【案件延伸】

航空安全作为民航业的重中之重，事关人民群众的生命与财产、社会稳定秩序、国家安全形势，以及全国经济建设的大局。党和国家领导人历来都非常重视民航的安全生产工作，其中，周恩来总理的重要指示"保证安全第一，改善服务工作　争取飞行正常"已经成为民航总体工作的指导方针。

宏观来看，航空安全是国家安全的重要组成部分，习近平总书记提出的总体国家安全观中，政治安全、经济安全、国土安全等都与航空安全密切相关。安全工作是民航所有工作的重中之重，是民航健康发展的客观要求，是多少代民航人用血的代价换来的经验与教训。一个好的安全形势可以促使其他工作有条不紊地开展。一旦安全出了问题，全行业的正常工作秩序，尤其是行业社会形象和整体效益首先会受到影响。安全是航空运输业赖以生存和发展的基础，是行业永远追求的信誉和努力锻造的战略品牌。微观来看，安全是保障工作顺利进行的基础，安全出了问题，将会导致企业所有员工的物质和精神利益受到相应的影响。此外，安全也是消费者们首要关心的问题。

"民航有了安全不等于有了一切，但没有安全就没有一切"，这是民航几十年实践经验的总结，同时也是"安全第一"指导思想的继续深化，这在"安全是最大的效益"思想的基础之上继续向前推进了一大步。究其根本，航空安全与经济效益两者之间是相互依存、相互促进的辩证关系。俗话说，"安全就是效益"，这个效益不仅包含了社会效益，还涵括了经济效益，它们之间又可以互相转化。航空安全是运输生产作业的前提，也是航空运输企业的最佳宣传单，直接节约了企业成本，显而易见地带来了经济效益。由此，航空业需要做的是，要正确处理好安全生产与效益、改革的关系，必须在保证安全这个前提之下扩大生产、深化改革。同时，也要正确处理好安全这个"最大效益"与局部效益、个人利益之间的冲突，必须把"最大效益"放在第一位。

作为民用航空行业的永恒主题，航空安全是民用航空生存和发展的基础。本次机上吸烟事件不仅反映出国内部分群众守法意识和法治观念的淡薄，也反映了在航空安全立法与执法方面，国内相关制度与规则还存在一些漏洞。改革开放40多年来，我国的市场经济建设已经转化出了强大的经济实力，未来我们需要在坚持以经济建设为中心的同时，大力加强法治建设。正如习近平总书记致力于建设法治中国并始终坚信"法律不是纸上的教条，而是行动的真理"一样，唯有坚持依法治国、依法执政、依法行政的共同推进，坚持法治国家、法治政府、法治社会一体化建设，才能真正改变"全面立法、普遍违法、选择执法"的现状，真正消除"权大于法、言大于法、领导大于法"的现象。

## 案例二

# 强行闯入驾驶舱案

【案情介绍】

2014年10月30日10时许,从广州飞往哈尔滨的航班因天气原因备降在沈阳桃仙机场。等待时,空乘人员向旅客解释因哈尔滨机场雾霾严重,飞机无法降落,安全起见,本次航班暂时延误。之后空乘人员再次解释,由于雾霾迟迟不散,航班将取消。大多数旅客在听到航班取消的通知后下了飞机,但有6名旅客未离开座位。其中,两名旅客情绪激动,与副机长发生口角,甚至踹开驾驶舱门。事发后,空乘人员报警,民警赶到,直至表示要依法采取强制措施后,6名旅客才离开飞机。据悉,该航班于10月29日10时6分因哈尔滨雾霾备降沈阳桃仙机场,2014年10月30日上午重新起飞飞往哈尔滨,又因雾霾备降沈阳桃仙机场。而踹门事件是重新起飞第二次备降机场后发生的。最终踹驾驶舱门的两人被机场公安拘留10日。[①]

相关机场工作人员表示,旅客在遇到类似事件时,一定要采取合理合法的维权方式,绝对不能通过强占航空器、强行冲闯驾驶舱这种违法的行为来维权,否则将会承担相应的法律后果。网友表示,冲动是魔鬼,旅客、航空公司以及机组人员都并不希望因天气原因导致航班不能正常起飞,所以旅客不能因此强闯驾驶舱。央视评论也表示有斗志是好事,但要用在正确的地方。涉事的两人均表示后悔,表示不知道这种行为违反了法律,但对于航班耽误

---

① 慈亚圣:《广州飞哈尔滨航班因雾霾备降,两女乘客踹开驾驶舱被拘10天》,载澎湃新闻网2014年10月31日,https://www.thepaper.cn/newsDetail_forward_1274501。

旅客一天时间而言，依然表示不满与不解。①

## 【相关法条】

《治安管理处罚法》第三十四条规定："盗窃、损坏、擅自移动使用中的航空设施，或者强行进入航空器驾驶舱的，处十日以上十五日以下拘留。在使用中的航空器上使用可能影响导航系统正常功能的器具、工具，不听劝阻的，处五日以下拘留或者五百元以下罚款。"

## 【案情评析】

本次事件中，两名当事人强行进入航空器驾驶舱。作为航空器驾驶员操作飞行的区域，驾驶舱的重要程度不言而喻，它是航空器的要害部位，其他人未经允许禁止进入，即使是机组人员，也需要在得到机长的准许之后，方可进入驾驶舱。而强行进入航空器驾驶舱，一般是指行为人不听他人的劝阻，强行进入航空器驾驶舱，主观上表现为故意，一般是出于获取非法财物或者其他目的。强行进入驾驶舱的行为，发生在使用中的航空器中，可能会给航空器的飞行安全造成极大的威胁。

结合本案进行分析，两名旅客均为完全刑事责任能力人，在机组人员多次劝阻的情况下，仍执意强闯航空器驾驶舱，其行为完全符合《治安管理处罚法》第三十四条的规定，因此沈阳桃仙机场公安对两人处以10日的行政拘留是合理合法的。

本案的焦点集中在旅客的维权手段上。在日常生活中，每个人的权利都可能会受到不同程度的侵犯，但不论如何，在维权时一定要采取合法合理的方式。一些旅客在矛盾被激发时，往往无法保持理智清晰的头脑，铤而走险，做出极端的维权行为，这不仅会给自身带来麻烦，还可能上升到威胁航空安全的高度。对本案案情进行分析，我们可以做出以下几点思考。

---

① 慈亚圣：《广州飞哈尔滨航班因雾霾备降，两女乘客踹开驾驶舱被拘10天》，载澎湃新闻网2014年10月31日，https://www.thepaper.cn/newsDetail_forward_1274501。

**1. 航班延误不可避免**

本案起因即天气原因造成的航班延误。造成航班延误的原因多种多样，无非是天灾或人祸。具体而言，航班延误原因的主要来源包括以下几点内容。①天气。天气是最为常见的航空延误原因。一旦遇到雾、雪、雨、云和风等天气，机场跑道能见度低于一定的标准，航班便无法起降，严重时甚至还会关闭机场。此外，飞机经停地或目的地机场天气的恶劣，也会造成航班延误。②空中交通管制。近年来，空中交通流量增速较大，导致飞行管理难以及时适应。有关调查显示，近10年来，北京、上海、广州三地的机场飞行流量每年递增10%以上，一度造成航路的相对拥挤，由此引发的航班延误次数曾占全部延误次数的20%左右。③航空公司。通常情况下，航空公司的每一架飞机每天都要执行多段的航班任务。如果飞机执行的前一段航班延误，一般会导致连锁反应，造成一系列后续的航班延误。④临时调配。临时调配原定执行航班任务的飞机去执行其他飞行任务，执行完毕后才执行本次航班，将会造成本次航班的延误。⑤机械检查。复杂的飞机结构导致其可能会出现各种各样的故障反应，同时也需要对其进行严格检查，一颗关键的螺丝钉松动都将会导致整机的全面检查与校验。⑥空勤人员。空勤人员值勤达到规定的时限后必须休息，如果休息不足绝不能继续飞行。此外，极个别缺乏责任心的空勤人员未能在规定时间内登机准备飞行任务，也可能致使航班延误。①

**2. 依法维权与非法维权之冲突**

如今，人们的权益受到侵害的情况时有发生，在合法权益受到侵害后，人们一定要注意维权方式的选择，做到依法维权。但实际上，部分受害者可能会认为依法维权的效果并不太好而选择铤而走险，采取极端非法维权方式。这一情况的发生，主要在于以下几点原因。

第一，依法维权成本高昂，消费者维权意识薄弱。对于社会弱势群体而

---

① 《造成航班延误的原因有哪些？》，载新疆天翔航空学院网2016年1月6日，http://www.xtac.cn/xtac/461.html。

言,经济困难依旧是制约其生存发展的最主要困难,这就导致其承受风险的能力低下,同时也意味着在个人合法权益受到侵害时,个人维权能力的缺乏。此外,我国航空运输行业起步较晚,且作为国家重点行业,民航业曾一度处于闭塞状态,国内旅客也对民航领域的一些知识知之甚少。同时,国内一直在发展完善法治建设,但人民的法律素养仍需提升,就航班延误而言,旅客维权多在言语层面,采取行动的少之又少。

第二,现行法律体制存在一定的漏洞。弱势群体依法维权的困难不仅来源于自身,还来自现行法律体制中的一些漏洞。例如,关于航班延误赔偿,我国相关法律规定就比较模糊。《航班延误经济补偿指导意见》要求航空公司对于因自身原因造成4小时以上的航班延误,应对旅客进行经济补偿,各航空公司须自行制定具体补偿标准和补偿方案。从上述规定可以看到,就航班延误损失的补偿而言,我国还未确定统一的补偿标准,何时补偿、如何补偿、补偿程序等都比较模糊,导致赔偿极不规范。同时,航空公司恰恰借法律未规定之由草率处理航班延误事件,由此形成一个恶性循环,影响了民航业健康发展。

第三,社会舆论式维权增多。随着互联网时代的进一步发展,社会舆论的关注度以及互联网自媒体的良好运用,通常会是维权者维权的最后手段。一方面,这从侧面体现了弱势群体依法维权之难,为维权者提供了一个行之有效的维权手段;另一方面,由于互联网传播固有的夸大性等缺点,可能会使维权事件的发展方向脱离维权者的控制,甚至会引火上身,同时也对社会形成负面的影响。

### 3. 强闯航空器驾驶舱之危害

飞机的驾驶舱位于飞机前端,一般安装了各类飞行仪表和飞机控制系统。而飞机运行还是要靠驾驶舱的操作,驾驶舱相当于飞机的总指挥大脑,其重要性不言而喻。飞行员通过操纵驾驶舱内各种精密的仪器,才得以保障飞机安全稳定地飞行,因此如果强行闯入驾驶舱,影响到机长,造成其操作失误,或者闯入驾驶舱的人直接导致仪器非正常操作,可能就会发生机毁人亡的后果。世界上最著名的空难"9·11"事件便是恐怖分子通过控制驾驶舱驾驶飞机撞向世贸中心"双子塔"、五角大楼，造成了极其严重的后果。于是，"9·11"事件之后，所有国家都进一步地严格控制了驾驶舱的出入。不论是强闯驾驶舱，还是机长违反相关规定使不应进入驾驶舱的人群违规进入驾驶舱，都会受到相应的处罚。

航班延误是民航业的常态，民航运输的特殊性，导致其会受到各种因素的制约，如天气、交通流量管控、机械故障等。而每当航班延误，就有一些旅客不理智维权，加上一些民航单位服务跟不上，或者旅客并不是很了解承运条件，有些民航单位处置问题的方式方法存在瑕疵，导致航班延误时通常会有各种各样的矛盾发生。如何化解这些矛盾，如何防范因为航班延误引发的各种违法问题，都需要我们做出努力。那么，如何解决上述一系列问题？

（1）旅客要理性对待航班延误。在遇到航班延误的问题时，旅客应当以理性的态度去对待，采取合法合理的维权手段。根据《中国民用航空旅客行李运输规则》①第五十七条、第五十八条以及第五十九条相关规定可知，由于机务维护、航班调配、商务机组等原因，造成航班在始发地延误或取消，可以要求航空公司提供餐食或住宿等服务；由于天气、突发事件、空中交通管制、安检以及旅客等非航空公司原因，造成航班在始发地延误或取消，可以要求航空公司协助安排住宿；航班在经停地延误或取消，无论何种原因，均可要求航空公司提供必要的饮食与住宿。既然国内法规针对航班延误后航空公司、机场各方责任有相应的具体规定，旅客就应当根据相关规则，积极与航空公司、机场方面沟通协调，督促对方承担责任，依法进行补偿。如果对方不作为，旅客则可以向航空公司总部或消费者协会投诉，以维护个人合法权益。同时，这也是成本最低且效果最好的维权手段。如果前述无法有效解决问题，旅客可以选择提起民事诉讼，经由司法途径来维护自身权益。不过相应的维权成本也会升高，比如证据的保留，包括机票、公布的航班时刻表、滞留机场的餐宿票据、因航班延误导致的其他经济损失的凭证等，都需要保留完好。此外，也可以与同机旅客互相交换联系方式，以满足日后维权

---

① 现因2021年9月1日施行的《公共航空运输旅客服务管理规定》而废止，但新规定中并未提及航班延误的处理办法。

之需。

（2）航空公司要确保"航班延误，服务不延误"。首先，要培养并提高民航企业之间的协调能力。民航运输是个系统工程，要确保航班正常运行，机场、航空公司以及空管之间的科学协调是非常重要的。其次，要培养并提高民航企业各单位间的内部协调。除了民航企业之间的外部协调，民航企业各单位之间的内部协调（即企业内部或部门之间的协调）也要做好，才能确保航班的正常运行。就航空公司而言，应强化运行保障能力，强化航班计划编排管理，合理备份运力，充分利用 HUD 等新技术手段提升在复杂的机场环境或者低能见度的特殊天气下航空公司的运行能力，以通过协调与管理来确保航班正常。最后，要树立"航班延误，服务不延误"的服务意识。航班延误后的服务是旅客颇为关注的部分。要把航班信息作为服务的重要内容。这是因为在信息化条件下，旅客对航班信息的需求已经转化为一种心理需求，尤其在航班延误后，旅客更迫切地想要了解航班的最新动态，并依此安排后续行程等。因此，航空公司应该发掘各种方式或渠道，及时传递相关航班信息，以缩小旅客与航空公司间的信息差异，满足旅客的相应需求。此外，要充分做好航班延误后的吃住行与退改签的服务弥补，这关乎旅客的切身利益，需要引起航空公司足够的重视，并落实各方面的相关工作。

（3）破除依法维权的困境，事在人为。首先，完善相关法律制度。法律一方面指引了维权群体的方向，另一方面也保障了维权的顺利进行。要尽快弥补法律规范与现实国情的脱节之处，并引导整个社会培养依法维权的良好氛围。作为要被广大人民群众了解的法律法规，需要清晰且明确，并且要经过实践考验，以便通过法律制度固有的强制性来缓和弱势群体依法维权的困境。其次，引导弱势群体依法维权。弱势群体依法维权困境的成因多种多样，因此，要破除弱势群体依法维权困境，采取的措施也要从多个角度着手。除了完善相关法律制度之外，还需重视弱势群体的心理健康，引导其合法维权。再次，适时开展法律普及工作，提高弱势群体依法维权意识和维权能力。长期的法律普及工作可以使弱势群体明确合法权益的内容，了解到维护自身合法权益的意义和正确途径。只有当其拥有了最基础的法律常识，其依法维权意识才能不断增强，并最终影响维权手段的选择。尽管目前我国公民的权利意识在不断增强，但弱势群体依法维权困境的破除仍离不开法律的启蒙。只有开展全面系统的法律普及工作，培育弱势群体的法治思维，才能从根本上破除其依法维权的困境。最后，要加大对肆意侵害弱势群体合法权益者的处罚力度。由于违法成本低，被追责的可能性也低，所以一些组织和个人才肆无忌惮地损害弱势群体的合法权益。在严格规范整改司法、执法领域突出问题的同时，还必须加重对违法组织和个人的处罚力度，使他们为自身的违法行为付出相应的代价，从而强化法律的震慑力，防止权益的肆意侵害。

## 【案件延伸】

结合本案事实，可以发现，一切的矛盾均来自航班延误，其实像这样因为航班延误而发生恶性事件的情形并不在少数。

一直以来，航班延误作为民航领域易发且频发的影响航空正常运行的原因之一，中国民用航空局对其非常重视，并在民航各名人员的努力下尽可能地减少航班延误的发生。中国民用航空局开展了一系列针对航班延误的整治工作，包括但不限于控总量、调结构，强力推进四个管理体系的建设，采取考核和限制措施，多管齐下，在民航领域各方的共同努力与协作之下，已经逐渐取得了一些成果。但是，从前述分析也可以看到，航班延误的原因并不仅限于人为因素，一些其他客观因素，比如空域、天气、军事活动等的影响，仅仅靠工作人员很难对其作出规制，因此短时间内航班延误的问题也很难从根本上被解决。航班延误无法杜绝，某种程度上也意味着因为航班延误而引发的旅客极端维权事件也不会被完全避免。因此，一方面，民航各方首先要尽可能在主观能动的范围之内避免航班延误的发生；另一方面，当航班延误不可避免地发生时，要迅速反应，做好后续一系列信息沟通工作与矛盾缓解工作，避免恶性事件的发生。

为此，就需要机场与航空公司之间形成良好的协作机制，充分建设信息沟通渠道，完善相关应急处置机制。同时，也要培养专业工作人员的素养，提高其应急意识，培养其应急能力。此外，应完善相应的法规，改善各自的服务，在逐步提高航班正点率的同时，也要以良好的服务对待旅客，以缓解矛盾。旅客也应采取合理合法的维权方式，减少因为极端方式维权而带来的不必要的冲突。"打人""罢乘""霸机"乃至冲击机场等行为不仅侵犯了他人人身财产安全，还会在某种程度上使公共安全受到威胁；同时，这些行为也是违法甚至触及犯罪的行为，相关法律法规也对其作出了一系列规制。综上所述，唯有航空公司与旅客双方的共同努力，才能营造出和谐的环境，以促进我国民航业的蓬勃发展。

案例三

# 强占座位被取消乘机资格案

## 【案情介绍】

2015年3月27日上午8时多,一架从深圳飞往大连的航班经停宁波栎社国际机场。如按照预定飞行计划,航班宁波离港计划时间为9时25分。在飞机起飞前,空乘清点旅客人数,并进行相应的安全检查,这时发现有一位旅客坐在飞机原本空着的最后一排座位。此时飞机已经离开廊桥,这名旅客擅自强占座位,不听空乘与安全员的劝告,机长劝诫后这名旅客仍不回自己座位就座,致使飞机重新回到廊桥,140名旅客重新下飞机,航班延误一个多小时。①

本次事件中,空乘请旅客出示登机牌,核对乘机信息。但这名旅客不愿出示登机牌,并辱骂空乘。之后机上安全员再次要求这名旅客出示身份证及登机牌,旅客依旧不听劝告。安全员只好将机舱内发生的事情报告机长。此时,航班已申请撤离廊桥,飞机即将滑入跑道。机长随后走进机舱,请这名旅客出示身份证及登机牌,但旅客依旧不配合。最后机长通知如果再不配合机组工作,将取消这名旅客的乘机资格,但旅客仍不置可否。再三劝告无果后,机长反映给宁波市公安局机场分局,机上有一名旅客不适宜乘机,航班机长已取消了这名旅客的乘机资格。几分钟后,廊桥重新接驳飞机,已在舱门外等候的公安民警进入机舱,在查明当事人身份并了解相关情况后对这名

---

① 张寅、章益清:《一旅客强占飞机座位不听劝诫被拒载》,载腾讯网2015年3月31日,https://zj.qq.com/a/20150331/009857.htm。

旅客宣布机组的决定，并将其带离飞机。① 最后在宁波市公安局机场分局民警带这名旅客离开飞机后，该旅客才意识到自身行为的危害。

本案中旅客姓曲。据曲某交代，2015年3月27日早上，他从澳门赶往深圳坐6时25分的飞机飞往大连。前一天晚上这名旅客在澳门玩到半夜，在深圳上飞机后很想睡觉，但是坐着睡很不舒服，于是在飞机经停宁波栎社国际机场，准备起飞时，这名旅客看到后排座位还空着，就想等飞机起飞之后躺下来睡觉。飞机起飞前便前去占座位，之后空乘来核对信息时，这名旅客就意识到空乘会让他返回原座位就座。这名旅客认为并无此必要，认为空乘多事。碍于面子，在机上这么多旅客面前，这名旅客不愿意向机组人员低头，因此他始终不愿意回自己的座位就座。在机长作出取消乘机资格决定后，因这名旅客不仅有随身行李，在飞机上还有托运的行李箱，根据民航行业相关规定，同机140名旅客不得不全体下机来配合航班清舱，来保障航班的运行安全。其他旅客对这名旅客的行为极为不满。

最终，依据《治安管理处罚法》第二十三条规定，宁波市公安局机场分局对该旅客扰乱航空器上公共秩序的行为作出行政拘留5日的处罚。

类似的案例之前也发生过。2013年10月24日，由温州经停武汉飞往重庆的某航班上，一名中年男子情绪激动，要求空乘对飞机上130多名旅客搜身，这一无理要求遭到拒绝，飞机降落重庆机场后，男子又站在机舱过道上阻止其他旅客下飞机，见此招不奏效，他继续"霸占"飞机，拒绝下机。② 2015年2月26日傍晚，由上海虹桥国际机场飞往广州的某航班上，旅客邓某强占他人座位与正常就座旅客发生纠纷，机组多次劝说无果后报警，造成该航班延误1小时40分钟，事发后，机场公安到场后将邓某带回调查，因其扰乱航空器上秩序，依法对其作出行政拘留7日的处罚。③

---

① 张寅、章益清：《一旅客强占飞机座位不听劝诫被拒载》，载腾讯网2015年3月31日，https://zj.qq.com/a/20150331/009857.htm。
② 《他丢了手机 不肯下飞机》，载搜狐网2013年10月27日，http://roll.sohu.com/20131027/n388993582.shtml。
③ 李晓璐：《旅客飞机上强占座位 欲按先来后到占座规则就座》，载中工网2015年2月28日，http://tour.workercn1868/201502/28/150228112703107.shtml。

## 【相关法条】

《民用航空安全保卫条例》第二十五条规定:"航空器内禁止下列行为:(一)在禁烟区吸烟;(二)抢占座位、行李舱(架);(三)打架、酗酒、寻衅滋事;(四)盗窃、故意损坏或者擅自移动救生物品和设备;(五)危及飞行安全和扰乱航空器内秩序的其他行为。"

《民用航空安全保卫条例》第三十四条规定:"违反本条例第十四条的规定或者有本条例第十六条、第二十四条第一项、第二十五条所列行为,构成违反治安管理行为的,由民航公安机关依照《中华人民共和国治安管理处罚法》有关规定予以处罚;有本条例第二十四条第二项所列行为的,由民航公安机关依照《中华人民共和国居民身份证法》有关规定予以处罚。"

《治安管理处罚法》第二十三条规定:"有下列行为之一的,处警告或者二百元以下罚款;情节较重的,处五日以上十日以下拘留,可以并处五百元以下罚款:(一)扰乱机关、团体、企业、事业单位秩序,致使工作、生产、营业、医疗、教学、科研不能正常进行,尚未造成严重损失的;(二)扰乱车站、港口、码头、机场、商场、公园、展览馆或者其他公共场所秩序的;(三)扰乱公共汽车、电车、火车、船舶、航空器或者其他公共交通工具上的秩序的;(四)非法拦截或者强登、扒乘机动车、船舶、航空器以及其他交通工具,影响交通工具正常行驶的;(五)破坏依法进行的选举秩序的。聚众实施前款行为的,对首要分子处十日以上十五日以下拘留,可以并处一千元以下罚款。"

## 【案情评析】

可以看到,个别旅客的任性行为往往会危及航空安全。本次事件中,曲某正因其自私的心理,导致了一系列连锁反应,最终受到法律的严惩。作为一名完全刑事责任能力人,曲某在飞机上座位有空缺的情况下强行占座,主观方面为故意。因其在空乘人员再三劝阻后仍不听从,机长再三劝阻仍无动于衷，最终被取消乘坐飞机资格，被机场公安带离飞机后才意识到自己行为的违法性质，显然其主观意图具有故意。另外，其行为已经威胁到了航空器的安全，造成了不良后果，且根据当时情况，空乘人员和安全员等耐心劝导这名旅客，没有任何不当之处，机长也在经机组人员讨论后作出了取消曲某乘机资格的决定。综上所述，宁波市公安局机场分局对曲某的处罚合法合理。

本案涉及的焦点有两个：一是如何定性以及处罚强占座位的行为；二是规制强占座位、行李舱行为的规定有无最新发展。

（1）民用航空旅客强占座位问题的严重性。机上旅客座位都是固定的，不能随便换座位，更不能强占座位。飞机上不允许先到先坐，自行换座，旅客的座位安排事关飞机的配载平衡问题，机上发生安全事件的溯源问题等。强占座位更是不被允许。通常而言，作为运输业中的重要一环，飞机对载重的要求非常高。一般而言，在旅客办理登机手续之后，旅客的信息包括行李的信息，都要被计入飞机的载重。安放行李以及设置座位的相关部门也要按照飞机的重心要求分散摆放，并需要以传真形式发送给机长，以便机组确认飞机的重量、重心，从而科学地计算出飞机最适合飞行的高度、速度和油量等相关飞行参数。如果在登机之后，旅客们不对号入座，先到先坐，自行换座甚至是强占座位，会对机场的安全秩序造成一定的影响，甚至会危害民用航空的飞行安全。根据前文，机组基于旅客在办理登机手续时录入的旅客布局而计算的重心就有可能发生偏差，从而危及飞行安全。因此，登机"对号入座"，不去强占座位、行李舱，不仅有利于保障飞行安全，也有利于保障旅客自身安全。[①]

（2）我国民用航空最新限制旅客乘坐的规定。2018年4月18日，中国民用航空局政策法规司对《关于在一定期限内适当限制特定严重失信人乘坐民用航空器 推动社会信用体系建设的意见》（发改财金〔2018〕385号）进行了说明。该意见已于同年3月2日对外发布，并于5月1日起正式实

---

① 张寅、章益清：《一旅客强占飞机座位不听劝诫被拒载》，载腾讯网2015年3月31日，https://zj.qq.com/a/20150331/009857.htm。

施。根据该意见的相关规定，对在机场或航空器内实施下列 9 种行为的旅客采取限制乘坐民用航空器的措施：一是编造、故意传播涉及民航空防安全虚假恐怖信息的；二是使用伪造、变造或冒用他人乘机身份证件、乘机凭证的；三是堵塞、强占、冲击值机柜台、安检通道、登机口（通道）的；四是随身携带或托运国家法律、法规规定的危险品、违禁品和管制物品的，在随身携带或托运行李中故意藏匿国家规定以外属于民航禁止、限制运输物品的；五是强行登占、拦截航空器，强行闯入或冲击航空器驾驶舱、跑道和机坪的；六是妨碍或煽动他人妨碍机组、安检、值机等民航工作人员履行职责，实施或威胁实施人身攻击的；七是强占座位、行李架，打架斗殴、寻衅滋事，故意损坏、盗窃、擅自开启航空器或航空设施设备等扰乱客舱秩序的；八是在航空器内使用明火、吸烟、违规使用电子设备，不听劝阻的；九是在航空器内盗窃他人物品的。① 该意见系民用航空规定中针对强占座位的行为作出最新处罚的规定，提出了对有堵塞、强占、冲击值机柜台、安检通道、登机口（通道），或是强占座位、行李架，打架斗殴、寻衅滋事等行为的旅客，将采取限制乘坐民用航空器的措施，自被列入限制名单之日起，有效期为一年，一年期满自动移除。

除此之外，距离中国民用航空局综合司《关于做好 2015 年度"两会"建议提案办理结果公开工作的通知》的发布，以及关于 2015 年人大提案《关于依法处置"机闹"行为、维护民航秩序和飞行安全的建议》（第 6228 号建议）的提出，已经过去了几年之久。一直以来，针对"机闹"问题，中国民用航空局给予了高度的重视，可以明确为以下几点措施。

（1）对民用航空安全相关的法律法规进行修订。《民用航空法》进行修订时，针对民航安全的相关部分进一步完善。《民用航空安全保卫条例》中，也专门就实践中多发的案件进行分析总结，对机场、航空器内禁止的行为及处罚措施、力度进行了进一步的明确，特别是针对当前高发的"机闹"行为。

---

① 《民航局：强占行李架等行为将被限制乘坐民航一年》，载百家号"人民日报"2018 年 4 月 19 日，https://baijiahao.baidu.com/s?id=1598137316226587696&wfr=spider&for=pc。

（2）依法构建民航旅客信用记录体系。中国航空运输协会制定《民航旅客不文明行为记录管理办法（试行）》，对随意扰乱航空秩序、危及航空安全的旅客在购票与乘机等方面进行一定程度的限制。与此同时，中国民用航空局和文化和旅游部等相关部门也建立了联动监督机制，以期民航旅客文明出行意识能有效提升。本次事件就属于旅客不文明出行行为导致了民航的不安全事件。

（3）依法惩治各种涉及违法犯罪的"机闹"行为。中国民用航空局已全面开展严厉打击危害民航运输秩序违法犯罪和依法维护机上安全秩序两项专项工作，并结合国家重大活动民航安保工作，提出"安检要严查、公安要严打、空中要严控、监管要严管、货运要严治、内部要严防"的"六严"工作措施，持续推进依法惩治"机闹"工作。中国民用航空局也要求民航各级公安机关要积极适应当前空防安全工作的新特点、新变化，坚持"敢管、早管、严管"，按照"第一时间在场、第一时间处置、第一时间发布"的工作原则，对因航班延误引发旅客殴打工作人员、冲击安检现场以及在航空器内违法滋事、违规开启应急舱门等行为要依法"从严、从快、从重"处理，按照法律法规上限，顶格惩处。对六类违法行为[①]，要求机场公安机关应立即按照《公安机关办理刑事案件程序规定》开展工作，必要时可商请法检部门提前介入，力争快诉快判，有力震慑犯罪。[②]

## 【案件延伸】

2018年5月1日实施的《关于在一定期限内适当限制特定严重失信人乘坐民用航空器 推动社会信用体系建设的意见》，对在机场或航空器内实施9

---

① 六类违法行为包括：编造、故意传播虚假恐怖信息威胁民航飞行安全的；非法携带枪支弹药、管制刀具、爆炸品、易燃性、放射性、毒害性、腐蚀性物品进入候机楼，危及公共安全的；伪报品名托运危险物品或者在托运货物中夹带危险物品，危害飞行安全，情节严重的；破坏航空器，足以使其发生倾覆、毁坏航空器的；对飞行中的航空器的人员使用暴力，危及飞行安全的；飞行中强行打开应急舱门等严重威胁飞行安全等。

② 《民航局关于2015年人大提案〈关于依法处置"机闹"行为 维护民航秩序和飞行安全的建议〉（第6228号建议）的答复（摘要）》，载中国民用航空局网2016年4月7日，http：//www.caac.gov.cn/XXGK/XXGK/JYTNDF/201604/t20160408_30279.html。

种行为（前文已进行说明）的旅客采取限制乘坐民用航空器的措施。该意见的出台使得民航旅客的合法权益得到了高度重视和保护，同时也使民用航空器中的秩序得到了一定程度的维护与保障。对该意见进行总结，可以得出以下三个方面的内容。

第一，要严格认定标准和程序。只有实施前述9种行为并同时被公安机关处以行政处罚或被人民法院追究刑事责任的旅客，该意见才将其作为限制对象。限制对象名单须在中国民用航空局官方网站和"信用中国"网站同时公示。自公示之日起7个工作日内，被公示人可以提出异议，公示期满，被公示人未提出异议或者提出异议经审查未予支持的，名单即开始执行。被纳入限制乘机名单的人员认为纳入错误的，在名单执行后也有权向有关机关、单位提起复核。对认定标准与程序的严格限制，同时也保护了相关旅客的合法权益不被随意地受到侵犯。

第二，明确了移除机制和有效期。限制对象的期限明确被限定为一年，也就是说，自被列入限制名单之日起，有效期为一年，在一年期满后，自动移除名单。自动移除机制一方面使得执法工作成本大大减少，另一方面保障了旅客恢复乘机的权利。

第三，明确了最高人民法院的诉讼指导。该意见明确了最高人民法院要加强对各级人民法院的指导，依法处理因执行限制乘机名单而引发的相关民事诉讼和行政诉讼，要明确审理标准，公正司法，最终达到维护各方合法权益的目的。此外，通过上述制度的建立完善，也可以更好地发挥信用工作惩戒、限制与警示、教育并重的作用，使得民航业获得更好的发展。[①] 对于这些频发的"机闹"事件完善相关制度，限制旅客乘机权利等措施对维护民航秩序与安全至关重要，但也不能忽略向旅客宣传普及相关民航安全知识。只有从事件源头上进行制止，让旅客意识到自己行为带来的潜在危险，才能真正遏制"机闹"事件的发生。

---

① 《〈关于在一定期限内适当限制特定严重失信人乘坐民用航空器推动社会诚信体系建设的意见〉将于5月1日起实施》，载中国民航网2018年4月18日，http：//www.caacnews.com.cn/zk/zj/zhengcefabu/201805/t20180522_1248020.html。

# 案例四

# 郑某基醉酒机上闹事案

## 【案情介绍】

2000年2月16日，郑某基乘坐某航空公司某航班机头等舱，由洛杉矶飞往中国台北。飞机起飞后，他在机上喝了一杯香槟、三罐啤酒及三杯威士忌。随后，有醉意的郑某基边抽着烟，边对邻座美籍旅客诉说自己家里有人要离婚，并且说话声音非常大。由于机上不准吸烟，所以邻座的美籍旅客便通知空姐来处理。在空姐劝说后，郑某基才将烟按熄。邻座旅客见事件已经平息，便安心放下座椅然后入睡。无奈睡梦中，邻座旅客突然发现郑某基的脚搭在了自己身上，再度请空姐处理，但此刻郑某基已行为异常，突然向空姐施袭，抓住空姐头发不放，并将空姐头部夹于腋下。

机长闻讯后离开驾驶舱前来了解情况。因为当时已到旅客休息时间，机舱内已关灯，机长便持手电筒抵达现场，却看见郑某基正在攻击副机长。在危急情况下，机长立即向郑某基喝止道，如果他不控制自己的行为，便只有降落最近的机场，报警处理。但郑某基不但对该警告置之不理，反而口出秽言，不堪入耳。混乱中，机长以手电筒击中了郑某基的额头，鲜血从他左额头流下，其他机组人员见状上前为郑某基包扎，并用手铐将他制服。最后，基于飞机及同机旅客的安全考虑，机长放出60吨飞机汽油减低机身重量以便降落，于中国香港时间2000年2月16日晚约21时15分，急降美国安哥拉机场，并通知美国联邦调查局及机场警察前来处理。同时，机长要求美国警方测试郑某基是否吸毒。因为郑某基是公众人物，事后航空公司立即决定委聘律师向郑某基追讨赔偿，赔偿的范围涵盖了所有因这起事件付出的费用，包括飞机起降费、加油费和旅客行程延误费等。

因为这起事件,郑某基不但头部被缝了 8 针,还支付了约 250 万港元作为赔偿。美国时间 2000 年 2 月 18 日上午,在母亲及律师陪同下,郑某基参加了安格拉治联邦地方法院的听证会。在法庭上,郑某基表示自己本只想休息睡觉,所以吃下了半颗安眠药,又喝了一些酒,最后药效发作导致自己犯下大错。法官准许郑某基以 5 万美元保释候传;此外,郑某基要接受母亲监管以及不得喝酒。

美国当地时间 2000 年 2 月 21 日 16 时 15 分再次开庭,鉴于郑某基深感悔意,联邦法庭法官最后决定撤销"扰乱飞行安全"罪名,只以"伤害罪"起诉郑某基。随后法官作出判决,判处郑某基罚款 2500 美元,监守行为一年及向航空公司作出赔偿。① 航空公司已决定委托律师要求郑某基赔偿损失,包括飞机起降费、加油费和旅客行程延误费等,初步计算多达百万美元以上。对于外界质疑机长可能处置不当,航空公司公开重申,根据国际航空法,机长有权采取相关的处理措施。

2001 年 9 月 20 日,中国台湾桃园地方法院审结该案,认为郑某基违反飞行安全,判处 4 个月的有期徒刑,缓刑 2 年执行。

## 【相关法条】

1963 年《东京公约》第六条第一款规定:"机长在有理由认为某人在航空器上已犯或行将犯第一条第一款所指的罪行或行为时,可对此人采取合理的措施,包括必要的管束措施,以便:甲、保证航空器、所载人员或财产的安全;乙、维持机上的良好秩序和纪律;丙、根据本章的规定将此人交付主管当局或使他离开航空器。"

1971 年《蒙特利尔公约》第一条甲款规定:"任何人如果非法地和故意地从事下述行为,即是犯有罪行。(甲)对飞行中的航空器内的人从事暴力行为,该行为将会危及该航空器的安全。"

《民用航空法》第四十六条规定:"飞行中,对于任何破坏民用航空器、

---

① 《罚款 2500 美元 郑某基事件迅速解决》,载新浪网 2000 年 2 月 21 日,http://eladies.sina.com.cn/amusement/news/acternews/2000-02-21/19943.shtml。

扰乱民用航空器内秩序、危害民用航空器所载人员或者财产安全以及其他危及飞行安全的行为，在保证安全的前提下，机长有权采取必要的适当措施。飞行中，遇到特殊情况时，为保证民用航空器及其所载人员的安全，机长有权对民用航空器作出处置。"

《刑法》第一百二十三条规定："对飞行中的航空器上的人员使用暴力，危及飞行安全，尚未造成严重后果的，处五年以下有期徒刑或者拘役；造成严重后果的，处五年以上有期徒刑。"

## 【案情评析】

本案中有以下三个焦点：第一，管辖权相关问题；第二，如何认定机长的行为；第三，如何定性郑某基的行为。具体如下所述。

### 1. 管辖权问题

郑某基既拥有美国护照，又是中国台湾人。根据美国《移民和国籍法》的规定，美国承认双重国籍，而且飞机的起飞地和降落地均在美国境内；同时，郑某基持美国护照，美国对本案具有管辖权。此外，因为郑某基的行为发生登记地在中国台湾地区的航空公司飞机航空器上，所以根据航空器登记国管辖权主义原则，中国台湾地区当然也对本案有管辖权。根据刑法的属人主义原则和属地主义原则，美国和中国台湾地区均有管辖权。所以案件报道中，美国当地法院和中国台湾地区当地法院均对本案享有管辖权是合法合理的。

### 2. 机长行为的妥当性

根据1963年《东京公约》第六条及第十条的规定，以及根据我国台湾地区关于民用航空方面的规定，郑某基突袭旅客和机组人员的行为属于紧急情况，是起飞前不可预料的。而且这是在多次劝阻无效的情况下，机长为保证航空器、旅客以及机务机组人员的安全，才对郑某基实施了必要的防卫行为，且未造成严重后果，在防卫行为实施后，机组人员也及时采取了必要的包扎措施来防止郑某基的伤口恶化。所以，机长"以手电筒击中郑某基的额头"的行为是正当履行空中处置权的职务行为，处理妥当，不应追责。

### 3. 郑某基行为的定性

根据1971年《蒙特利尔公约》第一条规定，同时参照我国《刑法》第一百二十三条的规定，对飞行中的航空器上的人员使用暴力，危及飞行安全，尚未造成严重后果的，处5年以下有期徒刑或者拘役；造成严重后果的，处5年以上有期徒刑。目前，我国台湾地区有关规定尚未找到与航空器犯罪相关的规定，美国法律中也暂未搜索到相关规定。结合本案实际情况，郑某基向空姐施袭，后又向前来劝阻的副机长施袭，并对机长以污言秽语相辱骂，其行为已经构成了1971年《蒙特利尔公约》中规定的对飞行中的航空器内的人从事暴力行为。郑某基的突然袭击行为，造成了机上旅客的恐慌情绪，也扰乱了机组人员的正常工作，甚至严重威胁到机组人员的人身安全，可以认定为危及飞行安全的暴力行为，已经构成犯罪。此外，虽然郑某基是在醉酒状态下实施的暴力行为，实施犯罪行为时意志未必清醒，但是根据刑法理论上的"原因上的自由行为"理论，即虽然行为人在醉酒时，行为是丧失辨认控制能力的，但是只要在醉酒实施犯罪行为之前是正常的，就可以认为应当负刑事责任。郑某基在醉酒前处于正常的精神状态，也能够认识到自己实施行为后果的严重性和危害后果，所以可以认定郑某基在实施危害行为时的主观心态是故意。如果参照我国《刑法》，郑某基构成暴力危及飞行安全罪。本案中，美国当地法院和中国台湾桃园地方法院的判决结果是妥当的。

那么我们需要注意的问题是，是否应当拒绝醉酒旅客乘机？酒可以使一个人的性格表现发生变化，这是人所共知的。飞机上因为旅客醉酒而发生的暴力纠纷也不在少数。例如，2012年9月2日，两名中国旅客从苏黎世飞往北京的航班上，因醉酒而发生斗殴，致飞机被迫返航。① 又如，2012年1月，一名日本男子在从东京飞往夏威夷的美国某航空公司客机上，因为醉酒打伤了空乘人员，在下机的时候被捕，面临最高半年有期徒刑，外加1万美元罚款。② 国内也有许多类似案例，比如2019年1月31日，从杭州到深圳的某航

---

① 杨美萍、石凯峰、邹思蓓：《两中国乘客瑞航上酒后斗殴致飞机返航 或被起诉》，载搜狐网2012年9月4日，http://news.sohu.com/20120904/n352297731.shtml。

② 《日本醉酒男子飞机上攻击空乘人员 在夏威夷被捕》，载环球网2012年1月10日，https://world.huanqiu.com/article/9CaKrnJtPz0。

班上，醉酒旅客刘某登机后，起飞前一直在飞机上走来走去，不仅不听机组人员劝阻，反而辱骂机组人员，因此被拒载，被请下飞机后，又爬上了登机口的雨棚，在飞机关舱门后还怒踹飞机，他甚至企图攻击赶来的地服人员，最终刘某被公安机关处以8日的行政拘留。① 醉酒旅客在飞机上闹事的事件屡见不鲜，通常酒后会导致其自控能力下降，在高空密闭环境下人更容易冲动而引起激动情绪，进而引起过激行为。

  对于醉酒旅客能否上飞机，国家对此没有明确规定。《公共航空旅客运输飞行中安全保卫工作规则》第二十一条规定："公共航空运输企业应当严格控制航空器上含酒精饮料的供应量，避免机上人员饮酒过量。"此外，航空公司确实不建议醉酒旅客乘机，旅客个人也最好不要喝酒乘机。酒后乘机害人害己，酒后高空飞行易突发心脑血管疾病，危害旅客个人健康；此外，醉酒旅客通常会行为失常，不易控制自己的行为，也会对客舱内其他旅客的人身安全构成隐患，给其他旅客带来不便。航空公司有权根据旅客的外形、言谈、举止判断决定不予承运或拒绝继续承运。对扰乱航空器内秩序、妨碍机组人员履行职责、不听劝阻的人，机长也有权限要求机组人员对其采取必要的管束措施，或在起飞前、降落后要求其离机。

  中国民用航空局规定，对于饮酒的旅客，承运人可以不接受其运输要求。判断旅客是否属于醉酒状态，依据是旅客的行为、言谈、举止等，也就是说，如果旅客并不会表现出非常明显的醉酒状态，航空公司和机场方面一般也不禁止其正常登机。这也会导致一些醉酒状态不明显的旅客通过了检查。因此，建议民航相关主体可以参考检查酒驾醉酒的方式，来严格控制醉酒旅客登机。此外，要加强机组人员的现场处置能力。闹事行为并非一触而发，在事态严重之前会有争吵、推搡等引起矛盾激化的行为。此时安全员以及空警完全有能力也有义务对现场进行控制，以防止事态进一步激化。因此，航空公司可以对此展开专项培训，提高空乘人员、安全员以及空警的现场处置能力，将醉酒闹事行为扼杀在萌芽阶段。

---

  ① 《男子醉酒大闹萧山机场！要在拘留所过年了……》，载搜狐网2019年2月2日，https：//www.sohu.com/a/293087111_370705。

## 【案件延伸】

针对严重危及航空安全的刑事犯罪，国际民航组织各成员国已经达成了共识，缔结了一系列国际公约。然而，对于近些年大量涌现的不循规行为，由于各国对其界定不相一致，缺乏一个统一明确的标准，使得在实践中未能达成共识，难以有效地对航空犯罪进行精准打击。据统计，1963 年以来，扰乱性行为的数量逐步增加，尤其在 2008—2013 年，平均每 1200 次飞行中发生一起，这类行为逐渐成为影响全球民用航空运输安全与运营秩序的一项突出问题。[①]

国际上，将扰乱性行为定义为不循规行为，2002 年公布的《不循规/扰乱性旅客所涉法律问题的指导材料》（以下简称第 288 号通告）是国际民航组织专门制定的有关不循规行为的文件。该文件主要就航空器内不循规旅客问题进行了解释分析，并为各成员确立了一个立法范本。第 288 号通告在附件"立法范本"中共列举了三大类不循规行为类别，具体如下所述。[②]

第一类，在民用航空器上攻击机组或者采取其他行为干扰机组成员。一是行为干扰了机组成员执行任务或者削弱了机组执行这些任务的能力，而不论是实际还是口头攻击、恐吓或者威胁机组成员。二是对机长或者代表机长的机组人员为确保航空器、机上人员或者财产安全或者为了维持机上良好的秩序和纪律而作出的合法指令拒绝服从。

第二类，在民用航空器上攻击和其他危及安全或损害航空器上良好秩序和纪律的行为。任何人在民用航空器上对他人实施人身暴力行为、性攻击或儿童性骚扰，属于违法行为。任何人在民用航空器上实施的行为[③]，如果可能危及航空器或者机上人员安全或者这种行为损害了机上的良好秩序和纪律，

---

[①] 张君周：《〈东京公约〉议定书中不循规行为类别研究》，载《北京航空航天大学学报（社会科学版）》2015 年第 6 期。

[②] 张君周：《〈东京公约〉议定书中不循规行为类别研究》，载《北京航空航天大学学报（社会科学版）》2015 年第 6 期。

[③] 此处行为包括三种情形：无论实际还是口头上对他人进行攻击、恐吓和威胁；有意地损坏或者毁坏财物；饮用含有酒精饮料或者药物导致自己成瘾。

属于违法行为。

第三类，在民用航空器上实施的其他违法行为。具体包括以下三种：在洗手间吸烟或者在任何地方以一种可能威胁航空器安全的方式吸烟；摆弄烟雾探测器或者机上其他任何与安全相关的设施；在禁止的情况下，操作便携式电子设备。

上述三类不循规行为的侧重点虽有不同，但均旨在维持航空器上良好秩序，保障飞行安全。因此，攻击与干扰机组的行为被列为第一类禁止性行为；第二类是危害他人和航空器秩序的不法行为，主要是对人身（包括他人和自己）造成损害的行为，如暴力攻击、性侵犯以及口头恐吓等；第三类则是对"航空器安全"产生直接的、负面影响的行为，如机上吸烟、违规使用手提电脑等。[①] 2014年《蒙特利尔议定书》规定了两种扰乱行为：①对机组成员实施人身攻击或威胁实施此种攻击方式；②拒绝遵守机长或以机长名义为保护航空器或机上人员或财产的安全之目的发出的合法指令。《蒙特利尔议定书》鼓励各缔约国对上述扰乱行为采取必要措施，这是首次在国际民航条约中规定的扰乱性行为。

我国《公共航空旅客运输飞行中安全保卫工作规则》第四十九条规定："扰乱行为，是指在民用机场或在航空器上不遵守规定，或不听从机场工作人员或机组成员指示，从而扰乱机场或航空器上良好秩序的行为。航空器上的扰乱行为主要包括：（一）强占座位、行李架的；（二）打架斗殴、寻衅滋事的；（三）违规使用手机或其他禁止使用的电子设备的；（四）盗窃、故意损坏或者擅自移动救生物品等航空设施设备或强行打开应急舱门的；（五）吸烟（含电子香烟）、使用火种的；（六）猥亵客舱内人员或性骚扰的；（七）传播淫秽物品及其他非法印制物的；（八）妨碍机组成员履行职责的；（九）扰乱航空器上秩序的其他行为。"

正如《国际民用航空公约》第四十四条所指出的，国际民航组织及各成员国共同的目的是"确保全世界国际民用航空安全地和有秩序地发展；满足

---

① ICAO Diplomatic Conference Deliecers New Protocol Addressing Disuptile Passengers, http://www.icac.int/Newsroom/Pages/ICAO_Diplomatic-Conference-deliecers-new-Protocol-addressing-disuptile-passengers.aspx.

世界人民对安全、正常、有效和经济的航空运输的需要"。不循规行为的频频出现不利于民航安全有序的发展。而随着社会的不断发展，也将会有更多的新型不循规行为发生。这不仅需要国际民航组织根据社会新形势更新第288号通告，同时中国也应当在国内立法中及时作出回应，将国内立法及时与国际接轨。

# 案例五

# 旅客冲闯飞机滑行道案

## 【案情介绍】

2012年4月10日,某航空公司一航班本应按计划由深圳飞往南京,再经南京飞往哈尔滨,但因南京遭遇雷雨天气,20时,这架搭载161名旅客的航班不得不备降在上海浦东国际机场,之后长达20小时的时间,飞机始终未能起飞。航空公司在处置方式上的欠缺让旅客们心生不满,不满情绪不断积累,终于在第二天爆发。4月11日,上海浦东机场飞机滑行道上突然出现了20多名旅客。这20多名旅客没有听从工作人员安排乘摆渡车登机,而是擅自进入机场滑行道。经上海浦东国际机场紧急处置,这20多名情绪激动的旅客又回到了停机位,并计划由摆渡车送至候机楼。中国国际航空股份有限公司上海分公司工作人员解释道:早上已经确定了补班的时间,后来旅客上了飞机之后,可能出现了一些不理智的情绪。

之后,一位当时冲出登机口的旅客王小姐透露,当时只睡了两小时,已在崩溃边缘。摆渡车来回坐了很多次还是飞不了。近40名旅客站在飞机下,要求机长给个说法,但机长却迟迟没有露面。几十人冲到跑道上的确是错误,事后冷静下来也有人在反省。

中国民用航空华北地区管理局相关工作人员表示,应坚决制止类似危害飞行安全的行为,可以理解旅客的心情,但如此做法显然触犯了法律。根据《民用航空安全保卫条例》第十六条,机场内禁止随意穿越航空器跑道、滑行道;《治安管理处罚法》第二十三条也提到,扰乱机场和航空器秩序的,处警告或200元以下罚款,情节较重的,处5日以上10日以下拘留,可以并处500元以下罚款。值得注意的是,最终旅客未得到机场方面处罚,而航空公司向每位旅客作出了赔偿1 000元的决定①。

2012年4月11日23时50分左右，上海市公安局发布消息，经查2012年4月11日上海浦东国际机场内有部分旅客乘摆渡车登机擅自进入滑行道，虽无拦停飞机的故意，但其行为已经违反《民用航空安全保卫条例》有关规定，警方已根据《治安管理处罚法》有关规定，对相关人员进行治安处罚。

**【相关法条】**

《治安管理处罚法》第二十三条规定："有下列行为之一的，处警告或者二百元以下罚款；情节较重的，处五日以上十日以下拘留，可以并处五百元以下罚款：（一）扰乱机关、团体、企业、事业单位秩序，致使工作、生产、营业、医疗、教学、科研不能正常进行，尚未造成严重损失的；（二）扰乱车站、港口、码头、机场、商场、公园、展览馆或者其他公共场所秩序的；（三）扰乱公共汽车、电车、火车、船舶、航空器或者其他公共交通工具上的秩序的；（四）非法拦截或者强登、扒乘机动车、船舶、航空器以及其他交通工具，影响交通工具正常行驶的；（五）破坏依法进行的选举秩序的。聚众实施前款行为的，对首要分子处十日以上十五日以下拘留，可以并处一千元以下罚款。"

《刑法》第二百九十条第一款规定："聚众扰乱社会秩序，情节严重，致使工作、生产、营业和教学、科研、医疗无法进行，造成严重损失的，对首要分子，处三年以上七年以下有期徒刑；对其他积极参加的，处三年以下有期徒刑、拘役、管制或者剥夺政治权利。"

《刑法》第二百九十一条规定："聚众扰乱车站、码头、民用航空站、商场、公园、影剧院、展览会、运动场或者其他公共场所秩序，聚众堵塞交通或者破坏交通秩序，抗拒、阻碍国家治安管理工作人员依法执行职务，情节严重的，对首要分子，处五年以下有期徒刑、拘役或者管制。"②

《民用航空安全保卫条例》第二十五条规定："航空器内禁止下列行为：

---

① 王亦菲等：《浦东机场20余乘客拦机"维权" 每人获赔1000元》，载腾讯网2012年4月12日，https://news.qq.com/a/20120412/000971_2.htm。

② 2015年8月29日，全国人大常委会表决通过的《中华人民共和国刑法修正案（九）》对刑法第二百九十条第一款、第二百九十一条进行了修改。

(一)在禁烟区吸烟；(二)抢占座位、行李舱(架)；(三)打架、酗酒、寻衅滋事；(四)盗窃、故意损坏或者擅自移动救生物品和设备。"

《民用航空安全保卫条例》第三十四条规定："违反本条例第十四条的规定或者有本条例第十六条、第二十四条第一项、第二十五条所列行为，构成违反治安管理行为的，由民航公安机关依照《中华人民共和国治安管理处罚法》有关规定予以处罚，对有本条例第二十四条第二项所列行为的，由民航公安机关依照《中华人民共和国居民身份证法》有关规定予以处罚。"

## 【案情评析】

根据以上法条，从法律角度出发对本案事实进行分析。

首先，对规制冲入飞机滑行道行为的相关行政法规范进行分析。

《民用航空安全保卫条例》第十六条规定机场内禁止"随意穿越航空器跑道、滑行道"；第三十四条规定违反该条例第十六条所列行为，构成违反治安管理行为的，由民航公安机关依照《治安管理处罚法》有关规定予以处罚。《治安管理处罚法》第二十三规定，扰乱机关、团体、企业、事业单位秩序，致使工作、生产、营业、医疗、教学、科研不能正常进行，尚未造成严重损失的，扰乱车站、港口、码头、机场、商场、公园、展览馆或者其他公共场所秩序的，扰乱公共汽车、电车、火车、船舶、航空器或者其他公共交通工具上的秩序的，非法拦截或者强登、扒乘机动车、船舶、航空器以及其他交通工具，影响交通工具正常行驶的，处警告或者200元以下罚款；情节较重的，处5日以上10日以下拘留，可以并处500元以下罚款。结合本案事实，再结合2018年中国民用航空局公安局下发的《民航公安行政处罚裁量基准》，其中第七项"冲闯机坪、滑行道、跑道，拦截、强登航空器，对航空器设置障碍或者放飞无人机，干扰、阻碍航空器正常运营"中，明确指出此类行为的行政处罚依据为《治安管理处罚法》第二十三条第一款，侵害的是生产运营秩序。旅客冲闯滑行道的行为无疑构成了违反治安管理行为，对两名冲入滑行道的旅客进行治安处罚合理合法，但两名旅客最终扰乱的是机场的公共场所的秩序还是机场生产运营的秩序，处罚依据是《治安管理处罚法》第二十三条第一款还是第二款却是值得进一步商榷的。这个问题同样也会在刑事法律规范中体现出来。

接下来，就对规制冲入飞机滑行道行为的相关刑法规范进行解读。

相关刑事法律规范中，存在两个罪名的适用问题，分别是聚众扰乱社会秩序罪以及聚众扰乱公共场所秩序、交通秩序罪。首先，两者在一定程度上具有共同性质。就客观层面而言，两者都是聚众进行的，并且都要求达到"情节严重"；主观层面来说，均须为故意。其次，两者间存在较大的区别。第一，侵害的客体不同。聚众扰乱社会秩序罪侵害的客体是机关、单位团体的生产、工作、营业和教学、科研、医疗的秩序；而聚众扰乱公共场所秩序、交通秩序罪侵害的客体为公共场所秩序或者交通秩序。第二，犯罪行为的行为发生地点不同。聚众扰乱社会秩序罪的犯罪行为的发生场所一般在机关、单位团体的生产经营等场所；而聚众扰乱公共场所秩序、交通秩序罪一般发生在车站、码头、公园、运动场、展览会、影剧院等公共场所或者交通要道等人员集结和通行的地方。第三，犯罪主体资格也大不一样。聚众扰乱社会秩序罪的犯罪主体除了首要分子之外，其他积极参加者也能构成；而聚众扰乱公共场所秩序、交通秩序罪的犯罪主体仅限于犯罪行为的首要分子，一般参与人员不能构成。具体而言，上述两罪的犯罪构成分别如下所述。

### 1. 聚众扰乱社会秩序罪的犯罪构成

本罪侵害的客体是机关、单位团体的生产、工作、营业和教学、科研、医疗的秩序，影响的主要是运营秩序，而区别于公共秩序。本罪的客观方面表现为聚众扰乱社会秩序，情节严重，致使工作、生产、营业和教学、科研、医疗无法进行，造成严重损失。可以看到客观方面必须涵括以下几个要件：聚众扰乱社会秩序，情节严重，且致使一定的结果，造成严重损失。要想构成本罪，这几个条件缺一不可。

本罪的主体为一般自然人，即达到刑事责任年龄、具有完全刑事责任能力的人都可构成本罪。此外，只有首要分子以及积极参加的人员可以构成本罪。本罪主观方面为故意，行为人做出聚众扰乱社会秩序的行为时，是明知并希望或放任结果发生的心态。

## 2. 聚众扰乱公共场所秩序、交通秩序罪的犯罪构成

本罪侵害的客体是公共场所秩序或者交通秩序。"公共场所"是指具有公共性的特点，能为不特定多数人随意出入、停留、使用的场所，主要有车站、码头、民用航空站、商场、公园、影剧院、展览会、运动场等。"公共场所秩序"是指保证公众安全顺利出入、使用公共场所所规定的公共行为规则。本罪中的"其他公共场所"，主要是指礼堂、公共食堂、游泳池、浴池、农村集市等。"交通秩序"是指交通工具与行人在交通线路上安全顺利通行的规则。

本罪客观方面表现为行为人聚众扰乱公共场所秩序、交通秩序，抗拒、阻碍国家治安管理人员依法执行职务，情节严重的行为。根据法条表述，行为方式具体有以下两种。一是聚众扰乱公共场所秩序或者聚众堵塞交通、破坏交通秩序。聚众扰乱公共场所秩序，是指纠集多人以各种方法干扰、捣乱公共场所的正常秩序，一般是指故意在公共场所聚众起哄闹事；而聚众堵塞交通、破坏交通秩序，是指纠集多人堵塞交通使行驶车辆、行人不能通过，或故意违反交通规则，破坏交通秩序，影响交通安全的行为。二是抗拒、阻碍国家治安管理人员依法执行职务，即抗拒、阻碍治安民警、交通民警和其他依法执行治安管理职务的工作人员依法维护公共场所秩序、交通秩序的行为。只有在同时具备这两类行为时，才能构成本罪。那么本罪中的"情节严重"如何界定？所谓"情节严重"，在司法实践中，一般是指聚众扰乱公共场所秩序、交通秩序人数多或者时间长的；导致人员伤亡或者公私财物重大损失的；影响或者行为手段恶劣的；等等。

本罪主体是一般主体。但需要注意的是，只有首要分子，也就是聚众扰乱公共场所秩序、交通秩序罪的组织者、策划者、指挥者才能构成本罪，一般参与人员并不能构成本罪。

本罪主观方面是故意。通过聚众扰乱秩序的方式试图对相关部门人员施压，行为人为了实现私人的目的，迫使其解决问题。关于行为人的目的的正当性，一般并不影响本罪的成立，但其目的可以在量刑时有所参考。

综上所述，可以看出，20多个行为人实施的冲入滑行道的行为可能同时

符合我国现行制裁体系中的多个法律规范，相互间形成在刑法规范与治安处罚规范之间的责任竞合关系，该种情形下，可适用与行为事实最相符合的法律责任规范。

那么结合本案事实，20多名旅客冲到一旁的滑行道，导致一架刚刚降落还在滑行的飞机最后相距一两百米停了下来。之后不到5分钟，机场的工作人员和民警就将旅客们带回登机口。旅客未对机场运营秩序形成严重破坏，也没有造成严重损失，旅客也并没有抗拒、阻碍治安民警维护秩序。最终的结果也只是使滑行的飞机紧急停止，并没有给人员生命健康带来严重损害，也没有给公共财物带来重大损失，因此不构成情节严重，不符合上述刑事法律规范，按《治安管理处罚法》处罚即可。而关于侵害的是运营秩序还是公共秩序，需要视具体情况而定，本案中倾向于其侵害的是公共秩序。

## 【案件延伸】

本次事件中，不难看出有几大焦点之争：首先，航空公司的责任需要进一步明确，机场应承担什么责任；其次，要明确界定本次事件的危害程度；再次，上海市公安局的处罚结果及航空公司的赔偿解决方式是否合理；最后，如何平衡旅客维护合法权益与机场安全秩序、航空公司利益。

关于航空公司应承担什么责任。这20多名旅客如若不是身心疲惫而又投诉无门，可能并不会采取极端方式维权。因此，航空公司是否履行及时告知义务，是否提供了周全服务，就非常重要。航空公司付出的成本不应仅仅是1 000元钱，相关部门更应该从根本上追究其责任，以儆效尤。关于机场方面应负什么责任，根据法律规章，机场飞机的滑行道和跑道有管理严格的封闭区和非封闭区，通常不应有非工作人员进入其中。从这个角度出发，机场安保负有一定责任。最后，旅客在维权时，应牢记以法律为准绳，如果超越了法律底线，维权可能变违法。虽然通报显示对其予以治安处罚，但这20多名旅客此时已到达哈尔滨，如何处罚不得而知，且获得了1 000元的赔偿。如果不能将违法所付成本社会予以公示的话，不排除有人效仿，最终造成更大的扰机事件。

本案事实中，首先，这场争端并没有严重阻碍飞行安全和机场运营。其次，20名旅客以极端的方式维权，最后却得到了超额回报，即根据国家规定应赔偿500元，但航空公司作出了1 000元的赔偿决定。最后，上海市公安部门只通报对旅客进行了治安处罚，但未详细告知。事件影响如此之大，此事告知不仅针对这20多名旅客，更是对公众的警示，本案不单纯是旅客和航空公司之间的纠纷，更是大家关注的公共安全事件，这就需要公权力部门厘清相关主体的责任，最后对应负责任的主体进行责任追究。

### 1. 责任界定问题

作为民航业的一大运输服务机构，航空公司承担着举足轻重的责任。近年来，随着中国航空运输业的飞速发展，航班延误成为国内热点问题之一，承运人和旅客之间的纠纷也频频发生，最后的结果往往是两败俱伤。由于信息不对称，旅客处于信息弱势地位，需要被披露更多的信息。但关于航班延误，披露给旅客的解释经常是一带而过，譬如天气原因、航空管制、机械故障、飞机调配，而并没有站在旅客角度考虑问题，导致关于航班延误产生的纠纷事件频频发生。改革开放以来，我国民航业持续快速发展，旅客吞吐量快速增长，机场和航空公司的发展规模不断扩大，整体行业规模增加了近三倍。但随之而来的是越来高发的航班延误，这既会对民用航空业的健康发展形成一定的阻碍，也对社会公众产生了负面影响，不利于社会发展。同时，民航改革后的新形势，使得航班延误时，行业内各单位之间的协调配合面临着新的困难和考验。延误处置工作的不力，导致旅客满意度下降，甚至引发群体性冲突事件等，不仅威胁了民航业的正常运行安全，也极大损害了机场、航空公司以及机场所在地地方政府的形象。作为社会公共基础设施，机场本应提供最大程度的便利，使广大群众出行便捷，但因为种种原因，反而成了社会矛盾集中地和突发事件易发场所。因此，航班延误问题已成为当前民航业亟待解决的首要问题之一。[①]

《中国民用航空应急管理规定》是依据《中华人民共和国突发事件应对

---

① 李晓岚：《我国民航航班延误问题及治理对策研究》，郑州大学2016年硕士学位论文。

法》《民用航空法》制定的规定。中国民用航空局、民航地区管理局和企事业单位为履行以下责任和义务而开展的预防与应急准备、预测与预警、应急处置、善后处理等民航应急工作，应遵守该规定：①防范突发事件对民用航空活动的威胁与危害，控制、减轻和消除其对民用航空活动的危害；②防止民用航空活动发生、引发突发事件，控制、减轻和消除其危害；③协助和配合国家、地方人民政府及相关部门的应急处置工作。航空公司应该协调好公司利益和旅客的利益，根据公司应急指令，处置突发事件，参与应急处置和大面积延误处置。实际上，旅客和航空公司因为航班延误引起纠纷的主要原因是信息沟通不畅，应急处置方式不妥当，应急延误工作的效率难以满足旅客需求。本案中即是航空公司与旅客缺乏协商，信息沟通缺位，导致最后处置不及时，方引发群体事件。应当认为，航空公司要承担其过错的相应责任。

此外，作为所在城市的标志，机场是综合国力的象征，体现了高科技发展，推动了地区经济发展，也是多种交通运输方式的聚集地，从某种程度上说，机场更是多维度、多功能、多类别、多层次的小城市。根据《2021年全国民用运输机场生产统计通报》中数据显示，2021年我国境内运输机场共有248个完成旅客吞吐量90 748.3万人次，比上年增加5.9%。旅客数量庞大也使机场面临着巨大的安保压力。

《民用航空安全保卫条例》第十条规定："民用机场开放使用，应当具备下列安全保卫条件：（一）设有机场控制区并配备专职警卫人员；（二）设有符合标准的防护围栏和巡逻通道；（三）设有安全保卫机构并配备相应的人员和装备；（四）设有安全检查机构并配备与机场运输量相适应的人员和检查设备；（五）设有专职消防组织并按照机场消防等级配备人员和设备；（六）订有应急处置方案并配备必要的应急援救设备。"同时，该条例第六条也规定了民用机场管理机构经营人的职责，其中规定了机场要严格实行有关民用航空安全保卫的措施，及时消除危及民用航空安全的隐患，要根据国务院民用航空主管部门的规定，对员工定期进行民用航空安全保卫训练。此外，发生非法干扰事件时要向民用航空主管部门报告。民用机场管理机构设置了独立的安全保卫机构，负责本单位的航空安全保卫工作，在候机楼内或者邻近处要设置安全保卫部门的办公场所，配备必要的通信设备及监控系统，安保人员也要在候机楼内或者机场内附近，对安全隐患及时消除。①

结合本案事实，旅客如果是自行随意进入了滑行道，那么机场的防护围栏是否符合标准、机场工作人员有无负责巡逻，都是需要注意的问题。机场如果没有严格执行相关安保规定，也应当承担一定责任。

### 2. 利益衡量、定纷止争和公共秩序问题

关于本案背后所涉及的利益衡量、定纷止争和公共秩序问题，分析如下所述。利益衡量系自由法运动之后，利益法学派所喊出的口号，法律的实际作用比法律的抽象内容更为重要。在用法之际，法官应自命为立法者之"思想助手"，不仅应尊重法条之文字，还应兼顾立法者之意旨，对立法者疏未虑及之处，应运用其智慧，自动审查各种利益，加以衡量。② 法官对于案件有利益衡量，那么航空公司也是出于利益衡量给予赔偿，这并非说给予每位旅客1 000元的赔偿不损害公司利益，而是航空公司从防止纠纷扩大的角度，为了缓解旅客激动的情绪，及时进行赔偿以定纷止争。否则，冲突升级将会为航空公司和机场带来更多隐患。但事后回想，按照此种方式处理之后，旅客似乎占了上风，那么此类事件若再次发生，航空公司依旧会处于弱势地位，可公共秩序却实质性地受到了影响。因此，在航空公司的处理方式与公共秩序维护这二者之间，一方面，航空公司要完善处理措施，建立健全纠纷处理机制和应急处置调解中心，务实保障公共秩序；另一方面，要加强对旅客合理维权的宣传教育，加大对严重违法行为的处罚力度，使旅客深刻认识到公共秩序的严肃性与重要性，认识到影响公共秩序后会受到严格的法律制裁，这样才会形成良好的公共秩序。

本案最关键的问题是，为了保障公共秩序，航空公司和机场应如何保障自身的良好运行，旅客需要采取何种维权方式。基于此问题，对航空公司、机场和旅客，共同的建议是要明确航班延误的法律概念，合理界定其标准。根据当前国内外对于航班延误的认定，航班延误是指承运人花费的运输时间超出了一般情况下合理地、迅速地将旅客、行李或者货物运抵目的地，正常

---

① 林泉：《航空恐怖主义犯罪的防范与控制》，法律出版社2015年版，第169－180页。
② 张超：《论司法过程中的利益衡量》，载《群文天地》2009年第4期。

地完成该次运输所需要的合理时间。明确了法律概念之后，才能更好地明确责任问题，妥善处理突发事件。

针对航空公司，本书给出以下建议：①提升行业技术和管理水平，提高航班正常率；②加大空管新技术普及应用力度，完善和创新空域管理机制；③完善延误后航班放行协调机制，快速制定应急预案，提高预警响应能力；④完善航班延误纠纷处理机制，做好应急处理，提升旅客满意度；⑤提升服务补救能力，弥补延误损失后果；⑥完善延误赔偿制度，统一赔偿工作标准。

针对机场，本书给出以下建议：①提升机场地面运行管理水平；②搭建全国和地区机场全方位运行监控平台；③旅客良好的满意度是民航相关机关和单位自始至终都追求的目标，但针对旅客也应有一定对策；④完善旅客黑名单制度；⑤加强旅客航空运输安全知识的学习。

近年来，航班延误比例越来越高，直接影响了旅客满意度，航班延误已经成为我国民航业进一步发展的障碍。如何有效地协调处理航班延误与旅客维权的问题，将成为我国民航业下一阶段发展中的重点和关键。就我国民航业发展现状而言，有属于中国特色的亮点，但同时也存在许多问题。因此，在发展好中国特色之外，应借鉴外国民航运输业的有益经验，尤其在民航安全保障方面，汲取民航管理的精华，来弥补我国在安全方面的不足，并从根本上健全我国民航运输安全机制、突发事件应急处置机制及行业管理机制。

要有效治理航班延误，妥善处理航班延误引发的各方面问题，任重而道远，需要行业管理部门、机场、航空公司等运行保障单位以及旅客等多方面的共同努力。相信通过多方共同努力后，能够妥善处置和解决相关的安全问题。

## 案例六

# 男子编造虚假恐怖信息案

## 【案情介绍】

2012年10月8日,由伊斯坦布尔经乌鲁木齐飞往北京的航班从乌鲁木齐地窝堡国际机场起飞后,接到"虚假"恐怖信息;17时30分左右,航班在兰州中川国际机场迫降,经当地公安、消防部门排查后确认无危爆物品;22时45分,航班从兰州中川国际机场起飞,飞往北京首都国际机场。2012年10月9日,公安机关将此次事件中的虚假恐怖信息编造者王某某刑事拘留。①

2012年10月8日22时25分,新疆维吾尔自治区官方网站发布消息称,从新疆公安机关获悉,航班备降后经机场安检部门对该航班的旅客和随机物品进行再次安检,排除了可疑人员乘机和危爆物品,于当日晚再次起飞。②经审理查明,被告人王某某,男,因感情纠葛、经济纠纷对其朋友严某怀恨在心,遂经由互联网方式获取了利用严某身份证照片制作出的假身份证,并利用假身份证办理了移动手机号码,使用该手机向新疆乌鲁木齐市民航客服中心和新疆乌鲁木齐市民航派出所谎报了恐怖信息,最终导致航班停留兰州中川国际机场长达5个多小时,使中国南方航空股份有限公司新疆分公司直接损失288 139元(此为该公司统计数据),并引发社会恐慌,社会秩序受到了严重影响。

---

① 黄文新、张锰:《乌鲁木齐飞往北京的CZ680客机被迫降兰州》,载网易新闻网2012年10月9日,https://auto.163.com/12/1009/12/8DCFGO3700084IK9.html。

② 丁思:《备降兰州南航客机重新起飞 编造恐怖信息者被刑拘》,载中新网2012年10月9日,http://www.chinanews.com.cn/gn/2012/10-09/4231864.shtml。

伊宁市人民法院认为，被告人王某某不顾国家法律，为个人恩怨，采取极端手段，编造虚假恐怖信息，使正常飞行的班机中途迫降，严重影响了社会秩序，致使航空公司遭受较大的经济损失，已构成编造虚假恐怖信息罪。依据《刑法》第二百九十一条之一规定，判处被告人王某某有期徒刑5年。①

## 【相关法条】

《治安管理处罚法》第二十五条规定："有下列行为之一的，处五日以上十日以下拘留，可以并处五百元以下罚款；情节较轻的，处五日以下拘留或者五百元以下罚款：（一）散布谣言，谎报险情、疫情、警情或者以其他方法故意扰乱公共秩序的；（二）投放虚假的爆炸性、毒害性、放射性、腐蚀性物质或者传染病病原体等危险物质扰乱公共秩序的；（三）扬言实施放火、爆炸、投放危险物质扰乱公共秩序的。"

《刑法》第二百九十一条之一第一款规定："投放虚假的爆炸性、毒害性、放射性、传染病病原体等物质，或者编造爆炸威胁、生化威胁、放射威胁等恐怖信息，或者明知是编造的恐怖信息而故意传播，严重扰乱社会秩序的，处五年以下有期徒刑、拘役或者管制；造成严重后果的，处五年以上有期徒刑。"

## 【案情评析】

可以看到，本案最后处理结果适用了《刑法》，引起了社会的广泛关注。本案中的焦点如下：一是如何界定编造、故意传播虚假恐怖信息罪；二是如何最大程度发挥法律效果和社会效果；三是如何防控航空犯罪，尤其恐怖信息类犯罪。

针对虚假传播的情形，《治安管理处罚法》中规定了三种，属于一般违法情形。刑事法律规范中，也应明确地界定编造、故意传播虚假恐怖信息罪。关于本罪犯罪构成要件，分析如下所述。

---

① 新疆伊犁州伊宁市人民法院（2012）伊刑初字第331号刑事判决书。

本罪侵害的客体为社会秩序，包括机关、企业、事业单位、人民团体等的工作、生产、营业、教学、科研等秩序，公共场所、交通秩序，以及人民群众正常的工作、生活秩序。本罪在客观方面表现为编造爆炸威胁、生化威胁、放射威胁等恐怖信息，或者传播编造的恐怖信息，严重扰乱社会秩序的行为。编造一般是以凭空捏造、胡编乱造的方式产生一些虚假信息，这类信息并不真实存在，且不符合客观事实。传播一般是宣扬、散布恐怖信息，并采用各种方式扩大影响，以让公众知悉，如果仅仅是在个别人之间加以议论，不存在广泛散布、宣扬的行为，则不能构成本罪。而编造与传播的方式多种多样，本罪并不作限制。但需要注意的是，要构成本罪，并不要求行为人既有编造行为，又有传播行为。如果行为人编造恐怖信息后又加以传播，使其扩散并产生相应的负面影响，严重扰乱了社会秩序，当然地构成本罪。但行为人仅编造恐怖信息，并让他人知悉，而他人将编造的恐怖信息予以广泛传播，最终造成负面影响，严重扰乱了社会秩序，编造者也应构成本罪，传播者是否构成本罪则需判断其是否明知信息是编造的。

本罪的主体为一般主体。单位不能成为本罪的主体。本罪的主观方面须为故意，即为了扰乱社会秩序，行为人明知没有爆炸威胁、生化威胁、放射威胁等恐怖威胁，却加以编造，或者明知是编造的虚假恐怖信息而加以传播。显然，过失不能构成本罪。如果行为人确实不知道恐怖信息是编造的，而误认为是真实恐怖信息，或将某种非恐怖威胁的行动误认为是恐怖行动，而加以传播扩散的，不构成本罪。至于本罪的犯罪动机，是多种多样的：或制造恐怖气氛，或对社会不满，或借此向社会施压，企图满足个人需求，或单纯无聊等。行为人的动机如何并不影响本罪的成立。

此外，《最高人民法院关于审理编造、故意传播虚假恐怖信息刑事案件适用法律若干问题的解释》明确了关于本罪严重扰乱社会秩序的六种情形，并提出了相应的明确的处罚标准。针对"严重扰乱社会秩序""处罚范围以及程度"以及"造成严重后果"，该司法解释予以进一步明确规定。其中，"严重扰乱社会秩序"包括以下六种情形：①致使机场、车站、码头、商场、影剧院、运动场馆等人员密集场所秩序混乱，或者采取紧急疏散措施的；②影响航空器、列车、船舶等大型客运交通工具正常运行的；③致使国家机关、学校、医院、厂矿企业等单位的工作、生产、经营、教学、科研等活动中断的；④造成行政村或者社区居民生活秩序严重混乱的；⑤致使公安、武警、消防、卫生检疫等职能部门采取紧急应对措施的；⑥其他严重扰乱社会秩序的。关于"从重处罚情形"，该司法解释作了如下规定：①致使航班备降或返航，或者致使列车、船舶等大型客运交通工具中断运行的；②多次编造、故意传播虚假恐怖信息的；③造成直接经济损失20万元以上的；④造成乡镇、街道区域范围居民生活秩序严重混乱的；⑤具有其他酌情从重处罚情节的。同时，该司法解释还明确界定了"造成严重后果"的情形，具体包括：①造成3人以上轻伤或者1人以上重伤的；②造成直接经济损失50万元以上的；③造成县级以上区域范围内的居民生活秩序严重混乱的；④妨碍国家重大活动进行的；⑤造成其他严重后果的。

结合本案事实，作为具有刑事责任能力的自然人，王某某客观上利用他人的身份信息散布了虚假信息，主观为故意发布虚假恐怖信息，最终导致航班停留长达5个多小时，严重扰乱了社会公共秩序，致使航空公司产生直接损失28万余元。基于以上阐述，被告致使机场秩序混乱，符合"严重扰乱社会秩序"的认定；被告导致航班备降，致使直接损失超过20万元，符合"从重处罚情形"；最后，被告造成直接经济损失未达到50万元，不符合"造成严重后果"情形。

综上所述，本案事实认定清楚，法律依据充分，被告人王某某的行为完全符合编造、故意传播虚假恐怖信息罪的认定。

## 【案件延伸】

本次事件影响重大，引起了相关部门包括航空公司、机场、民航地区管理局、监管机构等单位以及旅客的恐慌，严重扰乱了社会公共秩序。类似事件的发生是对航空公司和机场的重大考验，因此事件发生之后，相关单位也针对本次事件进行了研讨，从中吸取经验。通过对本案进行分析，笔者总结出以下几点内容。

### 1. 何为我国民用航空犯罪防控保障理念

关于危害国际民用航空安全犯罪，从国际上看，主要包括劫持航空器罪、危害航空器飞行罪、故意传播虚假恐怖信息罪和破坏国际航空机场安全罪，这些犯罪在我国也有相应的法律规定。针对此类犯罪，目前我国采纳的有效方针是打防结合、标本兼治、预防为主。可以看出，目前我国主要的保障理念为预防，即意图通过各方面的预防来逐渐降低此类犯罪的发生频率。

对航空犯罪防控理念原则进行总结，可以得出以下四个方面内容。一是预防为主原则。对以往发生的航空犯罪真实案例进行反思，可知预防不失为一种最好的防控办法，有利于配合打击，形成更好的防控效果。二是责任原则。不论是中国民用航空局，还是每个单位、每个部门，甚至是每个工作人员，都要明确自己的工作职责，坚持务实的工作作风，严格做好预防航空犯罪工作。三是法制原则。良好的法律规范体系是保障航空安全的一道坚固的屏障。必须尽快建立完善的民航犯罪防控法律规范体系，要尽可能达到完备、高效、严密、有力等要求。四是国际合作原则。目前国际沟通甚密，民用航空作为国际合作必不可少的一环，为了达到航空犯罪的有效防控，就必须进行国际之间的友好对话与磋商，必须与其他国家进行合作，方能对国际性犯罪进行打击。[①]

### 2. 我国民用航空犯罪防控存在漏洞

关于危害航空安全犯罪，在《刑法》中并没有具体的犯罪罪名，而是一系列犯罪的总称。目前，针对航空犯罪防控这方面，相应的防控机制还有很多需要完善的地方，就现行法律而言，相关法律规定还存在不协调的地方。例如，对国际领域的部分罪名，国内转化不彻底，缩小了罪名的界定范围；刑罚规定有所欠缺；未能明确界定具体罪名中"严重危害社会秩序""情节严重""造成严重后果"等语词；《民用航空法》涉及航空安保内容较少；《民用航空安全保卫条例》对于空中安全保卫内容未加以规定，空中航空犯罪缺少法律支撑。基于民航犯罪与安保的新形势，以上法律漏洞都亟待修改与完善。

针对以上思考，我们可以提出以下解决措施。

第一，要将中外民航犯罪防控措施进行有效结合。为防控航空犯罪，保

---

① 林泉编著：《航空犯罪与预防》，中国民航出版社2002年版，第213－217页。

障国家和人民的利益,借鉴外国预防措施的有益经验,结合本国现阶段的发展趋势,笔者认为,可以采取以下预防措施。一是政治层面的航空犯罪防控措施。把总体国家安全观与构建和谐社会紧密结合起来,把依法治国落实到民航安全管理的方方面面,坚持法治建设,提升国家治理体系的现代化,对社会管理要运用现代思维、现代手段不断探索,建立健全社会沟通协商渠道。二是教育层面的航空犯罪防控措施。借教育手段,培养全社会的文化素养和个人素质,不断提升公民的道德水平与个人修养,培养一种善良、宽容的社会氛围。三是文化层面的航空犯罪防控措施。借文化手段,提升社会文化水平,建设良好文化环境,加强安全文化建设,宣传国际法、国内法中针对航空犯罪的制裁手段,宣传民用航空安全基础知识,形成一种知法守法的良好文化氛围。四是舆论层面的航空犯罪防控措施。借社会舆论,在发生类似事件之前或之后,引起全社会对于个案的关注,引发全民的思考,在热点舆情中,提升对航空犯罪、航空安全知识的普及,从而达到良好的社会宣传效果。五是行政层面的航空犯罪防控措施。借行政手段,加大各相关主体之间的沟通与协作,并督促其落实预防工作,明确各自工作职责,强化行政监督,使各级相关部门各司其职,运用现代技术手段强化相关信息的共享。六是技术层面的航空犯罪防控措施。利用高新技术设备,防控航空犯罪,国家要进一步重视教育,加大教育投入,发展高新技术,从而为航空犯罪防控打下坚实基础。其中,相应的高新技术包括改善和安装先进的报警装备,加强隔离区、控制区的安全保卫设施的投入,增强航空犯罪预防的硬件设施等。[①]

第二,要切实改善我国航空犯罪防控体系中存在的漏洞。法律本身有不可避免的滞后性,而民航领域的犯罪手段将会随着社会不断发展与民航业不断进步而表现为各种新手段。因此,法律要最大可能地跟上形势变化,发挥出应有的规制作用,否则一切只能是纸上谈兵。前文提及防控领域的漏洞对航空犯罪防控提出了重大挑战,务必要及时进行完善和补充,具体而言,包括以下内容。一是及时完成立、改、废。本着于法周延、于事有效的原则,要及时制定新法规制度,同时还要废止与社会新形势不相适应的法规制度。

---

① 林泉编著:《航空犯罪与预防》,中国民航出版社 2002 年版,第 208-220 页。

在我国与航空安保有关的法律法规中，已经有相当一部分的法律法规的制定时间较长，其中的一些规定可能与当前民航的新发展并不相适应，旧的法律无法发挥其该有的作用。最适当便捷的方式是对相关法律法规进行修订补充。二是进一步完善法律法规。航空犯罪防控属于航空安保的范畴，而在我国，民用航空法律法规体系整体上针对民商事方面的规定较多，航空安保内容则涉及较少。需要注意的是，要保障民航安全，航空安保不可或缺。因此，应该增加民航安保方面的内容。此外，我国《刑法》也应与国际进一步接轨，完善相关法律规定。例如，增加以航空器为武器致使他人死亡、遭受严重人身伤害，或对财产、环境造成严重破坏的犯罪行为方式；增加法人犯罪；同时，还要对具体罪名中的不明确概念进一步具体解释。最后，《治安管理处罚法》也应增加与民航安全与秩序的新情况相适应的法律规定。目前，针对民航领域中的违法情形，《治安管理处罚法》规定过少，处罚力度也偏轻。因此，《治安管理处罚法》也要适应当前民航领域快速发展的新形势，规制新型违法行为，并加大相应的处罚力度。

第三，当前国际机场中正在大力推进"智慧安保"建设。这种新模式体现了以下几点理念：①创新理念、科技决策，推进机场安保资讯系统互联的智慧功能，实现认知运算的一体化、数位化、网络化和智能化；②协同合作、强化感知，加强机场安保资讯系统检索的智慧化和视频监控智慧发展及应用，统一旅客信息安保核对与警务系统的情报共享；③充分整合、全面物联，开展物联网技术在机场"智慧安保"中的应用，加强机场对安保动态预警的智慧化，提高事前预防能力，订定更严谨的警戒标准、执法及应变策略；④化繁为简、客观公允，提升机场旅客安检效率、安全等级及服务水平，推进资源调配的智慧化，提高危机回应能力；⑤管理重塑、精益求精，提高团队技术研究能力及水平，重视机场安保管理系统中"人"的因素的问题和人力资源配置政策。这种智慧理念正在国际上井然有序地开展，我国民航机场应该借鉴有益经验，投入更多的资源来建立属于自己特色的"智慧安保"。① 笔者

---

① 胡汉新：《国际机场构建"智慧安保"模式的新趋势》，载中国航空新闻网2015年10月20日，http://www.cannews.com.cn/2015/1020/137167.shtml。

认为，在可见的未来，为提高机场安保水平即整体竞争力，只要资源许可且技术成熟，世界各地有条件的国际机场都将引入"智慧安保"系统，同时积极检讨管理制度与理顺当中具体工作环节作相互配合，会成为民航安保专业发展的趋势，以应对日益严峻的机场安保各类威胁。

航空犯罪防控离不开各个主体的努力配合与互相协作，从软实力到硬实力，都要进一步加强与完善，方能应对日趋严峻的航空犯罪形势。

## 案例七

# 机上打架斗殴案

【案情介绍】

2015年4月13日下午,大连飞往深圳某航班机舱内,4名女性旅客因调整座椅靠背起了纠纷,双方发生争执并伴有肢体冲突。根据旅客旁证,是后排两名女士先动的手。扭打成一团的4名女子被机组人员及其他旅客拉散开来。飞机落地前,后排旅客被机组安排落座在机舱的最后排,此后双方没有进一步争吵。随后,机组通过无线电将飞机上的情况反馈给经停点南通兴东国际机场的塔台。2015年4月13日16时45分,南通市公安局兴东机场分局接到报警后,紧急前往停机坪,民警将这4名女子带走。

经官方核实,打架者为4人,民警对机组人员进行了笔录,大致了解清楚情况后,该航班于2015年4月13日18时24分起航,继续飞往深圳的航程。最终,4人因扰乱公共交通工具上的秩序,被警方处以行政拘留5日的处罚。①

【相关法条】

《治安管理处罚法》第二十三条规定:"有下列行为之一的,处警告或者二百元以下罚款;情节较重的,处五日以上十日以下拘留,可以并处五百元以下罚款:(一)扰乱机关、团体、企业、事业单位秩序,致使工作、生产、营业、医疗、教学、科研不能正常进行,尚未造成严重损失的;(二)扰乱

---

① 胡涓、严君臣:《4名女子在深航航班上因调整座椅互殴被拘》,载搜狐网2015年4月15日,https://www.sohu.com/a/10963340_111230。

车站、港口、码头、机场、商场、公园、展览馆或者其他公共场所秩序的；（三）扰乱公共汽车、电车、火车、船舶、航空器或者其他公共交通工具上的秩序的；（四）非法拦截或者强登、扒乘机动车、船舶、航空器以及其他交通工具，影响交通工具正常行驶的；（五）破坏依法进行的选举秩序的。聚众实施前款行为的，对首要分子处十日以上十五日以下拘留，可以并处一千元以下罚款。"

《刑法》第一百二十三条规定："对飞行中的航空器上的人员使用暴力，危及飞行安全，尚未造成严重后果的，处五年以下有期徒刑或者拘役；造成严重后果的，处五年以上有期徒刑。"

《刑法》第二百九十三条规定："有下列寻衅滋事行为之一，破坏社会秩序的，处五年以下有期徒刑、拘役或者管制：（一）随意殴打他人，情节恶劣的；（二）追逐、拦截、辱骂、恐吓他人，情节恶劣的；（三）强拿硬要或者任意损毁、占用公私财物，情节严重的；（四）在公共场所起哄闹事，造成公共场所秩序严重混乱的。纠集他人多次实施前款行为，严重破坏社会秩序的，处五年以上十年以下有期徒刑，可以并处罚金。"

## 【案情评析】

调整座椅本就是一件小事，何以演变成打架的闹剧。如果在飞机上打架情节严重甚至可能危及飞行安全，将涉及寻衅滋事罪与暴力危及飞行安全罪两个罪名以及两罪的区别。在飞机上打架，如果没有造成伤害后果但是严重扰乱了机上秩序的，可能构成寻衅滋事罪；如果危及了飞行安全，则还可能构成暴力危及飞行安全罪。接下来，分别就寻衅滋事罪以及暴力危及飞行安全罪进行分析。

（1）寻衅滋事罪是指行为人实施寻衅滋事行为，造成破坏社会秩序的损害后果，从而构成的犯罪。针对寻衅滋事、破坏社会秩序的行为。本罪的构成要件如下所述。本罪客体是社会公共秩序。所谓公共秩序，包括公共场所秩序和生活中人们应当遵守的共同准则。寻衅滋事犯罪多发生于公共场所，往往损害公民的人身、人格或公私财产，但是寻衅滋事罪一般侵犯的并非特定对象，主要指向公共秩序等。本罪客观方面表现为四种，即前述法条中的四类行为。本罪主体为一般主体，凡达到刑事责任年龄且具备刑事责任能力的人均能构成。本罪主观方面须是故意，而且是直接故意，即明知自己的行为会发生破坏社会秩序的危害结果，并且希望这种结果发生。此外，行为人的行为是否属于"情节恶劣""情节严重"，或者是否造成公共场所秩序严重混乱是区分本罪与非罪的关键。如果行为人实施了寻衅滋事的行为，但尚不属于"情节恶劣""情节严重"，也尚未严重扰乱公共场所秩序，则不能以犯罪论处，而应按照《治安管理处罚法》相关规定给予行政处罚。

（2）暴力危及飞行安全罪是指对飞行中的航空器上的人员使用暴力，危及飞行安全，尚未造成严重后果或者已经造成严重后果的行为。本罪的构成要件如下所述。

本罪侵害的直接客体是航空器的飞行安全，侵害的间接客体是公共安全和他人的人身权利。

本罪的客观方面表现为行为人对飞行中的航空器中的人员使用暴力，尚未造成严重后果或者已经造成严重后果的行为。具体而言，客观方面有以下内容：行为方法是暴力；行为地点是飞行中的航空器；行为对象是飞行中的航空器上的人员；行为结果要危及飞行安全。所谓"暴力"，是指为了达到某种目的而采取的具有攻击性的强制力量。本罪客观方面的重要内容在于最后是否危及了飞行安全，与暴力的形式、种类及程度都无关。因此，只要暴力危及了飞行安全，不论其形式、力度、结果如何，都将在本罪客观方面范围之内。所谓"飞行中"，按照1971年《蒙特利尔公约》第二条甲款相关规定，航空器从装卸完毕、机舱外部各门均已关闭时起，直至打开任一机舱门以便卸载为止，应被认为在飞行中；航空器被迫降落时，则在主管当局接管对该航空器及其所载人员和财产责任前，应被认为在飞行中。此外，本罪是危险犯，只要犯罪人的暴力行为危险程度达到足以危及飞行安全的程度，即可构成本罪。但如果犯罪人行为仅是轻微程度的冲撞争斗，并没有严重扰乱客舱秩序，未达到危害飞行安全程度，则不符合本罪的犯罪构成，不构成本罪；若犯罪人的行为达到相应危害程度并造成了一定的严重后果，则不仅构成了本罪，还将会通过加重法定刑来进行惩罚。所谓"造成严重后果"，是指致人重伤、死亡或使公私财产遭受重大损失。可以看到，本罪并不以造成严重后果为要件，因此本罪为危险犯，只需达到危及飞行安全的状态，并不要求造成实质损害。

本罪主体是一般主体，凡达到刑事责任年龄且具备刑事责任能力的人均能构成。在互殴行为中，双方都是过错的一方，由于缺乏共同的故意，也未就此产生某种意思联络，不构成共同犯罪。因此，双方可能单独构成暴力危及飞行安全罪。

本罪主观方面为故意，且为直接故意。在本罪中，对使用暴力这一行为而言，显然是直接故意，不可能存在消极、放任的态度。有学者认为，本罪作为一种结果犯，所要探讨的罪过问题应侧重于对构成要件结果的罪过。[①]但通过前述分析，笔者认为本罪为危险犯而并非结果犯。因此，主观方面的判断应以暴力行为为依据。

行为是否危及了飞行安全是区分本罪与非罪的关键。要认定是否危及飞行安全，既涉及量化的数据，也涉及大量主观判断。目前来看，无论是学界理论还是司法实践，都缺乏危及飞行安全的量化标准，致使本罪与非罪的界限模糊。笔者认为，量化标准可以行为发生时飞机的飞行参数作为标准。而主观判断，也应当从两个视角来判断：一是飞行员，二是法官。在飞行中，显而易见的是，机长最清楚航空器飞行状况如何，对航空器内的暴力行为的判断会直接影响机长采取何种措施，如返航、备降等。因此，返航和备降等措施的采取可能成为判断是否危及飞行安全的重要依据；同时，机长也须承担证明其所采取的措施为合理且必要的责任。综上所述，区分本罪与非罪需要结合量化标准以及飞行员和法官的双重主观判断来确定是否达到了危及飞行安全的程度。

就本罪与劫持航空器罪而言，劫持航空器必然直接危及飞行安全，不以本罪论处，只能认定为劫持航空器罪。就本罪与故意杀人、故意伤害等罪而言，行为人以杀人、伤害等罪的故意，对飞行中的航空器上的人员使用暴力，危及飞行安全的，属于想象竞合犯，从一重罪论处。就本罪与寻衅滋事罪而

---

① 周铭川、黄丽勤：《暴力危及飞行安全罪》，载《河南警察学院学报》2006年第1期。

言,若行为人在飞行中的航空器内对机上人员无差别使用暴力,不仅故意造成多人受伤,还放任危及飞行安全的危险状态的发生且事实上也危及了飞行安全,其行为既触犯寻衅滋事罪,又触犯暴力危及飞行安全罪,属于想象竞合犯,应从一重罪论处。

本案中,4名旅客互相之间随意殴打,飞机也并未因此返航,可以认为行为人的行为并未严重危害机舱内秩序,也未有危及飞行安全的危险,因此不能认定为暴力危及飞行安全罪。因此,最终应按照《治安管理处罚法》相关规定进行处罚。本案行为符合《治安管理处罚法》第二十三条之构成要件,扰乱了航空器上的公共秩序,应当给予4名旅客5日以上10日以下的行政拘留。

## 【案件延伸】

从实践案例来看,机上斗殴闹剧频频发生。无论是由于航班延误、座位纠纷,还是行李纠纷等,"空怒族"的身影从不消失。发生纠纷以后不采取合理正当的手段,而采用情绪化、个人化的手段来解决问题,不仅解决不了问题,还会惹祸上身。也许是认为情绪化激进方式可以引发更多的关注,产生更强的效果,但这种方式往往可能会严重扰乱机场、航空器内的秩序,危害民用航空的安全,触犯相关的法律法规。就打架斗殴而言,其本身已经是危险行为,更何况是在飞机上打架斗殴。飞机起飞后,前后的左右配重乃至旅客座位都是经过科学计算的,机上打架可能会改变飞机的重心,从而引发危险结果。此外,飞机上还有不少较脆弱的设备与重要的开关,在打架时不小心误触可能会引发严重后果。如应急出口开关被打开,造成的后果将严重到无法想象。"空怒族"随意怒的一大原因就是缺少对民用航空安全的认识,认为自身的行为无伤大雅,不会造成任何严重后果,对其重要性和严重性认知不足。但事实往往相反,"空怒"不仅会给自身带来麻烦,给他人形成不便,严重时甚至会威胁到民航安全。

对此,机场与航空公司等主体要做的是加强安全管理,强化秩序管控。

首先,加强对人为因素的重视。之所以客舱内会出现打架斗殴的现象,部分原因是乘务人员的疏导和控制不及时。作为客舱的管理人员，乘务人员有权利也有义务对可能出现的打架斗殴行为进行劝阻、调解及疏导，严重时也应采取必要的管制措施以控制滋事者的人身自由，从而保证飞行安全。因此，应加强乘务人员相关技能的培训工作力度，合理劝导滋事双方，争取以良好的服务来化解争吵。

其次，贯彻落实黑名单制度，做好事前预防。各航空公司以及中国民用航空局陆续建立了黑名单制度，有权针对严重扰乱机上安全秩序的旅客进行一年或两年的拒载。针对机上打架斗殴者，也应当将其列入民航黑名单以示惩戒，限制其乘机权利，做到事前预防，从而尽量减少类似扰乱行为的发生。

最后，加重扰乱行为的惩罚力度，做好事后惩戒。由于航空公司以及相关行政单位对诸如"空怒族"不合理维权行为的不合理惩罚，如航空公司以及公安机关本该对因航班延误而冲入停机坪维权的旅客课以惩罚，但出于社会舆论或先前本身的不当行为的考虑而不惩罚甚至还进行补偿，这样的做法，一方面导致公权力、公信力缺失，另一方面会使旅客们认为极端方式维权并不会产生相应严重的后果，从而无法起到警示作用甚至会引导旅客进行极端维权，引发恶性循环，致使发生更多的滋事行为。因此，针对当罚的行为，一定要处以合理的惩罚，以形成足够的威慑力，毕竟做好事后惩戒，有利于大大减少类似扰乱行为。

综上所述，做到事前预防、事后惩戒，方能使"空怒"行为远离民用航空领域。改革开放背景下，随着我国经济建设进一步加强，经济水平进一步提升，国内旅客数量急剧上升，国内国际航班线路增多，给国内旅客带来更多方便，这无疑是看得见的进步和发展。然而，近年来，国际国内飞机上打架斗殴事件的频发，则反映了国内旅客与经济发展、民航发展不相适应的公共道德感的缺失和素质修养的贫乏。除打架斗殴外，不少旅客无视安全要求，在飞机上不听要求随意使用手机或其他电子设备，或者不等飞机停稳，就站起来取拿行李等，诸如此类的行为可以说是司空见惯。同时，这也再次客观说明了"软实力"并不会自动地和"硬实力"同步发展，也提醒我们在机舱这一对安全和秩序有高度要求的公共场所，不按照相关行为规范实施行为，可能会严重威胁到他人的生命安全。针对这类现状，执法部门应当给予重视，航空公司也应采取相应的应对措施，或禁止行为人在一定时期内乘机，或采取其他措施，不可为了利润等而降低作为民航最重要部分的航空安全的标准。否则，"航班闹剧"可能会层出不穷。

2018年5月1日实施的《关于在一定期限内适当限制特定严重失信人乘坐民用航空器　推动社会信用体系建设的意见》就针对打架斗殴等"空怒族"作出了限制。

对于打架斗殴等"空怒者"，事后惩戒只能遏制部分行为的发生，若从"空怒族"自身进行分析，他们打架斗殴的原因往往不是因为与乘客或者机组人员的直接冲突，而是存在航班延误或者行李、座位安排等纠纷，这时如果机组成员能尽力对"空怒族"的情绪进行疏解，给予一个满意的回复，许多"空怒族"就可以很快平复自己的心情。当然，机组成员的作用只是一部分，更重要的是让"空怒族"意识到自己行为的危险性，因此对旅客的民航安全知识教育应该迅速普及。

# 第三部分

# 侵害他人人身以及财产行为

本部分主要涉及不同主体对他人人身、财产的侵害案例。不同主体包括机场方、旅客方以及非旅客方等。在航空相关场所实施侵害他人人身以及财产的行为，也会不同程度地影响机场、航空器的秩序与安全。与侵害他人人身以及财产行为较为契合的刑法罪名是故意伤害罪以及盗窃罪等。此外，该类行为有时还会违反《民用航空安全保卫条例》《治安管理处罚法》等其他法律法规。若不能用《刑法》予以规制，就需要其他法律法规来进行相应的处罚，以维护航空领域的人身与财产安全。本部分的七个案例对上述法律法规都有所涉及。

该类犯罪行为主要表现为在机场或者航空器等民航范围内，通过作为的方式，侵害他人的人身和财产，如实施盗窃、抢劫、故意伤害、故意杀人行为等。

由于民航具有人流量大、往来密切、人员组成复杂等特点，所以该类犯罪在民航领域受到较高的重视。对他人人身、财产的侵害往往伴随着对民航运输安全的打击，极其不利于民航业的发展。由于人员往来密切，航空运输存在距离远、速度快等特点，所以一旦发生财产损失，对于犯罪人的抓捕以及财产的追回要比普通的侵害财产案件的难度更大。而且，由于航空旅客运输过程具有脆弱性，一旦发生机上斗殴等类似侵害人身的案件时，对于航空运输安全，将产生巨大的威胁，轻则导致航班迫降、延误，造成大量经济损失，重则导致飞机坠毁，危及人民生命财产安全。因此，民航领域对该类犯罪控制的要求远高于其他领域。

针对该类行为，可从以下几个方面解决。

从环境情景的角度来说，应当着力于场所管控，加大机场的安保力度。机场作为日常出行的重要场所，它的安全稳定对保障社会安定团结、保障人们的出行方便，起到了非常重要的作用。要着重发挥机场安保系统，特别是视频监控系统的作用，在犯罪多发区域，如安检口、候机楼等区域，加强视频监控系统的布置。这样不仅能起到震慑犯罪人的作用，当犯罪发生时，还可以做到第一时间还原事件经过，有利于案件的侦查、抓获犯罪人以及追回财物。

从被害人的角度来说，首先要加强安全知识的宣传教育，提高人们的警惕性，不让犯罪人有机可乘。具体措施可以包括提醒旅客看管好自己的随身物品，不托运贵重物品，对行李箱上锁，以降低行李在托运过程中遭遇开箱偷盗的概率；针对机上性骚扰类案件，提醒旅客特别是女性旅客在乘机过程中，自身的衣着尽量不要过于暴露，避免成为犯罪学理论中的有责性被害人，同时对于身边的可疑人员要提高警惕，在遭遇侵害后及时寻求帮助等。

侵犯人身及财产犯罪在所有犯罪类型中占比较高，与人民群众直接相关，严重影响了人民群众在乘坐民航飞机时候的体验感、安全感。在民航领域发生的侵犯人身和财产犯罪，呈现一些民航领域独有的特点，并且案件发生的原因也有一些航空类的特点。比如，飞机内狭小的环境使人们的心理容易产生压抑感，进而激发矛盾冲突，引发犯罪。近年来，针对民航领域的侵犯人身和财产犯罪，公安机关加大了打击力度，也在各个场合强化了宣传教育，地方政府采取了一系列行之有效的措施，有效遏制了该类犯罪的高发态势。这在某种程度上，提升了人民群众乘坐民航飞机的安全感。

## 案例一

# 赵某、李某行李赔偿案

## 【案情介绍】

案例1：2013年4月6日，赵某搭乘某航的航班从昆明去北京，取行李时发现其价格昂贵的某品牌行李箱丢失，同时还有另外两名旅客遭遇了类似情况。此后，航空公司表示因为旅客临时生活用品无法使用，仅向其赔偿200元人民币。据了解，赵某在本次航班乘坐了商务舱，她找航空公司反映行李箱丢失时，对方仅在语言上表示了歉意，除此以外没有其他任何表示。此外，航空公司柜台表示赵某的行李箱丢失是昆明机场太混乱导致的，责任在于机场而自己不应承担任何责任。[①]

案例2：2016年5月5日，李某称自己搭乘3月25日的飞机返回西安咸阳国际机场，托运的行李在托运过程中丢失，包内装有治疗自己食管癌的救命药，价值约2万元人民币，而航空公司最后只赔付自己600元人民币。5月11日，机场方回复称，3月25日李某乘坐航班由昆明抵达西安，在昆明托运1件行李，抵达西安后行李没有随机抵达，随后李某向工作人员反映行李中含有药品。作为航空公司地面服务代理单位，地勤公司对旅客进行说明和安抚后，按照到达行李核查验放制度，对到达行李条汇总查验。经查，该行李并未随李某同机到达西安咸阳国际机场，随即机场按照航空公司操作规程，为旅客办理了行李少收手续，并联系航空公司在机场查找，但未找到该行李。3月26日，为找到与该航班同时段起飞的航班信

---

[①] 蒋诗舟：《东航弄丢行李赔偿两百元　乘客发誓再不坐东航》，载中国经济网2013年4月8日，http://finance.ce.cn/rolling/201304/08/t20130408_17090167.shtml。

息，联系了昆明机场帮助查找，并与相关目的地机场联系查找是否有类似的多收行李，各方均表示没有该行李的相关信息，机场随后将此情况告知李某。3月28日，西安咸阳国际机场联系昆明机场和本场货运、海航、东航查找该行李，均未收获。随后，机场工作人员多次与昆明机场联系，查找是否有类似多收或外站退回行李，均未果，随即告知李某查询结果及少收行李赔偿处理时限。与此同时，地勤公司还多次与航空公司联系沟通旅客诉求，对方答复按照航空公司的相关规定处理。4月18日，地勤公司按照航空公司规定及中国民用航空局《国内航空运输承运人赔偿责任限额规定》中旅客托运行李每公斤100元人民币的赔偿标准，与李某协商合计赔付600元人民币，李某表示不要赔付，需要找到自己的行李。随后，机场分别致电合肥、海口、成都、广州、北京等机场查找是否有类似无人认领行李，均未找到。在反复确认本场未收到该行李后反馈旅客，表示无法找到其行李，同时告知按照航空公司有关规定进行每公斤100元人民币的赔付，6公斤行李共赔付600元人民币。①

可以看到，案例1中赵某最终仅获得东航200元人民币的赔偿，案例2中最终李某仅获得600元人民币的赔偿。

## 【相关法条】

《中国民用航空旅客、行李国内运输规则》第三十六条规定："承运人承运的行李，只限于符合本规则第三条第二十三项定义范围内的物品。……重要文件和资料、外交信袋、证券、货币、汇票、贵重物品、易碎易腐物品，以及其他需要专人照管的物品，不得夹入行李内托运。承运人对托运行李内夹入上述物品的遗失或损坏按一般托运行李承担赔偿责任。……"②

1999年《蒙特利尔公约》第二十二条第二款规定："在行李运输中造成毁灭、遗失、损坏或者延误的，承运人的责任以每名旅客1 131特别提款权

---

① 陈晨：《网友咸阳机场丢失救命药 机场核查行李未到达西安》，载华商网2016年5月11日，http://news.hsw.cn/system/2016/0511/379653.shtml。

② 现因2021年9月1日施行的《公共航空运输旅客服务管理规定》而废止，新规定中没有相关内容。

为限,除非旅客在向承运人交运托运行李时,特别声明在目的地点交付时的利益,并在必要时支付附加费。在此种情况下,除承运人证明旅客声明的金额高于在目的地点交付时旅客的实际利益外,承运人在声明金额范围内承担责任。"①

《中国民用航空旅客、行李国际运输规则》第四十一条规定:"因旅客行李内装物品造成旅客本人伤害或者其行李损失的,承运人不承担责任。因旅客行李内装物品对他人造成伤害或者他人物品或者承运人财产造成损失的,该旅客应当赔偿承运人的损失和由此支付的费用。"②

《民用航空法》第一百二十八条第一款规定:"国内航空运输承运人的赔偿责任限额由国务院民用航空主管部门制定,报国务院批准后公布执行。"

《中华人民共和国合同法》(以下简称《合同法》)第三百零三条规定:"在运输过程中旅客自带物品毁损、灭失,承运人有过错的,应当承担损害赔偿责任。旅客托运的行李毁损、灭失的,适用货物运输的有关规定。"③

《中华人民共和国消费者权益保护法》(以下简称《消费者权益保护法》)第五十二条规定:"经营者提供商品或者服务,造成消费者财产损害的,应当依照法律规定或者当事人约定承担修理、重作、更换、退货、补足商品数量、退还货款和服务费用或者赔偿损失等民事责任。"

《国内航空运输承运人赔偿责任限额规定》第三条规定:"国内航空运输承运人(以下简称承运人)应当在下列规定的赔偿责任限额内按照实际损害承担赔偿责任,但是《民用航空法》另有规定的除外:(一)对每名旅客的赔偿责任限额为人民币40万元;(二)对每名旅客随身携带物品的赔偿责任限额为人民币3 000元;(三)对旅客托运的行李和对运输的货物的赔偿责任限额,为每公斤人民币100元。"

---

① 2009年6月,国际民航组织理事会对《蒙特利尔公约》进行修改,将1 000特别提款权提高至1 131特别提款权。
② 同上注。
③ 现因2021年1月1日施行的《民法典》而废止,此处内容现规定在《民法典》合同编第八百二十四条。

## 【案情评析】

案例1中，赵某因行李箱丢失请求航空公司予以赔偿，其诉求合情合理。《合同法》第三百零三条的规定："在运输过程中旅客自带物品毁损、灭失，承运人有过错的，应当承担损害赔偿责任。旅客托运的行李毁损、灭失的，适用货物运输的有关规定。"① 赵某与航空公司间缔结了运输合同，搭乘该航空公司航班，该运输合同表明航空公司应当将旅客和行李安全送至目的地，因此航空公司将赵某的行李箱弄丢便违反了合同的义务，应当承担违约责任，赔偿损失，至于赔偿的数额则应该适用航空运输的相关法律规定。

目前，我国的行李赔偿标准，主要区分为国内航班和国际航班。一方面，对于国内航班，行李全部丢失或部分丢失时，具有不超过每公斤100元人民币的最高赔偿限额，行李的价值低于每公斤100元人民币时，则按照实际价值赔偿；若行李破损，则根据破损程度议价，通过空箱称重，确定每公斤100元人民币的最高限额。再结合国内经济舱所允许旅客免费托运的行李重量上限为20公斤来看，多数情况下每件行李赔偿的最高限额为人民币2 000元。另一方面，对于国际航班，依照国际公约进行一定的分类。对于符合《华沙公约》标准的航班，托运行李的最高赔偿额为每公斤17特别提款权，换算约为每公斤20美元；非托运行李的赔偿限额为332特别提款权。对于符合1999年《蒙特利尔公约》标准的航班，规定1 131特别提款权为每名旅客的赔偿限额。由于1999年《蒙特利尔公约》并没有具体的赔偿标准，所以按照国航国际赔偿标准，约合每公斤30美元作为最大责任限额。对于行李的实际损失低于此标准的情况，将根据行李的实际损失进行赔偿。对于旅客随身携带的物品，由旅客本人承担保管责任。除非可以证明航空公司确实应当承担责任外，航空公司不予赔偿。国际航班按《华沙公约》或1999年《蒙特利尔公约》计算赔偿额，则每件最高限额约11 000元。由于本案涉及的是

---

① 2009年6月，国际民航组织理事会对《蒙特利尔公约》进行修改，将1 000特别提款权提高至1 131特别提款权。

国内航班，因此赔偿数额按每公斤 100 元计算。航空公司依照此规则得出赔偿赵某 200 元人民币的方案。但对于受害人赵某来说，该结果显然是难以接受的，如果需要缓和受害人与航空公司之间的关系，则应当尽量实现两者的公平。既要根据本国国情，也要适当借鉴他国经验，对我国的航空运输赔偿规则作出适当的创新与改变。

案例 2 的情形与案例 1 相比，其实有许多相似之处。李某搭乘飞机返回西安咸阳国际机场，其行李在托运途中丢失且无法找回，包内装有治疗食管癌的救命药品，价值约 2 万元人民币，但航空公司最后作出了仅赔付 600 元人民币的决定。从该赔偿方案来看，显然受害人要承担过多的损失，容易导致受害人的不满和社会舆论的攻击。但是，航空公司也有基于自身的考量：航空公司每天需要面对大量的类似赔偿请求，如果对于每个赔偿事件都要求核对行李价值，随后依照结果进行赔偿数额的计算，会大大地降低处理此类事件的效率，更重要的是，对于航空公司来说，如果完全依照这种方式确立的赔偿额进行赔付，将直接影响航空公司的经济效益，因此最后其选择采取这种貌似不合情理的方式解决问题。在案例 2 中，西安咸阳国际机场认为，对于验放到达行李的工作，地勤公司设立了专门岗位和专人进行负责，并严格按照中国民用航空局的工作程序和航空公司有关规定执行。尽管该行李丢失未在西安咸阳国际机场发生，但作为航空公司代理人和服务单位的地勤公司，不仅继续扩大查询范围排查行李下落，而且还书面致函昆明机场，积极协调昆明机场尽快妥善处置。由此可以看出，各个航运点的分工配合能力有待提高，有关部门需要制定严格的货物交接规则。

依据这两个案例，可以得到以下几点思考。

（1）"公斤论价"是否为"霸王条款"。从不同旅客的行李里面所装的物品价值不同这一角度来看，采取统一的估价规则显然是不公平的。可是从现实角度来说，航空公司或是机场代理人在收运旅客的行李时，难以要求旅客具体说明行李内所装物品的类型，更无法按照行李的价值或者内装物品的品牌、种类采取不同的方式收运行李。这说明了实施分别计价规则具有难度，因为从本质上来说，普通托运行李作为一般生活用品，比较庞杂，需要一个统一的衡量标准。对于现实生活中存在的问题，人们往往会用一个权衡的办法去解决，而重量单位因其具有国际的通用性且便于测量，所以能够较好地解决这个问题，但这不能当然地得出以公斤论价的规则是合理的。毕竟这样的规则确实存在很多的问题，若能出现一种更为合理精确的计算方案，或许需要寄希望于经济社会的发展以及新型学科的出现。但是目前受客观因素的限制而采取了这样的计算方式，一方面是因为其对于航空运输运作的整体影响较小，另一方面也是因为其为问题的解决提供了一种避免过多争议的标准方法。因此，社会上一些在没有搞清楚规则内容的情况下，就大发议论，完全否定"公斤论价"的声音，明显具有一定的不合理性。当然，另一些对"公斤论价"不合理的看法的逻辑主要还在于：丢失或者损坏了旅客行李，航空公司情理上应该照价赔偿，航空公司的错误不应当由旅客买单。该逻辑确实有一定的合理性，但是我们每一个公民都有遵守规则的义务，社会井然有序地运行需要每个人对规则的敬畏与尊重。因此，航空公司本身的运行操作也必须符合社会的基本规则，而法律规定即为其中重要的一个层面。而且，在乘坐飞机时，即使对于旅客而言，所支付的机票费用有一小部分作为航空公司托运行李的报酬，但是托运行李依然属于很多航空公司提供的免费服务。不管如何，航空公司作为营利性机构，限定赔偿的数额也是合理的。

另外，对于旅客而言，这也是风险负担的一种。实务中，航空公司为了尽到对旅客的提醒注意义务，采用不同的方式提示旅客慎重地选择托运行李，如在机票销售的平台、航空公司的官方网站和机场业务办理处以及业务咨询台等，以多种方式告知旅客有关航空公司的行李运输规定及其赔偿规则，履行告知义务在某种程度上已经得到了落实。旅客将行李交付承运人保管运输，即与航空公司之间形成了运输合同，合同双方应该在行使权利的同时，履行各自应尽的义务。对于承运人来说，其应当按照合同的约定履行运输义务，并享有要求运输使用人缴付运输费用且要求其不得违反国家法律法规以及承运人关于运输的各项规定的权利。对于贵重的物品，旅客应当慎重选择是否托运，既然选择了托运，那么就存在物品受损的危险，既然存在风险，那么当产生对旅客不利的结果时，也不应该将责任全部推卸给其中一方，而应当由双方共同承担这种风险造成的损失。但遗憾的是，旅客常常忽略这一点而使自己遭受损失，即使这种损失往往是可以避免的。

(2) 航空公司设定受损行李的最高赔偿额的意义。承运人承担民事责任是指在航空运输合同的当事人的行李、随身携带物品和货物发生损坏、灭失时，承运人应当对这些航空运输合同当事人承担的责任。而承担责任的前提就是行李、随身携带物品或货物的毁损、灭失是发生在航空运输中。因此，当损害发生时，只有当损害行为不在航空运输途中或者与航空运输不存在联系时，航空公司的责任才能被免除，而想要证明这一点，往往难度较大。因此，航空公司可以免除责任的情况极少，于是大多数航空公司转而将控制成本的方法重心放到减少损失上。在通常情况下，当航空公司需要对行李的毁损、灭失承担责任时，大多数情况下会按照限额赔偿的方式进行相应的赔偿。除非旅客有证据表明行李损失是航空公司或地面服务代理人的故意行为导致的。除此以外，行李损失的重量是损失计算的主要依据，行李损失低于限额重量时，应按照实际损失赔偿；但行李损失高于限额，则只能按照限额获得赔偿。所谓限额赔偿，就是原则上按照行李同等的价值赔偿（有声明价值的除外），但是不会超过所规定的最高价值。除此之外，这种规则的设定也是通过警告旅客从而减少赔偿的一种方式。民航运输业风险大，成本高，过多的赔偿将会影响公司的利润以及民航运输业的发展。①

追根溯源，为何托运的行李或行李箱会被损害或丢失呢？这一问题要归究于行李及行李箱的托运及后续的运输流程。首先，旅客要在服务台办理托运手续，工作人员要通过检测系统对行李箱内的行李进行识别，在确认没有违禁物品的情况下，工作人员会将有关行李信息的标签贴在行李箱上。之后，通过传送带将行李送至行李分检区，根据行李上的标签可以确定行李所在的航班，然后放入对应的航班货物舱。对于这个过程，有的机场会有专门的机器负责将行李箱运送至货物舱，而有的机场使用人工完成。在这个过程中，若是遇到客运高峰或者春运、距离起飞时间紧张的情况下，工作人员极有可能会不慎损害行李。在行李抵达目的地之后，工作人员会再次将行李卸下来，运往该趟飞机的行李传送带。在这个过程中，也要搬动行李箱，既可能因为

---

① 杨芳：《行李之疼陪伴民航 短时间内无法逆转》，载民航资源网 2012 年 10 月 12 日，http://news.carnoc.com/list/234/234898.html。

行李箱互相挤压而导致不可避免的碰撞，也可能由于工作人员的任务量大而暴力搬运行李，那么行李箱难免会受到损害。①

对于航空公司来说，还要注意以下问题。在行李赔偿方面，应当注意重复索赔愈演愈烈的情况。例如，旅客携带同一行李箱乘坐不同的航班，虽然行李的损害是几次乘坐航班共同造成的结果，也可能是乘坐某次航班造成的，但是很多旅客会以行李的破损为由，同时向不同的航空公司要求索赔。还有一种情形是赔偿诈骗。例如，很多旅客明明已经提取了行李，却谎称没有拿到；或者行李箱完好无损，但谎称被损坏等。而且欺诈手段越来越新奇，传统的反欺诈策略已经无法适应新的形势。

对此，有学者认为，承担托运行李的航空公司可以建立行李欺诈检测系统，有助于减少或预防此类行李索赔案件的发生。建立行李欺诈检测系统，可以通过分析行李索赔案件库的资料，检测行为人欺诈性或重复性行李索赔的行动轨迹，从而降低航空公司遭受欺诈性索赔的可能性。该系统的建立需要以掌握所有的旅客行李赔偿事件的具体信息为基础，包括提出赔偿诉求的时间、诉求的金额、发生日期、乘坐的航班、是否予以赔偿等，且该系统的所有信息应当对且仅对所有航空公司公开。同时，出于保护旅客的隐私及个人信息的原因，除航空公司内部有查询权限的主体以外，任何组织和个人均不得获取该方面的信息。

另外，虽然航空公司需要控制成本，但论斤赔偿计算规则仍应当在个别情况下进行改变。在一些特殊案件中进行适用，如类似于案例2中李某救命药丢失的案子，航空公司不应该严格执行论斤赔偿的计算规则。对于这类情况是否仍要适用该规则是航空公司应当思考的问题。特殊情况特殊考虑不是对公平的践踏，反而能更大程度地实现公平，尽可能实现情理与法理的协调统一。当然是否适用特殊情况，需要工作人员或聘请专业人员予以认定，有待形成客观统一可参照的标准。

对于受害者来说，一方面，旅客获得行李赔偿的方法是持机票（电子客

---

① 《行李遇暴力托运 如何降低其伤害》，载中国网2017年3月25日，http：//m.sd.china.com.cn/mobile/2017/shouyelvyou_0325/908789.html。

票)、登机牌、行李牌和身份证明到机场行李查询处申报，协同工作人员填写行李运输事故记录单。根据国际航空运输协会规定：行李于国际运输过程中受到损害，应于损害发生7日内以书面形式向运送人提出申诉。但除非当场在机场进行申诉，否则事后还需要另外填写一份报告书解释为何没有立刻发现行李毁损。此外，一般航空公司对于行李箱的损坏都会有一些免责条款，对于行李箱的轻微损伤，如行李箱刮伤以及磨损等，航空公司并不承担责任。经过鉴定的行李破损程度，决定了具体赔付金额。航空公司还会查验旅客是否能够提供有效的价值证明，如购买行李箱的发票。① 另一方面，旅客可以采取一些行为来避免行李受到损失。第一，在托运行李时，应当尽量避免将贵重物品放入行李箱。由于我国民航相关的法律法规对行李赔偿采取称重量的计算方式，所以一旦发生意外或损坏，只能视为普通物品，所赔偿数额远远小于贵重物品的实际价值。第二，旅客对于重要行李，应当办理行李声明价值。若在运输过程中出现意外导致行李受损，那么承运人或是航空公司则会按照旅客声明的价值予以赔偿。第三，前文已经提及，航空公司在售票口、咨询台等以多种方式提醒旅客应当注意有关运输的法律法规，若因自己的大意而导致意外发生，那么只能由自己承担损失。当然航空公司应当将行李赔偿、行李声明价值、免费行李额等与旅客利益相关的条款详细列明，以免因为理解问题导致事后产生争议。第四，办理托运时捆牢行李。牢固的行李箱可以确保行李安全、不受损。行李箱上工作人员会贴有标签，但是行李箱里面的物品也应当放置个人信息。如果案例2中的当事人在物品上注明个人信息，或许可以避免将药品丢失。第五，尽量避免选用贵重的行李箱。因为贵重的行李箱价值太大，若是损坏也只能得到一小部分赔偿，而选用牛津布材质的行李箱受损的可能性较小。②

## 【案件延伸】

其实不仅行李赔偿存在限额赔偿的问题，人身赔偿也存在这方面问题。

---

① 《行李托运需要了解哪些事情》，载爱留学360网2018年3月21日，http：//www.iliuxue360.com/showinfo-108-56270-0.html。

② 《航空行李丢失赔付完全攻略》，载新浪博客，http：//www.xlxw.com/tulybk/58670.html。

1999年《蒙特利尔公约》规定了国际航空运输承送人对旅客伤亡的双梯度责任制度。在第一梯度下，无论承运人是否有过错，都要对旅客的死亡或者身体伤害承担以113 100特别提款权（在该公约签署当日，1特别提款权合人民币116 310元）为限的赔偿责任。[①] 该规定表明，在国际航空运输中，承运人对于旅客伤亡的赔偿责任限额高于国内航空运输中承运人对于旅客伤亡的赔偿责任限额即40万元人民币的水平。其中，40万元人民币限额的确定主要考虑了以下因素：我国目前的人均收入水平和经济发展水平仍较低，航空公司的承受能力仍有限，必须兼顾国家、企业、公民三者利益，航空运输损害应与我国其他有关损害赔偿限额规定相协调，与世界各国国内航空损害赔偿相协调。这也是《国内航空运输承运人赔偿责任限额规定》确定了我国的赔偿责任限额并与国际航空运输相区分的原因。国内航空运输损害赔偿限额低于1999年《蒙特利尔公约》的规定，还因为乘坐国际航班旅客的平均收入水平一般高于国内航班旅客，旅客乘坐国际航班的购票付出高于乘坐国内航班的付出等原因。

民用航空运输是航空承运人与消费者之间的一种服务交换活动，这种运输的经济内容以服务交换为主。因此民航运输从业者作为服务提供者，应当提高业务水平和增强服务意识。可以适当培训搬送行李的工作人员，让他们掌握工作技巧、更新工作方法以及提高工作素质。公司应当定期邀请专家对管理漏洞、隐患环节予以排查、指正，确保运输工作顺利进行。但作为运输合同中服务接受方的旅客，即使是从保护自身利益出发，也应当主动了解并遵守航空公司相应的规定，进而通过双方的努力，使航空行李运输向着法制化逐步推进，从而改变现有的航空行李运输环境，减少航空行李运输中可能带给旅客的损失，双方共同努力促进民航产业的蓬勃发展。

---

① 2009年6月国际民航组织理事会对《蒙特利尔公约》进行修改，将100 000特别提款权提高至113 100特别提款权。

## 案例二

# 张某抢劫售票厅案

## 【案情介绍】

2007年2月7日23时许,张某伙同他人在重庆市渝中区上清寺美专校街联丰航空服务公司营业厅内,当场采取持刀、将被害人按倒在地、语言威胁等暴力与胁迫手段,劫得营业款9万余元人民币。同年6月8日23时许,张某又伙同他人在重庆市渝中区上清寺中山三路168号巨龙民航售票处内,采取持刀及语言威胁等暴力胁迫手段,劫走营业款2万余元人民币。案发后,被告人张某即逃离主城,企图逃避法律的制裁。法网恢恢,疏而不漏,2008年2月15日晚,张某最终在重庆市万盛区菱角村被公安机关捉获归案。

2008年7月15日上午,渝中区人民法院审结了这起抢劫案,张某因犯抢劫罪被法院一审从重判处有期徒刑12年,剥夺政治权利2年。

## 【相关法条】

《刑法》第二百六十三条规定:"以暴力、胁迫或者其他方法抢劫公私财物的,处三年以上十年以下有期徒刑,并处罚金;有下列情形之一的,处十年以上有期徒刑、无期徒刑或者死刑,并处罚金或者没收财产:(一)入户抢劫的;(二)在公共交通工具上抢劫的;(三)抢劫银行或者其他金融机构的;(四)多次抢劫或者抢劫数额巨大的;(五)抢劫致人重伤、死亡的;(六)冒充军警人员抢劫的;(七)持枪抢劫的;(八)抢劫军用物资或者抢险、救灾、救济物资的。"

## 【案情评析】

关于抢劫罪的构成要件分析如下。

（1）客体要件。抢劫罪侵犯的客体是公私财物的所有权和公民的人身权利。对于抢劫犯来说，最根本的目的是要抢劫财物，侵犯人身权利，只是其使用的一种手段。正因为如此，《刑法》把抢劫罪规定在"侵犯财产罪"这一章。

（2）客观要件。抢劫罪在客观方面表现为行为人对公私财物的所有者、保管者或者守护者当场使用暴力、胁迫或者其他对人身实施强制的方法，强行劫取公私财物的行为。这种当场对被害人身体实施强制的犯罪手段，是抢劫罪的本质特征，也是它区别于盗窃罪、诈骗罪、抢夺罪和敲诈勒索罪的最显著特点。所谓暴力，是指对财物的所有人、管理人、占有人的人身实施不法的打击或强制，致使被害人不能反抗的行为，如殴打、捆绑、伤害、禁闭等。简言之，只要能压制受害人反抗，就属于暴力行为。所谓胁迫，是指对被害人以当场实施暴力相威胁，进行精神强制，从而使其产生恐惧而不敢反抗，任其抢走财物或者被迫交出财物的行为，胁迫的内容是当场对被害人施以暴力。胁迫的方式多种多样，有的是语言，有的是动作，有的还可能是利用特定的危险环境进行胁迫，如在夜间偏僻的地区，喝令他人"站住，交出钱来"，使被害人产生恐惧，不敢反抗，也可构成抢劫罪的威胁。胁迫必须是向被害人当面发出。如果不是向被害人当面发出，而是通过书信或者他人转告的方式让被害人得知，则不构成抢劫罪的胁迫。所谓其他方法，是指使用暴力、胁迫以外的方法使得被害人不知反抗或无法反抗，而当场劫取财物的行为，如用酒灌醉、用药物麻醉、利用催眠术催眠、乘人不备将清醒的被害人锁在屋内致其与财产隔离等方法劫取他人财物。行为人如果没有使他人处于不知反抗或无法反抗的状态，而是借用了被害人自己因患病、醉酒、熟睡，或他人致使其死亡、昏迷等不知反抗或无法反抗的状态而拿走或夺取财物的，不构成抢劫罪。判断犯罪行为是否构成抢劫罪，应以犯罪人是否基于非法占有财物为目的，当场实际采取了暴力、胁迫或者其他方法为标准，而不是以其事先预备为标准。抢劫罪的目的行为是强行劫取公私财物。强行劫取财物主要表现为两种情况：一是行为人当场直接夺取、取走被害人占有的财物；二是迫使被害人当场直接交出财物。抢劫罪的作案现场无论在何处，都不影响抢劫罪的成立。

（3）主体要件。抢劫罪的主体为一般主体。依《刑法》第十七条规定，年满14周岁并具有刑事责任能力的自然人，均能构成该罪的主体。

（4）主观要件。抢劫罪在主观方面表现为直接故意，并具有将公私财物非法占有的目的。① 如果没有这样的故意内容，就不构成抢劫罪。如果行为人只抢回自己被骗走或者赌博输的财物，不具有非法占有他人财物的目的，则不构成抢劫罪。

此外，应当根据抢劫的次数及数额、抢劫对人身的损害、对社会治安的危害等情况，结合被告人的主观恶性及人身危险程度，并根据量刑规范化的有关规定，确定具体的刑罚。判处无期徒刑以上刑罚的，一般应并处没收财产。具有下列情形之一的，可以判处无期徒刑以上刑罚：①抢劫致三人以上重伤，或者致人重伤造成严重残疾的；②在抢劫过程中故意杀害他人，或者故意伤害他人，致人死亡的；③具有除"抢劫致人重伤、死亡"外的两种以上加重处罚情节，或者抢劫次数特别多、抢劫数额特别巨大的。为劫取财物而预谋故意杀人，或者在劫取财物过程中，为制服被害人反抗、抗拒抓捕而杀害被害人，且被告人无法适用从宽处罚情节的，可依法判处死刑立即执行。对具有自首、立功等法定从轻处罚情节的，判处死刑立即执行时，应当慎重。对于采取故意杀人以外的其他手段实施抢劫并致人死亡的案件，要从犯罪的动机、预谋、实行行为等方面分析被告人主观恶性的大小，并从有无前科及平时表现、认罪悔罪情况等方面判断被告人的人身危险程度，不能不加以区别，仅以出现被害人死亡的后果，一律判处死刑立即执行。抢劫致人重伤案件适用死刑，应当更加慎重、更加严格，除非具有采取极其残忍的手段造成被害人严重残疾等特别恶劣的情节或者造成特别严重后果的，一般不判处死

---

① 高铭暄、马克昌：《刑法学》（第七版），北京大学出版社2016年版，第492-495页。

刑立即执行。具有《刑法》第二百六十三条规定的"抢劫致人重伤、死亡"以外其他7种加重处罚情节，且犯罪情节特别恶劣、危害后果特别严重的，可依法判处死刑立即执行。[①] 由于死刑执行后具有不可挽回性，一旦错判将产生难以弥补的严重后果，因此"认定'情节特别恶劣、危害后果特别严重'，应当从严掌握，适用死刑必须非常慎重、非常严格"[②]。

结合本案事实分析，张某通过暴力的方式实施犯罪，对他人财物具有非法占有的目的，且张某是年满14周岁并具有刑事责任能力的自然人，符合抢劫罪的主体要件，因此构成了抢劫罪。根据《刑法》第二百六十三条的规定，张某同年两次抢劫售票厅，抢劫数额巨大，同时采用暴力手段，主观意图恶劣，因此社会危险程度高，属于法定加重处罚情节，因此对其从重判处有期徒刑12年，剥夺政治权利2年。另外，张某并不存在自首、立功等从轻处罚的情节。

在分析本案的定罪量刑之后，本案从犯罪学角度也有许多可思考之处。例如，售票厅为何成为犯罪嫌疑人的犯罪地点？渝中区人民法院相关负责人称，随着民航运输业的繁荣，许多从事机票代办、机票打折的航空售票公司如雨后春笋般成立。为了拓展业务，这些公司四处设置航空售票厅。航空售票厅多采取现金交易，资金流动频繁。但相较于金融机构的安保配置，航空售票厅的安全问题几乎是个空白，虽存在大量现金流动，但安保设施匮乏，自然也成为犯罪嫌疑人觊觎的对象。该情景下，缺乏对场所的有效管控，不利于犯罪的预防与控制。本案审理过程中，法院对被告人从重进行刑事制裁，既彰显了刑法保护法益的核心机能，也对社会公众起到警示威慑作用，对预防犯罪具有一定的积极作用。此外，对犯罪嫌疑人来说，作案成本低、收益高，且当时的条件下公安机关的侦破能力有限，种种因素促使了作案分子作案动机的产生。

---

① 参见《最高人民法院关于印发〈关于审理抢劫刑事案件适用法律若干问题的指导意见〉的通知》（法发〔2016〕2号）。

② 同上注。

面对这个问题，应当如何做呢？一方面，机场作为日常出行的重要场所，它的安全稳定对保障社会安定团结、人们安居乐业起到了非常重要的作用。机场安防措施或者安保系统主要包括防爆安检系统、门禁系统及视频监控系统。其中，视频监控系统作为最重要的安防措施，记载了违法行为的发生过程，以及通过提供犯罪嫌疑人的相关信息为案件的侦破提供线索。当然也存在一定的薄弱之处，如视频监控清晰度不够、视频设备损坏但未被工作人员发现以及视频监控储备时长有限等。这些问题有待进一步升级或优化，也有待被更完备、更科学的安保系统替代。此外，相关部门应该高度重视各航空公司的售票厅的安保问题，比如制定售票厅的账目管理方法，确保不会存有大量现金，应当增加安保人员数量，尽可能将作案人员有效制服。最后，对于犯罪的控制方面，应当及时进行场所管控，增加安全警报装置以及配套的安全设备，在面对突发情况时，可以通过安全设备及时保护售票厅，为警务人员的救急增加时间，从而尽可能避免损失。另外，相关部门也应该加强管理，定期进行安保措施检查，对于未按标准建设防护措施的航空公司采取必要强制措施，从而大大降低悲剧产生的概率。另一方面，犯罪嫌疑人存在侥幸心理。民航相关部门应该加大法治教育宣传，培养树立公众的法制观念，使他们坚决不站在法律的对立面，合心合力共建和谐社会。

## 【案件延伸】

随着互联网与大数据的普及，人们出行时大多会选择网上订机票，这种现象客观上减少了售票窗口的现金交易频率，可以从源头上使犯罪嫌疑人打消抢劫售票厅的想法。因此，抢劫售票厅案件大多发生在早一些的年份。现在作案分子转变了作案思维，迎合互联网发展的趋势，变更作案手段，针对的人群也主要锁定于通过互联网订机票的旅客，比如通过给旅客发送航班延误或航班取消的消息骗取旅客银行账户的钱款。从预防诈骗的角度来说，收到航班取消与延迟的诈骗短信后，不要按照骗子的指示去做，而是应该打航空公司官方电话，或者直接登录官方网站查询。如果提前下载了航空公司的 App，那么机票的订购是可以在 App 里完成的。在收到诈骗短信的时候，一定不能着急慌张。当然除了短信，还可能有其他诈骗方式，需要我们擦亮眼睛与犯罪分子勇敢斗争。最重要的一点是，站在受害者的角度来说，一定不能纵容犯罪，因为报警麻烦或是感到丢脸，即使自己受骗也不愿公开，这样的做法只能助长犯罪分子的气焰，增加他们作案的概率。因此，面对诈骗，我们应当采取正确的态度去处理。

案例三

# 刘某机场故意伤害案

【案情介绍】

2009年2月9日22时7分许,旅客王某(女)与送机的朋友(2男1女),在昆明机场候机楼2楼国内出发大厅航空公司售票柜台外,与航空公司售票柜台内的工作人员因王某误机改签等问题发生争执。22时15分许,犯罪嫌疑人刘某(男)与苗某某到航空公司柜台购买返回重庆的机票。王某等人要求先解决机票改签的事,刘某则要求先办理购票事宜,双方因此发生争执、推搡并打斗。刘某被王某的朋友打倒后,从随身挎包中拿出一把刃长8厘米的银色跳刀刺伤王某及其3个朋友。民警发现异常后立即赶到现场制服了刘某。经初查,双方当事人当天晚餐均曾饮酒。当晚22时35分,4名伤者被送往云南省第三人民医院抢救,其中王某于2月10日11时22分经抢救无效死亡。

此案发生后,行凶者刘某犯故意伤害罪被判处无期徒刑。王某家属认为,航空公司和机场集团未尽到保障进入其服务区的消费者人身安全的义务,提起民事诉讼,索赔60万余元。2010年3月,西山区人民法院公开开庭审理此案。航空公司称侵权行为不是发生在航空公司的安保范围内,没有力量也没有义务制止;而机场表示这是一场无法"预见、识别和制止"的悲剧,事发地点属于公共区域而非控制区域,机场已经尽到义务,不存在过失和过错。2010年9月10日,机场集团、航空公司与受害人家属经过协商达成调解协议。机场和航空公司出于人道主义,给予王某家属12万元生活帮助费,由航空公司和机场分别支付6万元,其他3名伤者共同获赔12万元。至此,这起持续 19 个月的"机场血案"风波平息。①

## 【相关法条】

《刑法》第二百三十四条规定:"故意伤害他人身体的,处三年以下有期徒刑、拘役或者管制。犯前款罪,致人重伤的,处三年以上十年以下有期徒刑;致人死亡或者以特别残忍手段致人重伤造成严重残疾的,处十年以上有期徒刑、无期徒刑或者死刑。本法另有规定的,依照规定。"

《刑法》第二十条第一款规定:"为了使国家、公共利益、本人或者他人的人身、财产和其他权利免受正在进行的不法侵害,而采取的制止不法侵害的行为,对不法侵害人造成损害的,属于正当防卫,不负刑事责任。"

《中华人民共和国侵权责任法》(以下简称《侵权责任法》)第三十七条规定:"宾馆、商场、银行、车站、娱乐场所等公共场所的管理人或者群众性活动的组织者,未尽到安全保障义务,造成他人损害的,应当承担侵权责任。因第三人的行为造成他人损害的,由第三人承担侵权责任;管理人或者组织者未尽到安全保障义务的,承担相应的补充责任。"②

《侵权责任法》第二十四条规定:"受害人和行为人对损害的发生都没有过错的,可以根据实际情况,由双方分担损失。"③

《侵权责任法》第二十五条规定:"损害发生后,当事人可以协商赔偿费用的支付方式。协商不一致的,赔偿费用应当一次性支付;一次性支付确有困难的,可以分期支付,但应当提供相应的担保。"④

## 【案情评析】

首先,我们来分析一下故意伤害罪的构成要件。

(1)客体要件。故意伤害罪侵犯的客体是他人的身体权。所谓身体权,

---

① 《警方通报昆明机场命案案情 斗殴双方都曾喝过酒》,载搜狐网 2009 年 2 月 11 日, http://news.sohu.com/20090211/n262163241.shtml。
② 现为《民法典》侵权责任编第一千一百九十八条规定。
③ 现为《民法典》侵权责任编第一千一百八十六条规定。
④ 现为《民法典》侵权责任编第一千一百八十七条规定。

是指自然人以保持其肢体、器官和其他组织的完整性为内容的人格权。应注意的是，侵害的是他人的身体权，因此故意伤害自己的身体，一般不认为是犯罪。

（2）客观要件。故意伤害罪在客观方面表现为实施了非法损害他人身体的行为。首先，要有损害他人身体的行为。损害他人身体的行为既可以表现为积极的作为，也可以表现为消极的不作为。前者如拳打脚踢、刀砍枪击、棒打石砸、火烧水烫等；后者则如负有保护幼儿责任的保姆不负责任，见幼儿拿刀往身上乱戳仍然不管，结果幼儿将自己眼睛刺瞎的行为，就可构成本罪。本罪既可以由自己实施，又可以利用他人（如未成年人、精神病人）实施，还可以利用驯养的动物（如毒蛇、狼犬等）实施；既可以针对人身的外表，造成外部组织的残缺或容貌的毁坏，又可以针对人体的内部，造成内部组织、器官的破坏，妨碍其正常的功能活动。总之，无论是直接由本人实施还是间接实施，无论是针对何种部位，采取什么样的方式，只要出于故意，能造成他人的人身健康伤害，即可构成故意伤害罪。其次，损害他人身体的行为必须是非法进行的。如果某种致伤行为为法律所允许，就不能构成故意伤害罪。例如，正当防卫造成伤害而未过当的，医生对病人截肢治病等。经被害人同意的伤害是否合法，要做具体分析。如果被害人的同意是为了达到危害社会的目的，这种同意不能排除伤害行为的非法性；如果这种同意是为了有益于社会的目的，则可以排除他人伤害行为的非法性。对于具有激烈对抗性体育运动项目中发生的伤害行为是否具有合法性，也应予以具体分析。如果这种致伤动作本身为该项运动项目的规则所允许，那么这种伤害一般不能认为具有刑法上的非法性。例如，在足球比赛时，依据"合理冲撞规则"所实施而引起伤害的动作，一般不认为是故意伤害罪，但如果比赛中动作粗鲁，明显违反规则要求，具有伤害他人身体故意的，也应按故意伤害罪论处。[①] 最后，损害他人身体的行为必须已造成了他人人身一定程度的损害，才能构成故意伤害罪。只是一般性的拳打脚踢、推拉撕扯，不会造成伤害结

---

[①]《具有激烈对抗性体育运动项目中发生的伤害行为应当怎样认定？》，载庭立方网站 2021 年 7 月 24 日，https：//www.scxsls.com/knowledge/detail？id=162239。

果的，则不能以故意伤害罪论处。伤害结果的表现可以多种多样，有的是破坏了他人组织的完整性，如咬去鼻子、砍断手脚；有的是损害了他人器官的正常功能，如听觉、视觉、味觉丧失，精神失常等。但就结果的严重程度而言，则有三种形态，即轻伤、重伤或死亡。如果没有造成轻伤以上的伤害（如没有达到伤害等级或虽达到等级却属轻微伤），则不能以故意伤害罪论处。所谓轻伤，是指由于物理、化学及生物等各种外界因素作用于人体，造成组织、器官结构的一定程度的损害或部分功能障碍，尚未构成重伤又不属于轻微伤害的损伤。鉴定应当以外界因素对人体直接造成的原发性损害及后果（包括损伤当时的伤情、损伤后引起的并发症和后遗症等）全面分析、综合评定。所谓重伤，是指使人肢体残废或者毁人容貌，丧失听觉、视觉或者其他器官功能以及其他对于人身健康有重大损害的伤害。

（3）主体要件。故意伤害罪的主体为一般主体。凡达到刑事责任年龄并具备刑事责任能力的自然人均能构成故意伤害罪。其中，已满14周岁未满16周岁的自然人有故意伤害致人重伤或死亡行为的，应当负刑事责任；致人轻伤的，则须已满16周岁才能构成故意伤害罪。

（4）主观要件。故意伤害罪在主观方面表现为故意，即行为人明知自己的行为会造成损害他人身体健康的结果，而希望或放任这种结果的发生。在一般情况下，行为人事先对于自己的伤害行为能给被害人造成何种程度的伤害，不一定有明确的认识和追求。无论造成何种程度的结果都在其主观犯意之内，所以一般可按实际伤害结果来确定是故意轻伤还是故意重伤。故意轻伤的犯罪还存在犯罪未遂问题。但对重伤意图非常明显，如企图严重毁容，并已着手实施的行为，由于意志以外的原因而未得逞的，即使未造成任何实际伤害，也应按故意伤害罪（未遂）定罪量刑。

在本案中，王某与朋友在售票柜台因办理机票改签业务而与工作人员争吵，刘某要求柜台先办理其购票事宜，而后出现争执打斗。法院认为，刘某仅因琐事发生争执就持刀故意伤人，致一人死亡、两人重伤、一人轻伤，其行为已触犯刑法，构成故意伤害罪。刘某的辩护人提及的"被害人李某有明显过错"的观点，法院给予认定。法院认为，被害人李某遇事冲动不冷静，有不当的语言和行为，是引发本案的客观诱因，但这并不能成为刘某持刀捅人的理由。在诉讼过程中,刘某的亲属积极对被害人进行民事赔偿,经双方协商并达成调解协议,被害人亲属表示愿意接受刘某亲属的经济赔偿,并书面请求法院对刘某从轻处罚。2009年9月,昆明市中级人民法院判决,刘某犯故意伤害罪,判处无期徒刑。随后,刘某提出上诉。2009年12月,云南省高级人民法院裁定,维持原判。凶手刘某以无期徒刑的代价,为他的一时冲动"买单"了。然而,与此同时,王某的家人也在深深地责怪机场,并随后将航空公司和昆明机场告上法庭,事发时的三名伤者也提起诉讼。

经过分析,本案主要存在的争议有以下两点内容。

争议一是机场和航空公司是否未尽义务。刘某被判刑后,王某的家属始终认为机场和航空公司应该承担一定的责任。她的家属将航空公司和机场集团告上法庭,要求两被告连带赔偿36.4万元。同时,受伤的李某、倪某、郭某也向法院提起诉讼,分别要求两单位赔偿2.5万元、14万元和22.4万元。王某家属的代理人认为,两被告负有保障进入其服务区的消费者人身安全的法定义务,但他们并没有尽到义务,致使王某被刺身亡。因为王某等人到柜台与售票员发生争执的时间达8分钟,作为航空公司的服务人员,售票员本不该和旅客争执,而应当耐心地为旅客提供服务。起初双方的争执并没有致使刘某捅伤被害人,而且在此期间,李某还向售票员求助,但售票员只是观望,没有劝阻,也没有立刻请来机场安保人员制止。从王某受伤到抵达医院,隔了45分钟,通常情况下从机场到这家医院最多只需要半小时。那么王某的死亡是否与救助的迟延有关呢?既然机场有急救车,为什么不立即送伤者到医院,而是等到120急救车来?因此机场没有尽到事后救助的义务。此外,原告的代理人表示,当时倪某被捅伤后给其父亲打电话求助,由父亲最终报警。也就是说,既不是机场的安保人员抓获刘某,也不是两被告工作人员报的警。但是,航空公司一方认为,李某等人就机票改签问题与航空公司售票员发生争执,不是事故发生的原因。李某等人的证言证实,他们与柜台售票员只是因为改签的问题发生争执。而刘某过来后,李某与其发生争吵,激怒了刘某,才导致刘某拿出刀来捅人。在刑事判决中,法院也确认,李某遇事冲动不冷静,而刘某受到了她的言语挑衅。如果仅仅是与柜台售票员发生业务争执,是不可能酿成惨剧的。此外,事发地点在机场营业大厅,该处不属于航空公司的安全保卫范围。侵权行为地和结果发生地，都在机场营业大厅，大厅有相关的安保人员，而航空公司的柜台前只有两名员工，没有力量也没有义务制止。航空公司认为，整个事件中，他们没有过错，请求驳回原告的所有诉讼请求。机场方面认为，该血案是突发事件，无法预见，机场已尽到义务，不存在任何过失和过错。机票的出售和改签，都是航空公司在办理，机场对事情的起因、经过都不了解，现场人员无法预见、识别和制止。此外，代理人还称，案发地点是在航空公司的柜台前，属于公共区域而非控制区域，由机场公安和机场护卫流动管辖，人人都可以进入，无须进行安检。当时，机场护卫正在事发点30米远处的位置处理一起酒后事件纠纷，当安保人员处理完纠纷后赶到伤人地点时，惨剧已经发生。此外，在4名被捅伤的人员中，只有王某一人是旅客，其他人都不是，王某对朋友的过激行为没有制止，其存在过失。几名被告已经得到刘某家属的赔偿，并表示对刘某予以谅解，没有理由再向机场索赔。庭审中，王某的家属一方当庭变更诉讼请求，称两被告只应承担补充赔偿责任。

《侵权责任法》第三十七条规定："……因第三人的行为造成他人损害的，由第三人承担侵权责任；管理人或者组织者未尽到安全保障义务的，承担相应的补充责任。"那么机场是否负有赔偿责任，对此有两种观点。一种是支持机场派，其代表邹女士认为，机场属于公共场所，类似突发事件无法预见。根据最高人民法院有关司法解释，本次事件中，昆明机场的处置及时、得当，因此对事件没有责任。事件中斗殴双方事前都曾饮酒，影响了机场正常的公共秩序，属于公共场所的违法犯罪行为，机场不具有赔偿责任。我国机场执行的是国际民航组织和我国民航法规体系的法律法规。根据2005年7月1日云南省人民政府办公厅颁发的《云南民航公安机构改革方案》，机场公安局的职责包括：负责安检现场执勤，维护安检现场秩序；处置非法干扰航空安全事件；负责机场范围治安管理和道路交通管理；负责危害民用航空安全犯罪和机场范围内其他刑事犯罪案件侦破工作；负责机场地面等级警卫和专机地面安全警卫工作；负责对全省民用机场公安业务的领导工作等。本案还有一个关键点是刘某为何会携带刀具。一般情况下，安检系统是可以检测出的，但是由于事发在公共区域，刘某当时没有过安检，在候机大厅售票柜台，所以这个区域是无法管理的，那么工作人员就无法对危险品进行管理。另一种是支持受害者派，其认为机场有安全保障的义务，必须承担旅客的安全，为消费者营造一个良好的环境，这是法律的规定。无论是出发大厅，还是候机大厅，都属于机场的责任范围，在责任范围内，法律也有明文规定，发生类似事件机场要依法承担法律规定的责任。至于旅客的索赔，受害者可以阐明事件理由，与机场协商解决；如果协商不了，可以走法律途径。犯罪嫌疑人如果有能力全部赔偿，机场可以免赔；如果嫌疑人确无赔偿能力，机场存在全部承担的可能。根据《消费者权益保护法》第七条、第十一条及第四十二条的有关规定："消费者在购买、使用商品和接受服务时享有人身、财产安全不受损害的权利。消费者有权要求经营者提供的商品和服务，符合保障人身、财产安全的要求"；"消费者因购买、使用商品或者接受服务受到人身、财产损害的，享有依法获得赔偿的权利"；经营者提供商品或者服务，造成消费者或者其他受害人死亡的，应当承担相应的民事责任。① 本书认为，法律明确规定，由于第三方原因导致死亡的，除非是经营者或服务者存在过错，才承担补偿赔偿责任。过错分为故意和过失，在本案中，在当时的情况下，很难确定机场没有履行合理限度内的安全保障义务，对于任何一个服务场所，也无法做到避免类似这样的突发事件发生，因此机场承担法律责任的前提在法律要件上是缺失的。而且，就双方当事人来说，受害者共4人，另一方共2人，双方在打斗过程中，都存在不法侵害的故意。

争议二是刘某的行为是否构成正当防卫。刘某认为自己动刀是为了自保，构成正当防卫。在法庭询问阶段，公诉机关询问其当时为什么要拿刀捅人。刘某称，整个冲突过程中，他见朋友苗某某被打倒在地，且对方还用脚踢苗某某的头部，随后他也被对方打倒，冲突中一名女子还打了他一个耳光。他随身携带的行李包就在旁边，为了保护自己才动刀。在哪方先动手的争论上，刘某一直强调是对方先动手。对于刘某的说法，受害者李某称，当时柜台工作人员告诉他们机票无法改签，而被告人刘某一直要求先帮其办理手续，为

---

① 根据2013年10月25日公布的《全国人民代表大会常务委员会关于修改〈中华人民共和国消费者权益保护法〉的决定》，第四十二条已改为第四十九条。

此，她就告诉刘某应有先来后到之分。随即，她与刘某发生争吵，被告刘某最先动手，倪某、郭某见状相继赶过来，双方就发生了冲突。上厕所回来的王某后来也被刘某拿刀刺伤了。关于连捅4人共用了多长时间、刺的过程中有没有人劝阻和制止的问题，刘某均称自己当晚喝了较多白酒，当时情绪很乱，记不清了。作案的刀子是吃饭时用来削水果的，饭后，他就将刀子装在了自己的行李包里，并带回了宾馆。当晚他喝了酒，想不起自己包里有刀，因为时间关系，后来便匆忙地赶到机场。在公诉机关出示的证人证言中，这些证人均证明当时受害一方的4人当中，只有2名男子动过手，而2名女子没有打过被告。对此，被告刘某没有作出明确的辩解。可见，受害方虽有过错，但是正当防卫的条件较为严格。正当防卫应符合五个条件：①正当防卫所针对的，必须是不法侵害；②必须是在不法侵害正在进行的时候；③所针对的必须是不法侵害人；④不能超越一定限度；⑤是对不法侵害行为人，在采取的制止不法侵害的行为时，所造成损害的行为。刘某用刀捅受害人的行为已严重超过了制止不法侵害的必要限度，因此刘某的行为不构成正当防卫，应当负担刑事责任。

## 【案件延伸】

从犯罪学的角度来看，昆明机场的场所管控显然不利于犯罪的控制，虽然该机场有两个派出所，有保安，有安检，但因分工不同，隶属不同，职责交叉，存在执法上的灰色地带。在这样的情况下，作为流动人员复杂的特殊公共场所，机场理应被纳入统一管理的综合治理网络，应有统一高效的处理突发事件的应对机制。如果机场的安保措施做到位，那么即使歹徒决意要杀人，最多也只能伤及一人。而歹徒却在机场先后杀伤4人，4人身上一共被刺中30多刀，其间需要一个不短的作案过程，可为什么机场的安保人员没有出面制止事态的恶化呢？这是不合理的。法律是调整社会生活的规则，是解决社会矛盾的方法，但是若从源头上直接制止矛盾的产生岂不是更加节省社会成本？因此，应该严格管理机场秩序，扩大管理范围，明确职责权限。在旅客之间或者旅客与工作人员之间发生争执时，机场管理人员应当采取适当的方法，注重劝解技巧，尽力解决纷争，避免上述类似案件的发生，为人们提供一个舒适安全的机场环境。

从犯罪人的角度来看，通过调查发现，刘某本身性格较为温和，但在本案中却表现出十分冲动的一面，其中一个原因就是事发当天刘某饮用大量白酒致使其意识不清醒、情绪冲动，因而造成悲剧的发生。因此，对于旅客来说，前往民航机场等相关场所时，应当保持清醒，避免大量饮酒。

对于机场斗殴行为，其本质与普通斗殴行为几乎一致。借暴力发泄不满或主张权利，是我国机上斗殴行为发生的主要原因。我国民航运输量在2008年就已经跃居世界第二位。然而，我们需要清醒地认识到，作为典型的服务行业，我国民航业在服务理念、员工素质、规章制度等方面的软件投入远远滞后于硬件建设，航班延误、客票超售、员工服务质量差等影响旅客切身利益的事件频发。在机场或航空器这类旅客短暂停留的地点，普通旅客难以通过司法途径裁决纠纷，一旦切身利益受到侵害，很可能借暴力行为来发泄不满情绪，或作为维权的手段。民航服务软件建设是一个长期过程，而随着人民群众人本意识和维权意识的觉醒，二者的矛盾将更加突出，因此在未来一段时期内，这一诱因将是主要原因。

综上所述，机场公安机关应当加大对扰乱机场管理秩序以及侵犯公民人身财产权益行为的管理力度，通过加大处罚力度、列入失信名单的方式对其予以惩罚。当遇到机场打架斗殴或者殴打工作人员等扰乱航空运输秩序的行为时，工作人员要迅速报警，同时也要采取适当的措施使双方当事人平静下来，为安保人员赶来争取时间。那么对于机场安保人员来说，接到警情后要立即出警、迅速接案、依法处置。航空公司和机场应该加强服务工作，尤其要提高特殊情况下的应急处置能力，加强一线工作人员沟通能力是确保航空运输有序进行的重要保证。航空公司也可以加大对文明出行的倡导，如可以利用航班客舱和候机楼内的电视、显示屏、宣传栏等载体，宣传航空安全须知、倡导旅客文明乘机。我国目前某些机场的确管理混乱，存在诸多问题。所以，保证机场管理的全方位、无死角，增加安全保卫力量，提高安保人员的素质，确保其具备应对各种紧急情况、危险情况的能力是当务之急。

机场内打架斗殴案件常常会出现在春运、国庆节假日等旅客高峰时期，或者雨、雪、雾、冰雹等恶劣天气时期。这是因为外部原因极易影响航班的准时送达或者安全状态。而航班延误是旅客、航空公司、机场都不愿意遇到的情况，一旦发生此类情况，旅客很难保持耐心和冷静。如对航空公司服务有异议的，可通过协商、投诉或法律途径维护自身合法权益，切勿采取霸机、冲击登机口、拦截航空器等违法行为，以免给自己造成更大的损失。此外，航空公司也应当优化服务态度，在航班出现不可预料的情形时，应当为旅客提供免费的小食，并做好情感疏导工作，在合理的范围内为旅客心平气和地解决难题。另外，透过本案也折射出一个问题，一些机场售票厅的进出相对是自由的，对于进出的人员不进行安全检测，这在很大程度上会存在安全隐患。因此，有关部门应当加强管理，督促机场建立完备、科学的安保设施，确保旅客出行安全，为构建和谐社会添砖加瓦。

案例四

# 殷某、王某财产盗窃案

## 【案情介绍】

案例1：殷某小学文化，无业，来自河南省一个偏僻的农村。此前，他就有过盗窃犯罪的经历，曾因犯盗窃罪被外地法院判处拘役6个月。2015年8月17日10时许，殷某乘坐一航班欲从厦门前往香港，在厦门机场停机坪等待起飞期间，殷某以毛毯作掩护，盗走被害人王先生放置在行李架上的单肩包，并拿到客舱尾部座位开包翻看。被害人王先生说，当天他发现殷某的行为特别奇怪，因为看到殷某一直将座位上方行李架的毯子拿上拿下，之后又到机舱尾部座位去坐着。于是，王先生就想把自己放在行李架上的单肩包拿下来随身带着。但是，王先生到行李架拿包时，发现包不见了。而且，王先生向机舱尾部的座位方向看的时候，看到殷某将自己的包放在大腿上，埋着头好像在翻什么东西。这时，殷某一抬头，看到王先生在看他，就很着急地跑过来说："不好意思，我拿错包了！"并且殷某还立即下跪求饶。等空乘人员到了以后，殷某一直狡辩称自己拿错包了。经核实，该被盗单肩包是著名品牌，价值23 608元人民币。单肩包内还装有一个同品牌钱包，价值7 125元人民币。另外，包里还有现金17 750元人民币、5 000港元（当时折合人民币4 124元）。①

案例2：2016年3月18日18时，民航吉林机场公安局候机楼派出所接到旅客周某报案，称其乘坐下午航班从长春飞往青岛，到站后发现其托运行

---

① 陈捷：《男子飞机上偷奢侈品　还狡辩自己"只是拿错包"》，载台海网2016年5月10日，http://www.taihainet.com/news/xmnews/xmxc/2016-05-10/1717226.html。

李内的苹果 iPad 丢失。无独有偶，刚挂断周某的电话，候机楼派出所又接到了旅客钱某的报案，钱某的情况跟周某极为相似，托运行李中丢失了一部海信手机。接连两名旅客的报案，引起了候机楼派出所高度重视，立即召开紧急会议，部署两组民警分头开展侦查工作。一组民警深入货运行李装卸队进行走访调查，另一组民警负责调取当天下午所有行李区的监控录像。经过一天的走访调查，发现行李搬运工王某具有重大作案嫌疑。3月19日8时，民警将王某传唤至候机楼派出所进行询问。起初王某拒不承认自己的违法行为，但在大量的证据面前，王某最终交代了自己的作案过程。据王某供述，其想趁别人不注意的情况下，偷点东西回家，随即打起了托运行李的主意，并于3月18日分别从两个双肩背包内偷出一台苹果 iPad 和一部手机。①

案例1中，厦门市湖里区人民法院作出一审判决，认为殷某秘密窃取他人财物，价值 52 607 元人民币，数额较大，其行为已构成盗窃罪。因此，判处殷某有期徒刑1年8个月，并处罚金1万元人民币。案例2中，王某的行为已经构成盗窃公私财物，根据《治安管理处罚法》的规定，给予王某行政拘留15日的处罚。

## 【相关法条】

《刑法》第二百六十四条规定："盗窃公私财物，数额较大的，或者多次盗窃、入户盗窃、携带凶器盗窃、扒窃的，处三年以下有期徒刑、拘役或者管制，并处或者单处罚金；数额巨大或者有其他严重情节的，处三年以上十年以下有期徒刑，并处罚金；数额特别巨大或者有其他特别严重情节的，处十年以上有期徒刑或者无期徒刑，并处罚金或者没收财产。"

《治安管理处罚法》第四十九条规定："盗窃、诈骗、哄抢、抢夺、敲诈勒索或者故意损毁公私财物的，处五日以上十日以下拘留，可以并处五百元以下罚款；情节较重的，处十日以上十五日以下拘留，可以并处一千元以下罚款。"

---

① 马宁：《民航吉林机场公安局破获一起行李盗窃案件》，载民航资源网 2016 年 3 月 22 日，http://news.carnoc.com/list/340/340020.html。

《民用航空安全保卫条例》第二十五条规定:"航空器内禁止下列行为:(一)在禁烟区吸烟;(二)抢占座位、行李舱(架);(三)打架、酗酒、寻衅滋事;(四)盗窃、故意损坏或者擅自移动救生物品和设备;(五)危及飞行安全和扰乱航空器内秩序的其他行为。"

## 【案情评析】

成立盗窃罪,须同时满足以下三个要件,缺一不可。首先,盗窃罪的行为对象为他人占有的财物,既包括合法占有,也包括非法占有。其次,在行为方式上表现为,通过除暴力、胁迫等以外的平和手段将他人财物转移占有。这里需要注意的是,盗窃罪并不要求具有秘密性,即盗窃罪可以公开进行。相反,如若认为盗窃只能秘密进行,那么盗窃罪的定罪问题基本上取决于被害人的主观想法与视力好坏,而非客观实际。① 此外,盗窃罪的秘密性原理要求,让盗窃罪和抢劫罪、抢夺罪处于对立排斥之地位,使得抢劫罪、抢夺罪无法包容评价为盗窃罪,这显然是不科学的。最后,从主观方面来看,要求认识到财物的"数额较大",且具有非法占有目的。自己所有的财物,明知处于他人合法占有的状态而窃取的,构成盗窃罪。

案例1中,殷某以毛毯作为掩护,盗走被害人王先生放置在行李架上的单肩包,并拿到客舱尾部座位开包翻看,其行为符合盗窃罪的构成要件。首先,包及包内财物为王先生所有,因此殷某具有非法占有的目的;其次,盗窃数额巨大;最后,最重要的一个要件是采取平和手段,这也是盗窃罪区别于抢劫罪的一个重要原因。另外,当时殷某还立即下跪求饶以及等空乘人员到了以后,殷某一直狡辩称自己拿错包了,据此可以判断其社会危险程度低,所以根据罪刑法定原则,最终对其处以有期徒刑1年8个月,并处罚金1万元人民币。

案例2中,王某在趁人不注意的情况下,从两个双肩背包内偷出一台苹果iPad和一部手机。该案已经完全符合盗窃罪的标准,但是在处理该案件时,依据的是《治安管理处罚法》。是采用《治安管理处罚法》还是采用

---

① 张明楷:《许霆案的刑法学分析》,载《中外法学》2009年第1期。

《刑法》，应不仅根据情节严重程度、危害程度、后果如何来确定，还要在实施过程中结合各地的具体情况。

乘坐飞机过程中，物品被盗的情形大致有以下几种类型。

一是机上盗窃。机上盗窃案件属于机上犯罪的主要类型。所谓机上盗窃，专指在飞机上盗窃同机旅客随身携带的行李物品的行为，不包括盗窃旅客托运行李或者货物的行为。对于这类案件的作案人来说，其航班飞行不以旅行为目的。一些犯罪嫌疑人乘坐航班的目的就是为了偷窃，他们趁机上旅客休息或不注意，伺机窃取同机旅客放在机舱上行李中的现金、名贵皮包等。虽然犯罪嫌疑人多次乘坐飞机的代价不菲，但机上盗窃的收获颇丰，甚至有犯罪嫌疑人一次盗窃的金额就达 100 多万元人民币。候机时，作案人积极物色作案对象，此时有随身行李并可能携带大量现金的旅客将有可能被"锁定"为作案目标。登机后，"目标"将行李放在行李舱内时，作案人一般也会将自己的行李放在与其同一或邻近的行李舱内。然后以拿自己行李或者拿飞机上提供的毛毯等物品为由头，伺机将被害人的行李包拿到自己的座位旁，之后用报纸、机上提供的毛毯等物品作掩护，盗窃被害人包中的现金、钱包、贵重物品，之后将被害人的行李包放回原处。飞行过程中，旅客警惕性较差，作案人会翻动旅客放在行李舱内的行李，窃得其中钱物后，再将行李放回行李舱内。①

二是托运行李盗窃。作案人大多从事与行李托运有关的工作，因而利用装运行李之便，在装卸途中将行李拿下来打开查看，并借机行窃。作案人主要选择盗窃没有带锁的行李箱或者只有简易的挂锁即一拉就能开的行李。而将行李箱拿走，迅速拉开拉链盗窃，之后再将行李放回，前后不过一分钟。对于旅客来讲，抓住"飞天大盗"并不容易，想要避免成为此类案件的受害者，可以采取许多措施，除保持戒备心之外，也应做到以下几点：首先搭乘航班时，尽量不要携带大量现金，确需携带时，不要在公众场合显露，应把现金妥善放在有密码锁的行李箱内或者随身携带，勿将现金置于托运行李中；

---

① 刁金明：《解析为何机上盗窃案频发》，载民航资源网 2017 年 6 月 14 日，http：//news.carnoc.com/list/406/406755.html。

过安检时要注意自己的行李物品,防止自身遗漏、旅客错拿或让盗窃分子顺手牵羊;登机过程中,要遵守登机秩序,避免拥挤;登机后,应对号入座,注意频繁换座和频繁开启行李架的旅客;在飞行旅途全程中,应保管好自己的贵重物品,贵重物品应随身携带;对于托运的行李应当进行上锁,避免成为犯罪分子的盗窃对象;放在行李架上的物品,应在自己的视线范围内;飞机落地后及时检查行李,不要遗漏放在座椅口袋和座位上的物品;如发现遗失或被盗,要保持镇静并立即告知机组人员;乘机旅客应自觉听从机组人员的安排,知情旅客要积极提供线索并协助机组人员调查取证,以利于迅速查找犯罪嫌疑人,保护旅客财产不受损失;在往返机场的路上,如乘坐机场大巴的过程中,也要注意看管好自身财物。

旅客如果发现自己的财物被盗窃的情况,该如何处理呢?

首先,不要声张。当看到可疑人员从行李里翻出财物,塞进自己的兜里时,尽量不要声张,而是应在飞机落地前向机组人员报案,同时保护好现场,不要随便翻动涉案物品,或是来回出入现场。其次,不要动手抓嫌疑人。可以采取递纸条的方式,告诉机组人员飞机上有人盗窃,或在飞机将落地时向警方报案。最后,不要误报。警方有时会接到误报的案件,主要是有些旅客习惯性地把包放在座位的侧面或者脚下,在飞机落地后却因忘记,误以为包没了。有的旅客还喜欢把钱包放在裤兜里,在飞机上睡觉或者一侧身,钱包很容易滑落到地板上。

机上盗窃行为产生的原因比较复杂,包括传统原因、社会原因、价值观原因等。机上盗窃相比于传统盗窃,最明显的区别就是作案地点。而为何飞机会成为犯罪嫌疑人的目标对象呢?最重要的一个原因就是乘坐飞机的旅客具有特殊性。一般乘坐飞机的旅客,尤其是头等舱或商务舱的旅客常常会携带大量现金或者随身携带贵重物品。这使犯罪嫌疑人有了可乘之机。全国民航查获的机上盗窃犯罪呈现出明显的地域犯罪特征,即以某县的犯罪嫌疑人最为突出,一些犯罪嫌疑人前科劣迹累累,同时也积累了大量反侦查技巧,他们甚至组织旁听庭审,不断总结怎样逃避被打击处理。机上盗窃犯罪不仅侵犯了旅客的合法权益,还给航空公司的企业形象带来极大的负面影响,同时对于航空安全来说,也带来了难以预测的风险。针对机上盗窃犯罪的新动向，公安机关应认真分析作案特点，中国民用航空局应充分发挥其协调作用，各地机场公安局应积极作为，航空公司应密切配合，广大旅客应有所防范，从而形成打击犯罪的合力。具体而言，体现为以下几点内容。

第一，强化中国民用航空局的协调作用。建议由中国民用航空局公安局统一协调，必要时向公安部汇报，开展专项打击行动，可采取以下具体措施。一是建立民航高度关注人群库。将相关嫌疑对象录入系统，尤其是要关注有机上盗窃前科的人员，将持护照人员与身份证信息进行自动关联，实现自动比对。二是协调实现数据共享。尤其要协调中国民航信息网络股份有限公司等民航相关单位，向全国民航公安机关开放民航旅客信息系统，实时推送相关信息，实现关注人员与公安数据库人员的自动比对，将侦查工作建立在耳聪目明的基础上。三是强化售票、值机、安检环节的管控。对于国内旅客只能使用二代身份证，不允许使用护照购买机票、登机；对于可疑旅客要加强安检，在严格查验证件的同时，严格检查随身行李物品，留下视频监控资料。四是协调各地开展打击行动。中国民用航空局公安局作为行业公安主管部门，应加强对办理机上盗窃案件的指导，建立工作关系，完善办案协作机制。五是强化区际司法协助。通过中国民用航空局公安局报公安部进行统一协调，尤其是强化中国内地与中国香港、中国澳门警方的警务协作，研究制作符合法律、可操作性强的案件调查及嫌犯移送程序。

第二，强化航空公司的职责。机上盗窃案件频发，对于航空公司来说，这不仅会使企业品牌、声誉受到影响，还有可能因此被旅客告上法庭。作为航空运输承运部门，航空公司有义务保障旅客的人身及物品安全，应当不遗余力地打击机上盗窃犯罪。具体而言，一是加强空中保卫力量，配齐安全员，加强机上巡查，对乘机旅客进行必要的分析，及时发现违法犯罪动向；二是加强机组人员培训，强化证据意识，尽可能使用执法记录仪记录处理的过程，第一时间收集机上知情旅客的相关信息，以便于机场地面警方的进一步调查；三是加大查处力度，绝不姑息养奸，对于机上盗窃犯实行"零容忍"态度，一经发现，即予以报警处理，应与地面警方配合好，不能为图省事，而采取息事宁人的处理办法。

第三，强化机场警方的打击效能。为此，应努力做好以下六方面工作。

一是充分利用现有的情报信息平台、公安综合查询系统和民航调度指挥系统，加强分析研判，掌握犯罪规律，及时排查锁定机上盗窃犯罪嫌疑人。二是对于冒用、使用伪造居民身份证的嫌疑人加强审查，力争从中发现违法犯罪线索。三是加强对机组人员的指导和案件交接工作，第一时间接手案件，及早开展案件的调查取证工作，全面掌握犯罪证据。四是如实立案，依法开展侦查工作，对现行犯罪案件要组织警力并深挖，力争破获系列案件。五是与上级民航公安机关以及兄弟民航公安机关保持密切联系，加强警务协作，及时布控查获犯罪嫌疑人。六是与检察院、法院部门加强沟通，取得对证据规格的共识，对于机上盗窃犯罪嫌疑人，要力争做到能捕、能诉，破除犯罪嫌疑人的反侦查措施，让犯罪行为受到应有的法律追究。

第四，强化旅客的防范意识。民航相关部门应加大宣传力度，让旅客知道航班上还有"梁上君子"，从而加大对贵重物品的监管力度，保管好自己的随身行李物品。同时，鼓励广大旅客一旦发现此类违法犯罪，要及时举报，主动配合警方调查工作，必要时予以物质奖励，对此类违法犯罪形成"过街老鼠，人人喊打"的局面，从而大大减少此类犯罪的发案概率。

## 【案件延伸】

机上盗窃的特征可以总结为以下几点内容。

（1）机上盗窃有从国内航班向国际航班转移的趋势。以前办理的机上盗窃案多以国内航班为主；而现在发生在国际短程航班的较多。

（2）犯罪嫌疑人刻意隐瞒身份，具有一定的身份隐蔽性。犯罪嫌疑人乘坐国内航班时使用身份证购买机票，乘坐国际航班时使用护照购票，如果没有掌握其全部身份信息，就难以分析其行动轨迹。由于护照上显示的身份仅为中国公民，不能显示其敏感信息，在分析案情时，也不容易将其列入犯罪嫌疑对象。

（3）犯罪嫌疑人乘坐的多为短途航班。比如，在厦门机场警方查获的一起盗窃案，犯罪嫌疑人经常从深圳飞往厦门，再立即由厦门飞往香港；或者从深圳飞往厦门，随即从厦门飞往澳门；或者从深圳飞往晋江，再由晋江飞往香港。从犯罪嫌疑人的乘机记录来看，其主要目的地是中国香港、中国澳门，或者印度尼西亚、新加坡、越南等国家，但也有较远的行程如浦东至迪拜、浦东至伊斯坦布尔等。

（4）机上盗窃追究刑事责任难。从厦门机场警方查获的一些机上盗窃案来看，犯罪嫌疑人的犯罪行为一旦暴露，就会立即将赃物丢弃或返还失主，即便被当场抓获，犯罪嫌疑人对其犯罪事实也一概拒不承认，只有到庭审阶段为减轻罪责，才会向法庭坦白盗窃经过。如果侦查机关前期没有获取其他旅客以及机组人员的证词加以印证，证据上则往往难以形成证据链，追究犯罪分子的刑事责任。很多盗窃案件虽经他地机场公安局上网追逃，但最终因证据不足，无法追究相关刑事责任。另外，有的境外国际机场对于此类盗窃案件以无管辖或无证据为由不予立案侦查，导致被害人报案无果。再者，有的国际航班上发生的盗窃行为，即使被发现，由于涉及国际司法管辖问题，报警后机组、被害人及相关证人还要接受报警地警方的调查，所以被害人往往要求能追回被盗物品即可，一般情况下不会选择报警处理。

对于机上盗窃的犯罪行为，想要对该类犯罪进行控制可以从以下几点入手。首先，应当注意场所的管控，充分发挥摄像监控等一系列安保手段，有效震慑潜在的犯罪分子。其次，开展防窃知识宣传，培养旅客的反偷窃意识。最后，机场作为人流比较密集的公共交通运输场所，人口流动性极大，一旦发生盗窃将对案件的侦查带来极大的困难，因此应当将控制该类犯罪的重点放在犯罪预防上。

> 案例五

# 施某机上斗殴案

## 【案情介绍】

2015年1月1日20时45分，民航湖北机场公安航站楼派出所接到报警，称JD5147次航班飞行过程中发生了一起旅客打架的事件。20时55分，飞机降落停靠207机位，民警迅速登机将当事人及证人带至公安值班室询问。经调查，飞机起飞后一小时许，张某（女，56岁，武汉人）在排队等候上厕所时，靠在过道旁的座位上休息，不小心压到了施某（男，48岁，咸宁人）两岁多孙子的脚，引起施某的不满，遂对张某进行推搡，进而用拳击打其脸部，导致张某眼镜碎裂，面颊部等处均有瘀伤。张某同行的丈夫和女儿见状，多次欲上前与其理论，被机组人员和同机旅客制止，分开控制至航班到达后移交机场公安处理。

最终，民航湖北机场公安局依法对施某处以行政拘留5日的处罚。①

## 【相关法条】

《民用航空安全保卫条例》第二十二条规定："航空器在飞行中的安全保卫工作由机长统一负责。航空安全员在机长领导下，承担安全保卫的具体工作，机长、航空安全员和机组其他成员，应当严格履行职责，保护民用航空器及其所载人员和财产的安全。"

《民用航空安全保卫条例》第二十三条规定："机长在执行职务时，可以

---

① 李珍宝：《男子飞机上挥拳打伤女乘客 被判拘留5天》，载环球网2015年1月3日，https://society.huanqiu.com/article/9CaKrnJGmV5。

行使下列权力：……（二）在航空器飞行中，对扰乱航空器内秩序，干扰机组人员正常工作而不听劝阻的人，采取必要的管束措施；（三）在航空器飞行中，对劫持、破坏航空器或者其他危及安全的行为，采取必要的措施；……"

《民用航空安全保卫条例》第二十五条规定："航空器内禁止下列行为：（一）在禁烟区吸烟；（二）抢占座位、行李舱（架）；（三）打架、酗酒、寻衅滋事；（四）盗窃、故意损坏或者擅自移动救生物品和设备；（五）危及飞行安全和扰乱航空器内秩序的其他行为。"

《民用航空安全保卫条例》第三十四条规定："违反本条例第十四条的规定或者有本条例第十六条、第二十四条第一项、第二十五条所列行为，构成违反治安管理行为的，由民航公安机关依照《中华人民共和国治安管理处罚法》有关规定予以处罚；有本条例第二十四条第二项所列行为的，由民航公安机关依照《中华人民共和国居民身份证法》有关规定予以处罚。"

《民用航空安全保卫条例》第三十七条规定："违反本条例的有关规定，构成犯罪的，依法追究刑事责任。"

《民用航空安全保卫条例》第三十八条规定："违反本条例规定的，除依照本章的规定予以处罚外，给单位或者个人造成财产损失的，应当依法承担赔偿责任。"

《治安管理处罚法》第二十三条规定："有下列行为之一的，处警告或者二百元以下罚款；情节较重的，处五日以上十日以下拘留，可以并处五百元以下罚款：（一）扰乱机关、团体、企业、事业单位秩序，致使工作、生产、营业、医疗、教学、科研不能正常进行，尚未造成严重损失的；（二）扰乱车站、港口、码头、机场、商场、公园、展览馆或者其他公共场所秩序的；（三）扰乱公共汽车、电车、火车、船舶、航空器或者其他公共交通工具上的秩序的；（四）非法拦截或者强登、扒乘机动车、船舶、航空器以及其他交通工具，影响交通工具正常行驶的；（五）破坏依法进行的选举秩序的。聚众实施前款行为的，对首要分子处十日以上十五日以下拘留，可以并处一千元以下罚款。"

## 【案情评析】

在本案中,施某对张某的伤害行为扰乱了飞机上秩序,属于扰乱公共汽车、电车、火车、船舶、航空器或者其他公共交通工具上的秩序,即属于《治安管理处罚法》第二十三条中的一种情形,应当对其处以警告或者200元以下罚款;情节较重的,处5日以上10日以下拘留,可以并处500元以下罚款。但是,笔者认为,施某的行为导致张某眼镜碎裂,面颊部等处均有瘀伤,因此属于情节较为严重但处罚较轻的情形。

本案有以下两个焦点问题。

(1)飞机上打架斗殴是否会直接危害航空安全。民航法律专业人士认为,旅客在高速飞行的飞机上打架斗殴对航空安全存在一定危害,原因有以下两点:一是在飞机上打架斗殴的人的情绪与行为属于失控状态,由于飞机上活动空间狭小,打架斗殴人员为发泄私愤很可能会破坏或挪动机上的安全设施,危害飞行安全;二是飞机在起飞前都经过货仓装仓位置、配油等调整飞机平衡,且在飞机起飞降落时,一定会告知旅客坐在座椅上系好安全带,因为飞机在进入平流层飞行前,如果机上配重出现失调,那么将严重影响飞行安全,即使在飞机进入平流层后,如果机上出现了群殴现象,仍会直接影响飞机平衡,情况严重时也可能导致安全事故的发生。[①]

(2)机舱内打斗怎么处理。通过梳理多起"空闹"事件,可以发现最后均由机场公安部门登机解决此事,并带走涉事旅客;非精神病患者,大多以影响飞行安全和扰乱机场秩序被地方公安部门拘留10日。[②] 相较于空中打闹行为会对飞机安全带来威胁和危害,在地面航空器上进行打闹则主要是怕破坏飞行器设施,影响航班顺序和起飞着陆时间,对此会根据实际造成的影响,按照《治安处罚法》和《刑法》来进行调整。

飞机的普及让我们实现了一日千里的梦想,大大地方便了人们的出行,

---

① 李珍宝:《男子飞机上挥拳打伤女乘客 被判拘留5天》,载环球网2015年1月3日,https://society.huanqiu.com/article/9CaKrnJGmV5。

② 《旅客机上打架威胁航空安全 民航湖北机场公安局依法严处》,载中国网2015年1月16日,http://finance.china.com.cn/roll/20150116/2910264.shtml。

提高了生活效率。然而，任何事情都有两面性，飞机的产生也意味着新的矛盾也会随之而来。因此，在飞机上打群架时有发生，这在某种程度上也反映了社会文明的缺失。每次新闻报道此类案件时，网友都会评论："飞机上打架是不要命了！"大家的确知道在飞机上打架是极危险的行为，飞机在高空中飞行要保持平衡，若是打破了飞机的平衡，后果可想而知。可是在实际生活中，很多旅客难以控制自己浮躁的情绪，总是因为鸡毛蒜皮的事情，在飞机上大动干戈，甚至不在乎危险。经粗略统计，大部分飞机上打架案件事发的原因主要包括：调整座椅时引起纠纷，空姐服务不到位，飞机晚点而性情暴躁向服务人员撒火，以及人与人之间距离小而发生磕碰等。

小飞机，大世界，机上人员的言谈举止是当下世相的真实写照，也是一个国家现代文明和社会公德的集中展示。[①] 我国相关法律法规已对在航空器内打架、酗酒、寻衅滋事等危及飞行安全和扰乱航空器内秩序的行为进行了规定，但是打架事件屡屡发生，对于这样丝毫不注重形象的人，归根结底是相关意识缺乏的体现。具体来讲，首先，缺乏安全意识。安全既需要别人的努力，更需要自身的付出。飞机的安全保障，更是建立在一系列的行为规范之上，比如不能带危险品、上机后要关闭手机等，都是每位旅客必须切实履行的义务，否则很容易会因为某个人的疏忽而酿成悲剧。从这一点来说，飞机上打架，纯粹是拿生命当儿戏。对于一些飞行中的注意事项，大多数旅客只是一知半解，对一些司空见惯的"小事情"有可能造成的危害并不清楚。其次，缺乏法律意识。一些旅客的法制观念淡薄，不知道自己的行为已经触犯法律，并将受到法律的追究。实际上，《民用航空安全保卫条例》《治安管理处罚法》等法律法规均对在航空器内抢占座位、打架、酗酒、寻衅滋事等危及飞行安全和扰乱航空器内秩序的行为进行了规定。最后，缺乏公共道德意识。飞机为公共场所，因而必须具有公共道德意识。维护公共安全是公民不可推脱的责任。在飞机上斗殴这种缺乏现代文明和公共道德的不良言行，

---

① 《飞机斗殴事件频发　看国外如何处理》，载中国新闻网 2012 年 9 月 13 日，https：//www.chinanews.com.cn/cj/2012/09-13/4179815.shtml。

也使国人的素质饱受诟病。①

我国民航市场一直保持快速增长态势。由于当今经济的跨国性、区域性以及社会"地球村式"的发展，人们不再拘泥于固有的居住地而是扩大了自己的活动范围，其中民航出行成为一部分人的首要选择。然而，我们也看到不好的一面，比如在飞机上打群架，这些反面的例子无疑为我们敲响了警钟，它提醒我们要警惕和重视新的问题。如何引导全社会形成一种飞机文明，成为我们的首要难题。

一方面，我们需要有针对性地对民航安全知识加强宣传、普及。在旅客安全教育和管理方面，除了工作人员的指导，还可以在一些公共交通，如地铁、公交等移动媒体上通过动画等形式进行宣传。除了安全知识的教育，加大法制宣传教育也十分必要，要让旅客知道哪些行为已经触犯法律，自己需为此承担怎样的责任，这样才有利于减少因为一时冲动而引发的机上治安管理事件。

另一方面，飞机打架事件之所以频发，是因为我国的相关处罚措施并不严重。违法成本低导致很多人肆意妄为，在乘机期间总是侧重于强调自己的义务而忽略应当遵守的秩序规则。就这一点来说，我国在处理相关事件时或许可以借鉴国外的做法。2012年，加拿大69岁的参议员罗德·齐默和23岁的新婚妻子梅根·森森伯格乘坐加拿大航空公司的飞机旅行，却在飞机起飞不久后就开始争吵。森森伯格还威胁称，要让飞机坠毁。机组和警方并没有因为这名议员夫人的身份特殊而对这种做法忍气吞声。飞机着陆后，森森伯格因威胁称要让飞机坠毁而被逮捕，并在监狱中度过了一个漫长的周末。1997年，日本发生了40起机内暴力事件，是前一年的2.7倍，引起了日本航空公司的重视。为此，日本航空业当年特别设置了对策委员会，专门管理机上旅客对乘务人员的暴力或侵犯行为。该委员会规定，航班有权拒绝搭载醉酒及撒酒疯的旅客，如果遇到旅客殴打或骚扰乘务人员，可用胶带将其暂时制服。2008年，在土耳其亚达那，由于与机组工作人员发生争吵，32名旅

---

① 堂吉伟德：《飞机上打架折射三种意识欠缺》，载正义网2012年7月3日，http://www.jcrb.com/opinion/fygc/201207/t20120703_895679.html。

客被拒绝登上太阳快运航空公司的飞机。据目击者称,"飞机都滑向了跑道,但是随着争吵继续,飞行员自己改变了路线,让所有的旅客下飞机"。最终,其他旅客被允许重新登机,但与机组工作人员争吵的 32 名旅客被拒绝登上飞机。① 可见,其他国家对于航空器内的不法行为的惩罚力度较大,效果也相对较好,我国对此也可加强惩罚措施,增大违法成本,从而在源头上预防此类事件的发生。此外,及时将有打架斗殴、发酒疯、骚扰空姐等不文明行为的旅客记录在黑名单上,在一段时间内限制其乘坐公共出行工具出行,也能有效制止不文明行为。

另外,为了及时有效控制机上斗殴事件造成的人员伤害,我国有关部门应当改进培养航空安全保卫人员的路径,主要应当从以下几方面探讨。首先,安保人员的招聘。招聘过程中应当遵循择优全面原则、公平竞争原则、宁缺毋滥原则、能级原则和全面考核原则,以保证招聘能够有效进行。特别需要指出的是,要强化民航工作人员的政治素质,做好民航从业人员的背景调查,真正做到队伍纯洁,建立起坚强的民航安全防范的堡垒。其次,要创新安保人员的激励机制。通过激励,能够调动工作人员的积极性和创造性,提高工作效率,增强员工对企业的归属感,建立专业的安保人员培训师队伍。现今,机场的安保环境日渐复杂,传统的机场安保力量不能有效适应当今社会的发展,因此需要更为专业的师资队伍承担培养安保人员的重任。当然这一切的背后需要依靠财政经费的支持和保障,因此还需要我国相关政策以及我国财政决策机构的扶持。

## 【案件延伸】

类似飞机上斗殴这类事件,不仅侵害当事人的生命权、健康权等基本权益,而且可能使整个航空器上的人面临危险。面对这样的行为,必须严惩,让其付出高成本的代价,才能起到震慑的作用。飞机上斗殴除了对双方当事人造成伤害,同时也耽误其他旅客的时间,因此会面对航班延误的赔偿问题。

---

① 《飞机斗殴事件频发 看国外如何处理》,载中国新闻网 2012 年 9 月 13 日,https://www.chinanews.com.cn/cj/2012/09-13/4179815.shtml。

多起"空闹"案例显示,"空闹"轻则造成客机起飞延误,严重可导致飞机紧急备降。一位民航业内人士介绍,除了部分廉价航空外,大部分飞机每天需要执飞约 8 个航班,若是部分环节衔接出现问题,就可能造成同班次航班延误,这里面有人力、协调、延误赔偿,经济成本较大,但是很难去计算。飞机在跑道上鱼贯而行,一架飞机被耽误不能走,后面排队的飞机就要马上临时调整。所以飞机的紧急迫降或者飞机航班的时间改变,不仅给一家航空公司带来损失和危害,也会给整个机场有序飞行带来破坏。其他受影响的旅客可否索赔,又该找谁索赔?根据原中国民用航空总局出台的《航班延误经济补偿指导意见》中规定航空公司因自身原因造成航班延误 4 小时以上,应当对旅客进行补偿。4 小时也成为航空公司普遍利用的一个时间节点,在即将到达 4 小时,航空公司常会采取让乘客先登机等待的措施,以避免航空公司的赔偿责任。因此,对于因乘客打架造成的后续延误,航空公司可以免除责任。如有乘客因此造成损失,可以根据《民法典》的规定向打架的乘客要求民事侵权赔偿。

## 案例六

# 李某、小云盗窃、毁坏机上救生衣案

## 【案情介绍】

案例1：2015年5月28日，从成都飞往呼和浩特市的航班降落在了呼和浩特。旅客下了飞机以后，乘务员发现，飞机上的一件救生衣不见了。因为旅客已经离开，乘务员只得补充了新的救生衣。可是让人想不到的是，就在5月30日，呼和浩特市机场的安检人员发现，旅客李某的背包内居然有一件飞机上专用的救生衣，安检人员立即通知了呼和浩特机场公安分局。警方把李某带回公安机关进行调查，发现李某5月27日从成都来到呼和浩特市，30日准备离开呼和浩特市回成都。警方与飞机的班组和乘务员进行了联系，得知5月27日当天飞机上丢失了一件救生衣，按照票务和座次进行核对，盗窃者就是李某。虽然人赃并获，但是李某拒绝承认自己盗窃飞机上的救生衣。警方询问李某，为什么包里会有一件飞机上才有的专用救生衣，李某一口咬定这个救生衣是自己从外面买的。之后警方出示了证据，李某一看无法抵赖了，于是承认因为喜欢飞机上的救生衣，便在27日当天偷了一件，决定拿回家游泳的时候用。李某认为一件救生衣用不了多少钱，自己拿一件也无所谓。①

案例2：2015年2月21日（正月初三）15时50分许，在武汉飞往重庆的飞机上，家住重庆的小云认真地观看如何使用救生衣的教学视频。随后，这个视频勾起了她的好奇心。"这救生衣好使吗？空难这么多，到时候会不

---

① 《偷拿飞机上救生衣被拘10日》，载搜狐网2015年6月3日，https：//www.sohu.com/a/17488798_116198。

会打不开？打开之后是什么样的？"小云头脑里出现了一连串的疑问。一番心理挣扎后，她按照视频中教授的方法，拉开了救生衣的把手，只听嘭的一声，救生衣两边的气囊被"顺利"打开。她的行为吓坏了周围旅客，邻座的两位阿姨以为飞机出了事故，吓得相互抱在了一起，其他旅客也受惊不小，纷纷牢牢抓紧座椅把手"自保"。空姐和安保人员闻声而来，表示不能随便打开救生衣，这是损坏航空设施。空乘说，擅自打开救生衣是违法行为。

案例1中，呼和浩特机场公安分局民警依据《治安管理处罚法》第四十九条规定对李某作出了行政拘留10日的处罚；案例2中，重庆江北国际机场的派出所民警对小云作出行政拘留10日的处罚，并要求小云对损坏的救生衣照价赔偿①。

## 【相关法条】

《刑法》第二百六十四条规定："盗窃公私财物，数额较大的，或者多次盗窃、入户盗窃、携带凶器盗窃、扒窃的，处三年以下有期徒刑、拘役或者管制，并处或者单处罚金；数额巨大或者有其他严重情节的，处三年以上十年以下有期徒刑，并处罚金；数额特别巨大或者有其他特别严重情节的，处十年以上有期徒刑或者无期徒刑，并处罚金或者没收财产。"

《刑法》第二百七十五条规定："故意毁坏公私财物，数额较大或者有其他严重情节的，处三年以下有期徒刑、拘役或者罚金；数额巨大或者有其他特别严重情节的，处三年以上七年以下有期徒刑。"

《治安管理处罚法》第四十九条规定："盗窃、诈骗、哄抢、抢夺、敲诈勒索或者故意损毁公私财物的，处五日以上十日以下拘留，可以并处五百元以下罚款；情节较重的，处十日以上十五日以下拘留，可以并处一千元以下罚款。"

《治安管理处罚法》第三十四条规定："盗窃、损坏、擅自移动使用中的航空设施，或者强行进入航空器驾驶舱的，处十日以上十五日以下拘留。在

---

① 《飞机上女子好奇打开救生衣 结果一飞机乘客吓惨了》，载华龙网2015年2月25日，http://cq.cqnews.net/shxw/2015-02/25/content_33531801.htm。

使用中的航空器上使用可能影响导航系统正常功能的器具、工具，不听劝阻的，处五日以下拘留或者五百元以下罚款。"

## 【案情评析】

明确《刑法》和《治安管理处罚法》的区别与联系是分析这些案件的关键。《治安管理处罚法》与《刑法》的基本关系比较简单。二者的共同目的都是维护社会治安秩序，保障公共安全，保护公民、法人和其他组织的合法权益；二者制裁的对象都是对社会具有危害性的行为。二者的根本区别在于，《治安管理处罚法》是对尚未达到犯罪程度的违法行为的制裁，即制裁对象为一般违法行为，而《刑法》的适用对象为构成犯罪的危害性行为。也就是说，二者在定性上标准大多一样，最主要的区别在于定量上。[①]

就盗窃罪而言，盗窃是指以非法占有为目的，秘密窃取公私财物，数额较大，或者多次盗窃、入户盗窃、携带凶器盗窃、扒窃公私财物的行为。本罪的构成要件在前文已有阐述。而本罪与非罪的界限，可根据《刑法》第二百六十四条规定得出，盗窃公私财物数额较大或者多次盗窃、入户盗窃、携带凶器盗窃、扒窃公私财物的行为。因而，区分盗窃罪与非罪的界限，关键要确定"数额较大"的标准以及界定"多次盗窃""入户盗窃""携带凶器盗窃"以及"扒窃"的含义。《最高人民法院、最高人民检察院关于办理盗窃刑事案件适用法律若干问题的解释》第一条和第三条规定对此进行了明确要求。第一条规定"盗窃公私财物价值一千元至三千元以上"的，"认定为刑法第二百六十四条规定的'数额较大'，各省、自治区、直辖市高级人民法院、人民检察院可以根据本地区经济发展状况，并考虑社会治安状况，在前款规定的数额幅度内，确定本地区执行的具体数额标准，报最高人民法院、最高人民检察院批准"。第三条第一款规定"二年内盗窃三次以上的，应当认定为'多次盗窃'"。这一规定主要是指三次以上盗窃累计数额仍达不到较大者。若在追溯期限内，多次盗窃数额达到数额较大的标准，可以"盗窃公

---

[①] 《〈治安管理处罚法〉实施研究》，载找法网2019年11月12日，https：//china.findlaw.cn/info/xingzheng/zhianchufa/58189_2.html。

私财物，数额较大的"的情形来定罪处罚。第三条第二款规定"非法进入供他人家庭生活，与外界相对隔离的住所盗窃的，应当认定为'入户盗窃'"。住所包括封闭的院落、牧民的帐篷、渔民作为家庭生活场所的渔船、为生活租用的房屋等。第三条第三款规定"携带枪支、爆炸物、管制刀具等国家禁止个人携带的器械盗窃，或者为了实施违法犯罪携带其他足以危害他人人身安全的器械盗窃的，应当认定为'携带凶器盗窃'"。对于携带凶器的目的的非法性，必须是在盗窃中为抗拒抓捕等目的，否则若只是为了实施盗窃方便，为顺利实施盗窃创造条件而携带剪刀、钳子等工具，只是一般的作案工具，则不应认定为携带凶器盗窃。若查明携带的器具确实不是为实施盗窃而携带，则更不应认定为携带凶器盗窃。第三条第四款规定"在公共场所或者公共交通工具上盗窃他人随身携带的财物的，应当认定为'扒窃'"。扒窃是行为犯，只要实施了扒窃行为，就构成犯罪，不论窃得财物多少。关于盗窃财物的数额计算方法，盗窃公私财物数额的大小，是一般情况下定罪量刑的主要标准。因此，如何认定被盗窃财物的数额，直接关系到能否正确定罪与合理量刑。

在司法实务操作中，被盗财物种类繁多，情况复杂。为了规范对各种财物价值的计算方法，以便统一入罪和量刑标准，《最高人民法院、最高人民检察院关于办理盗窃刑事案件适用法律若干问题的解释》第四条、第五条以及第九条作了详细的规定。与本案有关的是第四条第一款第一项的规定："被盗财物有有效价格证明的，根据有效价格证明认定；无有效价格证明，或者根据价格证明认定盗窃数额明显不合理的，应当按照有关规定委托估价机构估价。"根据航空公司提供的价格，一件救生衣的成本为300~600元。

此外，案例涉及了竞合问题。刑法上的竞合分为想象竞合与法条竞合。想象竞合是指一个行为触犯数个罪名的犯罪形态，其构成要件有二。第一，行为人只实施了一个行为。这是想象竞合犯的前提条件。所谓一个行为，是指在社会生活意义上被评价为一个行为。第二，一个行为触犯了数个罪名。数个罪名应当是不同种类的罪名。法条竞合又称法规竞合，是指行为人实施的一个犯罪行为同时触犯数个在犯罪构成上具有包容或交叉关系的刑法规范，只适用于其中一个刑法规范的情况。例如，甲持有抢劫枪支、弹药的故意，实行了抢劫枪支、弹药的行为，同时触犯了《刑法》第一百二十七条第二款规定的抢劫枪支、弹药爆炸物、危险物质罪和第二百六十三条规定的抢劫罪，而抢劫枪支、弹药的构成就为抢劫罪的构成所包容。虽然没有明文规定，但是应当认为想象竞合以及法条竞合的理论可以适用于行政处罚。

根据以上法条，结合案例1分析，李某为完全刑事责任能力人，以非法占有为目的，将本属于航空公司所有的救生衣非法据为己有，其行为已经构成盗窃。但是一件救生衣的价格并未达到定罪所规定的数额较大的程度，其行为不足以构成犯罪，因此不用承担刑事责任，所以适用《治安管理处罚法》对其进行行政处罚。而该行为同时触犯了《治安管理处罚法》第三十四条以及第四十九条之规定，属于行政处罚上的法条竞合，根据适用原则特别法优于一般法，第三十四条为特别规定，所以适用第三十四条对李某进行处罚，即处10日以上15日以下拘留。而该案最后的处理结果是公安机关对李某处以10日行政拘留的处罚，所以公安机关的处理是完全正确的。

案例2中可能涉及的刑法问题是故意毁坏财物罪。故意毁坏财物罪是指故意非法地毁灭或者损坏公私财物，数额较大或者情节严重的行为。本罪的构成要件分析如下。

（1）本罪的客体是公私财物所有权。犯罪对象可以是任何有形的公私财物，包括动产和不动产。

（2）本罪的客观方面表现为毁灭或者损坏公私财物，数额较大或者情节严重的行为。这里的损害包括物理上的损毁，也包括效用上的丧失。损害的方法有多种，包括砸毁、撕毁、压毁等。损坏财物数量较大或者情节严重的，才构成本罪，至于具体标准，《最高人民检察院、公安部关于公安机关管辖的刑事案件立案追诉标准的规定（一）》第三十三条明确规定："故意毁坏公私财物，涉嫌下列情形之一的，应予立案追诉：（一）造成公私财物损失五千元以上的；（二）毁坏公私财物三次以上的；（三）纠集三人以上公然毁坏公私财物的；（四）其他情节严重的情形。"

（3）本罪主体是一般主体，凡达到刑事责任年龄（16周岁）且具备刑事责任能力的人均能构成。

（4）本罪的主观方面为故意，包括直接故意与间接故意。直接故意是指明知自己的行为必然或者可能会发生危害结果，并希望这种危害结果发生的心理状态；间接故意是指明知自己的行为必然或者可能会发生危害结果，并放任这种危害结果发生的心理状态。

根据上述法条，结合案例2进行分析，旅客小云擅自打开救生衣，使救生衣丧失效用，但一件救生衣的价格仅为300~600元，所以小云的行为不符合该罪客观方面的构成要件，同时小云并不知道打开救生衣会造成救生衣效用的永久丧失，可以认定其主观上并不具有故意损坏财物的故意，因此小云的行为不构成故意毁坏财物罪，不承担刑事责任。所以，可以适用《治安管理处罚法》进行处罚，救生衣属于使用中的航空设施，应当处以10日以上15日以下拘留，同时赔偿航空公司相应损失。

本案例涉及两个比较重要的问题：一是救生衣在飞机上的重要性；二是旅客偷拿救生衣的原因。

（1）飞机上救生衣的重要性。飞机上的救生衣分为红黄两色。这两种警告色都有利于救援人员在海上救援中发现和区别被困者——红黄两色分别供给机组人员和旅客使用。救生衣用尼龙材料做成，其中上下两个气囊主要是为了发挥双保险的作用。附件里两个高压气瓶分布左右两边，当需要完成自动充气时，拉动两边的红色把手即可；还可以通过两边的口吹管进行人工充气。方位指示灯的电源是由海水激活的，供电时间可长达12小时以上，在夜晚极易被发现。一些救生衣还配有可以发出呼叫的哨子和可以反射光线的镜子等。机上的专用救生衣为航空公司的资产，一般价格为300~1 000元，但是一旦打开使用，就无法再次使用了。所以，飞机上的救生衣只能在飞机发生意外，旅客逃生时使用，并不具备生活中能经常使用的功能。旅客拿了机上救生衣私用也极不方便。每件救生衣上都会有所属航空公司的标志，很容易被认出来，作为一次性的产品也无法被反复充气使用。

旅客在遇到紧急情况时，不要在机舱里给救生衣充气。救生衣充气后十分臃肿，机舱里又很狭小，容易造成堵塞，影响撤离时间。而且充气后，救生衣容易被尖锐物品划破、漏气，失去原有功能。在飞机进水的情况下，救生衣还会使旅客漂浮在客舱内，无法逃生。当飞机迫降在海面上时，旅客应穿着救生衣在海面漂浮等待救援，不可穿着救生衣游泳。因为海水温度很低，在冰冷的水里应尽量减少活动,保存体力。如果旅客带有婴儿,在婴儿抱离座位时就应该给救生衣充气(一般婴儿只需要充一半的气即可)。将婴儿的救生衣与成人的系在一起,可使婴儿多一层安全保障。

(2)偷拿救生衣的事件为何屡屡发生。旅客偷拿救生衣的原因多样,比如有些人觉得乘坐飞机可以拿救生衣做个纪念,也有人拿回去下次游泳用,还有更甚者以为救生衣没用就取走,觉得下次坐飞机还会用。民航业发展迅速,但有些旅客还没有意识到在飞机上盗窃救生衣,在紧急情况下就有可能使一名旅客丧失求生的可能。旅客的安全意识和法律意识淡薄,容易导致这一类事件的发生。例如,发生过数次的硬币祈福事件①、旅客强行闯入停机坪事件,都是源于对民航业缺乏了解,安全意识严重不足。旅客法律意识淡薄,认为拿一件救生衣不值几个钱,却不知道偷拿救生衣的行为已经触犯了法律。

那么如何解决本案例存在的主要问题?我们提出两方面建议。

(1)加强民航业安全文化宣传,加大普法力度。首先是加强舆论宣传,在候机楼可以专门设置安全文化宣传的广告栏,在航空运输的高峰时期,如春运、暑运机场的各类媒体上进行安全文化宣传,向旅客告知机上的禁止性义务。其次是加大普法力度,在机上安全须知上加印普法板块,主要普及在航空器上可能违反的《民用航空法》《治安管理处罚法》等法律中的相关法条。

(2)提高工作人员的能力,加强相关技能培训。一方面,加强安检人员和机组人员的培训,这两类人是接触旅客距离最近的人员,他们对于防范机上扰乱行为以及其他违法犯罪行为起到最直接的作用。在安检方面,加强对旅客行李以及身份的核验,这里涉及一个信息合作的问题,即警方的犯罪信息系统和人口信息系统与旅客信息的交互与合作。可以建立一个信息合作机制,让安检员在查验身份的时候,就能分辨出哪些是高危分子,同时将信息传递给机组人员,让他们可以提前防范,对高危人员重点盯防。在机组人员

---

① 《又有旅客向飞机投币祈福|遇到投币行为 还需法律放大招》,载民航资源网2021年4月20日,http://www.news.carnoc.com/559/559435.html。

方面，要加强乘务人员和安全员的技能培训。航空公司每年对乘务员都有规范培训（每年的年度复训和应急训练），但培训的内容缺少对飞机上盗窃案件的防范措施，应当在每年的年度复训中增加此类内容，同时加强应对其他扰乱行为的技能培训。另一方面，及时检查机上救生设备是否完备。机务人员应当每次航行后都检查救生衣是否在位，定期检查更换一批新的救生衣，以保证救生衣安全可用。

## 【案件延伸】

随着民用航空业高速发展，民航飞机和机场在国际、国内交往中扮演着越发重要的角色。然而，危害航空安全的违法犯罪活动也正威胁着公民人身、财产安全和民航事业的发展，同时损害了民众对民用航空安全的信任，影响了社会稳定与和谐。

### 1. 民用航空领域飞行安全侵害行为日趋纷繁复杂

说到危害航空安全，人们首先想到的往往是以航空器为目标的恐怖活动带来的危害和影响，其实普通旅客的不当行为同样会给航空安全带来危害。事实上，危害航空安全的行为时常发生，具体表现为以下几种情况：在航空器内抢占座位、行李舱架，吸烟酗酒、打骂、侮辱机组人员，违反规定使用无线电通信工具、电子游戏机、便携式激光唱机或电脑等电子设备；在飞行活动区附近放风筝及氢气球，不按规定路线在飞行活动区行驶，与飞机抢行，拦截飞机，翻越飞行活动区围界等；[①] 谎报险情，制造混乱谎称行李或航空器内有炸弹，打恐怖电话声称要劫机、炸机等，随身及托运物品中夹带危险品，不经安检直接上飞机，利用客票交运或者捎带非旅客本人的行李物品，伪报货物品名，危险品不按规定包装运输等；破坏民航设施，破坏通信导航设备，盗窃、故意损坏或者擅自移动救生物品和设备，破坏机场设备等；航班不正常时，旅客冲击安检现场和登机口，占据航空器客舱拒不下机，打砸和哄抢公共财物等。这些违法违规的行为给航空安全带来的危害不可小觑，

---

① 李玮：《加强法制建设　保障飞行安全》，载《新疆人大》2013年第7期。

旅客应当意识到自己的行为会给航空安全带来危害。

### 2. 危害航空安全的行为未引起足够重视，管理制度落实不到位

首先，行为人对自身行为带来的危害后果缺乏主观认识。一些违法行为的当事人觉得自己的行为无关紧要，没有认识到自己的行为可能造成的严重后果，甚至包括空难事故的发生。其次，法制观念淡薄造成非法干扰民航安全的事件频频发生。违法行为的当事人尽管知道自己的做法不妥，但认为没有危及他人生命就不会受到法律制裁才放任去做。最后，航空企业安全管理制度落实不到位。政府作为管理部门，对违反航空安全规定的企业或个人要追究责任。对于航空企业来讲，发生了有可能危害航空安全的事件，由于害怕惩罚，对于肇事当事人及事件会予以隐瞒，客观上为肇事人逃避责任提供了可趁之机。

### 3. 加强法治建设，防范危害航空安全的违法行为

民用航空为社会公众服务，是通过在空中飞行得以实现的。飞行的特点是速度快、范围广，遇到特殊情况时，处置要比地面复杂。因此，应针对危害航空安全违法行为的特点，采取有效的措施加以防范，避免危害的发生。首先，全面加强航空安全教育，加强宣传力度，让肇事人意识到他们的行为将会危害公共安全和公共利益。其次，加大现有法律执行力度的同时，进一步完善航空法治建设。建立合理的民航法律法规体系，形成法律—行政法规—部门规章—规范性文件的体系，将民航有关的权利义务及相关标准予以细化。最后，建立安全报告制度，解决民航"安全焦虑"问题。根据飞行员、乘务员、管制员和机务人员等一线人员报告，收集安全信息，然后发送到航空界各个领域，使其他人及时吸取教训，避免同类事件再次发生。

## 案例七

# 李某机上性骚扰案

## 【案情介绍】

2017年1月3日1时20分许,在深圳飞往北京的航班上,座位号为38D的李某趁座位号为38E的女性旅客张某睡觉之际,用左手触摸张某胸部。张某被李某摸醒后,立即报告机组,后由机组人员帮其报警,派出所民警到现场后将李某与张某带回派出所接受调查。以上事实由李某的陈述、被害人陈述、证人证言以及民警出具的到案经过等证据证实。

1月8日中午,北京首都国际机场公安分局公安行政处罚决定书显示李某行为属于飞机性骚扰行为,依据《治安管理处罚法》第四十四条的规定,最后给予李某行政拘留5日的处罚。[1]

在本次事件中,1月3日,微博"2017一月三"发表了文章,讲述了自己的遭遇。之后,有观点质疑她是在炒作。1月4日,李某在其微博发表文章否认自己实施性骚扰,称"没想到遭遇了一场莫名的网络暴力攻击"。微博用户"2017一月三"于1月8日发布微博表示,感谢警察的秉公执法,感谢社会各界人士对此次事件的关注以及发声,女性受到伤害不要选择隐忍和沉默。李某所在公司于1月8日通过微博发布公司声明称,公司刚刚获悉警方对李某公安行政处罚的结果,深表震惊和痛心。"在飞机上遭受性骚扰之后,这位女性受害者勇敢站出来为自己维权,是应该被鼓励和提倡的行为。"时任中国传媒大学媒介与女性研究中心副主任、副教授王琴告诉中国妇女报

---

[1] 李禹潼:《女乘客飞机上遭性骚扰 "咸猪手"男子被拘留五日》,载网易新闻网2017年1月8日,https://www.163.com/news/article/CA939BQ900018AOR.html。

社主办的中华女性网记者,在新媒体时代,女性遭遇侵害后,要善于借用社交媒体的力量,勇敢发声,呼吁舆论的关注和公众的支持。在网络信息发达的今天,传媒环境更加复杂,对于此次飞机上女性遭受性骚扰,公安机关已经有了清楚的判断,也给出了相应的处罚,显然这件事事实清楚、证据充分,网上各种关于炒作的质疑应该休矣。从媒体报道的角度来看,在相关事实未得到权威认定之前,媒体应尽可能秉持保护妇女等弱势群体的立场,作出尽可能客观的判断。媒体应该尊重性骚扰受害者,保护受害者的隐私,避免对受害人的苛责。性骚扰不是受害者的问题,也不是偶然发生在受害者身上的个体悲剧,媒体需要责问的是那些做出性骚扰行为的人,要追问的是在性骚扰事件背后的社会环境和社会问题。

## 【相关法条】

《治安管理处罚法》第四十四条规定:"猥亵他人的,或者在公共场所故意裸露身体,情节恶劣的,处五日以上十日以下拘留;猥亵智力残疾人、精神病人、不满十四周岁的人或者有其他严重情节的,处十日以上十五日以下拘留。"

《刑法》第二百三十七条规定:"以暴力、胁迫或者其他方法强制猥亵他人或者侮辱妇女的,处五年以下有期徒刑或者拘役。聚众或者在公共场所当众犯前款罪的,或者有其他恶劣情节的,处五年以上有期徒刑……"[1]

## 【案情评析】

《刑法》第二百三十七条规定了强制猥亵侮辱罪,其中"猥亵"一词解读为"性交以外的淫秽性的下流行为",具体表现为行为人为了追求性的刺激,以满足其变态性欲,对他人的身体进行抠摸、搂抱、鸡奸等。相关罪名有强制猥亵罪、侮辱罪、猥亵儿童罪。对未满14周岁的儿童实施猥亵的行为,即使未成年人自愿,也可视为猥亵。

---

[1] 2020年12月26日,全国人大常委会表决通过的《中华人民共和国刑法修正案(十一)》对刑法第二百三十七条进行了修改。

首先从本罪构成要件分析，具体如下所述。

（1）客体要件。本罪侵犯的客体是他人的身体自由权和隐私权、名誉权。所谓身体自由权，是指他人的身体的动静举止不受非法干预为内容的人格权。所谓隐私权，是指他人所享有的对其个人的，与公共利益无关的个人信息、私人活动和私有领域进行支配的一种人格权，其私有领域的不可侵犯（包括其身体不能被偷看、猥亵等）是其重要权能。所谓名誉权，是指他人所享有的就其自身属性和特点表现出来的社会价值而获得社会公正评价的权利。强制猥亵他人，既使他人身体的动静举止受到非法干预，又使其私有领域受到侵犯，侵犯了他人的身体自由权和隐私权；侮辱他人，损害了他人的名誉权。

（2）客观要件。本罪在客观方面表现为以暴力、胁迫或者其他方法强制猥亵他人，或者侮辱妇女的行为。首先，行为人猥亵他人、侮辱妇女具有违背他人意志的本质特征。违背他人意志，即缺乏他人的真实同意。如果他人对于行为人的猥亵行为表示同意，不能成立本罪。他人同意行为人所进行的各种淫秽下流的动作，如采用下流的语言调戏的，自然也谈不上侮辱他人的行为。其次，行为人采用暴力、胁迫或者其他方法实施了强制猥亵他人或者侮辱妇女的行为。所谓暴力，是指对被害者的人身采取殴打、捆绑、堵嘴、掐脖子、按倒等侵害人身安全或者人身自由的强暴方法，使他人不能反抗。所谓胁迫，是指对被害者采取威胁、恐吓等方法，实行精神上的强制，使其不能反抗。例如，以杀害、伤害、揭发隐私、毁坏私誉、加害亲属等相威胁；利用收养关系、从属关系、职务权力以及使被害者处于孤立无援的环境进行挟制等。所谓其他方法，是指暴力、胁迫以外的其他使妇女无法反抗、不知反抗的手段。例如，利用封建迷信进行恐吓、欺骗或者利用他人患病、熟睡之机进行猥亵；利用酒灌醉、药物麻醉、药物刺激等方法对他人进行猥亵；利用或者假冒治病对他人进行猥亵等。

（3）主体要件。本罪的主体为一般主体，凡达到刑事责任年龄且具备刑事责任能力的自然人均能构成本罪。

（4）主观要件。本罪在主观方面表现为故意，通常表现出刺激或者满足行为人的性欲的倾向，但不具有强行奸淫的目的。

结合上述分析，可知本案共有两大焦点：一是机上性骚扰行为的定性和处罚问题；二是该类事件如何预防的问题。现实生活中，职场、公共领域的性骚扰现象较为普遍，对该类事件的处理，受到公众的重视。

**1. 关于机上性骚扰行为的定性和处罚问题**

机上性骚扰行为是指在飞机上发生的旅客对机上服务人员或其他旅客实施与性有关的内容，使对方感觉性权利遭受侵害的行为。性骚扰大多发生在异性之间，广义的性骚扰并不限于异性间，对象也不单指妇女，同性间也可构成性骚扰。总而言之，任何以言语或肢体，做出有关性的含义、性的诉求或性的行为，使得受害人在心理上有不安、疑虑、恐惧、困扰、担心等情况，都属于性骚扰。发生的地点不同是区别机上性骚扰行为与普通的性骚扰行为的关键，因此其侵害的客体从他人的性自由扩展到了民航的运营秩序。如果某一航班上发生了性骚扰行为，可能会导致航班返航或迫降，这将影响航班的正常运营。而且机上性骚扰行为很容易引起机上骚乱，以至于会威胁飞行安全。

构成机上性骚扰行为一般有以下几个特点。第一，性骚扰手段一般是非暴力性的，被害人往往没有受到人身的强制，这一特点是区分性骚扰行为与强制猥亵、侮辱妇女行为的主要依据。强制猥亵、侮辱妇女的行为只限于以暴力、胁迫或者其他一些特定的手段进行，具有强制性的特点。实际生活中，性骚扰与强制猥亵妇女、强奸之间往往是一个循序渐进的过程。第二，性骚扰的表现方式可以多种多样，性骚扰行为可以包括语言、文字、图像、电子信息、肢体动作等多种形式。语言，就是通过口头方式，以下流的语言挑逗对方，向其讲述个人性经历或其他色情内容。肢体动作的形式包括故意触摸、碰撞对方的胸部、腿部、臀部、阴部等性敏感位置或亲吻对方脸部。电子信息就是通过手机等电子工具给对方发一些色情文字或图片等。第三，性骚扰必须造成危害结果，否则只构成一般猥亵。本案中李某主观上故意实施了对张某的触摸胸部行为，已经侵犯了张某的隐私权和身体自由权，只是严重程度达不到《刑法》所规制的处罚程度，所以只是一般的猥亵，即规定为在公共场所故意裸露身体，在对方性感区进行抠摸、搂抱、吸吮等行为。综上所述，本案中北京首都国际机场公安分局依照《治安管理处罚法》第四十四条规定处罚，合法合理。

**2. 该类事件如何预防的问题**

从犯罪学的角度来看，首先应当分析发生此类事件的原因。

第一，旅客自我防范意识欠缺。基于对案例的研究和分析，我们难以判断犯罪分子的犯罪心理，而对于犯罪动机，我们也是难以事先预知的。但是，我们可以控制犯罪发生的条件。将犯罪发生的条件减到最少，那么我们的人身安全和财产安全不受侵害的可能性就最高。机上发生此类事件，反映出旅客自我防范意识欠缺也是造成此类事件发生的原因之一。这里不是明确指出要怪受害人自己没有意识，要说明的一点是要防患于未然。古语有云，"害人之心不可有，防人之心不可无"。害人之心，我们难以揣测，而防人之心，我们必须要有。机上空间狭小，人与人之间距离过近，机上性骚扰很多都是发生在相邻旅客之间，邻座距离近，乘客一旦感觉到有不良情况，难以迅疾拉远距离，摆脱性骚扰。所以，在乘坐飞机的时候，当存在一些犯罪条件时，我们就更应当要提高警惕。

第二，机上的安全措施不充分。很多时候，行为人的性骚扰行为都是在机上机组成员和旅客不注意时实施的，一些机组成员在工作过程中没有以认真、严谨的态度对待旅客的安全，给了行为人可乘之机，所以机组成员应该强化机上的安全巡视，加大对旅客的提醒力度。

针对以上原因，笔者提出以下几点建议。

第一，提升旅客自我防范意识。对于飞机上的一切违法犯罪，尤其如本案中的事件，旅客始终心中要保持高度警惕，将"害人之心不可有，防人之心不可无"的古人之言铭记于心。当事情很难预测的时候，我们都没办法提前预知违法分子、犯罪分子的犯罪心理，但是可以从客观上减少犯罪条件，从而降低自己遭受侵害的可能性。总之，要提升自己的安全防范意识，多了解民航安全教育知识，多关注民航的违法犯罪案例，以警示自己，强化安全意识。具体而言，一方面要遵纪守法，遵守机上一切规定，听从机组人员的指令；另一方面，自身不能成为违法、犯罪的实施者。

第二，完善民航机上违法犯罪的监管机制。中国民用航空局作为对民航运输企业的运行进行安全监管的政府部门，应该充分发挥安全监管作用，通过建立科学的安全监管和激励机制，减少民航运输企业的违规行为，使其遵章守纪，自觉地维护航空运输的安全。中国民用航空局一直提倡绩效考核。绩效考核既是一种形式层面的制度，更是一种实质层面的制度。我们需要长期坚持落实绩效考核制度，使得机上旅客的人身、财产从根本上得到保护。

第三，提高空乘人员的自我保护能力。曾有一位女空乘人员在送餐时，一名外籍男性旅客招呼她过来，当她低下头，该男子突然掀起自己的小桌板，露出了自己的下体。女空乘人员尖叫一声就跑开了，哭了整整一路。有的人趁空乘人员在整理行李架或者从过道经过时，侵犯空乘人员。面对这些情况大多空乘人员只能选择忍气吞声，而不敢也不愿意做出反击。中国香港航空有限公司曾将咏春拳训练纳入空乘人员的必修课，鼓励乘务人员强身健体，以及训练预防突发事件的身手。某公司管理人员称："（公司）每周大约有3起乘客'不守规矩'的事件发生，空乘经过训练，便可有效应对这种情况。"① 这是一种很好的方式，通过对空乘人员的专业训练，提高空乘人员应对性骚扰行为时的自我保护能力。

第四，继续建立失信名单，有关部门也应该加大对举报性骚扰行为的鼓励。据报道，新加坡航空公司有一名女空乘人员在执行任务的时候被旅客当众非礼，她当即扇了那名男旅客一个耳光。但是，该航空公司最后并没有给这名空乘人员处罚，而是表扬她勇敢维护了自己的权益，骚扰她的男旅客最后也被警方带走接受处罚。许多民航人曾羡慕外国民航的依法办事以及对业内人员的保护，抱怨自己公司为了服务满意度而纵容违规旅客，或抱怨执法机构有法不依、执法不严的不作为。好在如今这种情况早已大大改观。严重扰乱客舱秩序的各类违法行为被列入严打范围，这些违法违规旅客在被公安机关处以行政处罚后，还将被列入《民航限制乘坐民用航空器严重失信人名

---

① 《又一起骚扰空姐，拘了！》，载观察者网2019年12月10日，https：//user.guancha.cn/main/content? id=209540。

单》，在一年内限制乘坐民用航空器。因此，面对性骚扰行为，要勇于维护自己的合法权益。

## 【案件延伸】

据福克斯新闻报道，美国马里兰州执法以及美国联邦调查局官员聚集在巴尔的摩华盛顿瑟古德·马歇尔国际机场，就日益增长的机上性骚扰事件数量带来的威胁向旅客发出警告。美国联邦调查局特工表示，航班上的性骚扰事件数量正"以惊人的速度增长"。他说，从统计上看，此类事件仍然"罕见"，但他敦促旅客保持"态势感知"，并立即报告遇到的任何不当行为。根据统计数据，2014 年报告了 38 起性骚扰事件，2017 年报告了 63 起性骚扰事件。该数据显示，机上性骚扰在美国正以惊人的速度增长，引发一系列哗然。①

据外媒报道，在收到数起机上性骚扰投诉报告之后，印度航空在飞机上设立了部分女性专座。同时，印度航空还向机组人员发放塑料手铐，以便将那些"行为完全失控的"旅客铐起来。

涉及如何减少空乘人员被性骚扰的事件，最重要的就是破除空乘人员应该无条件为旅客服务的理念。很多乘务人员常常迫于身份或是工作的压力，不敢通过自己的力量反击性骚扰者。他们害怕自己的反击行为会收到旅客的投诉，进而影响自己的工作。当然这与社会环境是分不开的，公众认为服务行业就是"微笑"行业，应当奉行顾客至上的服务理念，尽可能地去满足顾客的要求。空乘服务行业也是如此，当然这一切，航空公司难逃责任，在保护自己员工方面还是做得不够。② 航空公司对该类犯罪的控制具有不可推卸的责任，其应当制定规范允许甚至鼓励空乘人员反击性骚扰行为，在此情境下会有更多的受害者会选择站起来保护自己的合法权益。一方面，通过对员工的保护，有利于凝聚公司的向心力，提高员工工作的积极性和工作效率，为航空公司创造业绩；另一方面，也有助于增强对存在性骚扰行为旅客的震

---

① 《FBI says in-flight sexual assaults rising at 'alaming rate'》，载 fox news 2018 年 6 月 21 日，https://www.foxnews.com/travel/fbi-says-in-flight-sexual-assaults-rising-at-alaming-rate。

② 《剁掉你的咸猪手 请对空姐放尊重》，载百家号"网易航空"2018 年 3 月 11 日，https://baijiahao.baidu.com/s?id=1594606986213938475&wfr=spider&for=pc。

慑力，让他们主观上不再存在侥幸心理。总之，我国航空公司应当加大对员工合法权益的保护，使空乘人员被性骚扰的可能性降低。

机上性骚扰事件是完全可以控制的。对于旅客来说，遇到机上性骚扰，一方面，应该理智处理，根据实际情况判断，按照最有利于自己的方式解决；另一方面，当这种事情发生时，应勇于合理斥责，严厉反击与批评。对于航空公司来说，可以适当借鉴外国有益经验，如配备塑料手铐以及设计女性专用座位。根据国内发生的事件态势，选择合理合法的方式来保证旅客体验飞行的安全性、经济性、舒适性。

# 第四部分

# 妨害社会管理秩序行为

妨害社会管理秩序是指行为人妨害国家行政机关和司法机关等对社会的管理活动,破坏社会正常秩序的行为。民用航空器作为在空中飞行的特殊主体,是为公众提供服务的公共场所,为了保证机上人员的安全,需要遵从特定的社会管理秩序。而行为人的侵害行为,不仅会妨害社会管理秩序,还会因航班的中止、返航、重新安检等引发重大经济损失,严重影响民用航空器运行的正常秩序。

在民航领域,与本部分妨害社会管理秩序行为相关的罪名,包括寻衅滋事罪、故意编造虚假恐怖信息罪等,若斗殴行为危及飞行安全或已经侵害飞行安全的,还涉及暴力危及飞行安全罪。该类行为的犯罪主体大多数是一般主体,但也有少数特殊主体。该类行为在主观方面绝大多数表现为故意,也有个别表现为过失。该类行为所侵害的客体是社会管理秩序,如公共秩序管理、公共卫生管理、毒品管理等。飞机作为在高空飞行的公共交通工具,也有其特殊的管理秩序。该类行为在客观方面表现为妨害国家机关对社会依法实行管理活动,破坏社会正常秩序。

从犯罪人的角度来说,妨害社会管理秩序行为的犯罪人,大多为一般主体,即一般社会公众。其犯罪原因主要有以下几点内容。其一,犯罪人的个人原因(心理特征)。由于个人品德的养成以及道德素质的差异,个别人士的素质低下,将不良习惯带到了航空器上。其二,文化原因。虽然乘机出行的方式已经逐渐大众化,但对于旅客来讲,大部分人并不了解乘机的注意事项、安全常识等，也不清楚扰乱机上秩序会造成的严重后果。其三，社会原因。一方面是由于对乘机安全知识的社会宣传不足，另一方面是由于对扰乱秩序行为的惩治力度较弱，无法起到震慑作用。

该类行为的主要特点表现为，在民用航空器上或利用民用航空器作为手段，通过作为的方式，进行干扰秩序、暴力犯罪、经济犯罪、毒品犯罪等。此类行为的犯罪后果，轻则扰乱机上正常的秩序，造成航班中止、返航、备降或重新安检等，重则危及飞行安全，对机上人员的生命、健康安全产生重大威胁。针对此类行为，可从三个方面解决，具体如下所述。

（1）加强对乘机安全知识、法律后果的宣传。通过加大宣传力度、改变宣传方式等，做到有效宣传。增强旅客的法制观念，宣传法律后果、惩治方式等，对部分心怀叵测的旅客起震慑作用，使这些人心怀忌惮，不致恣意妄为。

（2）加强对扰乱秩序行为的惩治。有学者认为，我国法律对于机上扰乱行为的惩治力度较轻，违法成本低，对犯罪人的震慑力度较小，应加强处置力度，进行严厉处置。严格依照相关的政策、条例、法规等，对此类扰乱行为作出相应的处罚。

（3）加强安保力量。在登机前的安检阶段，对重点可疑人员、可疑物品进行着重检查；登机后，做好旅客服务，时刻关注旅客情绪，解决好行李放置、顺序入座等问题；突发事件发生后，空警、空保以及乘务人员能够做到迅速反应，第一时间应对，加强安保力量，迅速控制危险源头。

在该类犯罪中，扰乱机上秩序造成严重后果，构成犯罪的，依据《刑法》规定进行处罚；不构成犯罪的，依据《治安管理处罚法》等规定处罚，给予罚款与警告等处罚。在本部分案例中会分别予以具体讨论。

社会管理秩序是社会生活能够正常进行、确保公众安全的重要保障。机上安全更是关乎公众生命安全，亟须得到重视。因此，对于侵害机上社会管理秩序的行为，更应给予相应的处罚，以维护航空安全。

## 案例一

# 西双版纳飞昆明航班旅客斗殴事件

## 【案情介绍】

2013年11月4日21时55分，在从西双版纳飞往昆明的航班上，在旅客登机过程中，当事双方旅客因都想使用同一方位的行李架放置行李，僵持不下，持续争执加剧引发了后续的肢体抵触。一名中年女子将水杯砸向后方女子，被打女子反过来扯住对方头发，与扔水杯女子同行的另3名女子看到后立马站起来帮忙。之后双方开始吵嚷争执，与这名女子随行的男子（金发男子）上前制止，却被另一名老人揪住了头发。当班乘务长及乘务人员等第一时间进行劝导未果。乘务人员没有详细问起矛盾的原因，仅说飞机即将起飞，期望双方能停下来，但是双方都没有当即停下，而是继续争论。为了后续航班能够正常运行，不影响其他旅客的正常行程，最终双方被机场的民警带下飞机。

后经警方核实：4名中年女子与一对夫妻在飞机起飞前几分钟打斗。金发男子是外国人，与被打女子为夫妻关系，斗殴双方是来自于同一个游览团的团友。斗殴事件发生前的当天正午，游览团一行人在西双版纳当地一家饭店吃饭，因饭菜不合口味，金发男子和妻子一同去超市购买牛奶、面包等食品充饥，进而耽搁了上车时间。包含4名中年女子在内的其他旅客在车上等待了10余分钟后，金发男子和妻子才回到车上。在车上等待的过程中，4名中年女子表现得十分不耐烦，对金发男子和妻子的晚到行为一直在抱怨。看到他们回来，张口骂了几句，两边就起了争执。最终，在其他团友的劝解下，双方停止争执。

该事件最终导致航班延误，经乘务人员和机场警务人员调停处理，争执双方经过协商达成一致补偿意见：4名中年女子补偿外籍夫妻300元钱，双方协商一致后再次乘机。① 乘务长还组织了一名乘务人员坐在被打女子后排，整个飞行过程中，两边没有再打闹。这起打架打斗事情导致了航班延误，但没有旅客投诉。②

## 【相关法条】

《民用航空法》第四十六条规定："飞行中，对于任何破坏民用航空器、扰乱民用航空器内秩序、危害民用航空器所载人员或者财产安全以及其他危及飞行安全的行为，在保证安全的前提下，机长有权采取必要的适当措施。飞行中，遇到特殊情况时，为保证民用航空器及其所载人员的安全，机长有权对民用航空器作出处置。"

《民用航空安全保卫条例》第二十五条规定："航空器内禁止下列行为：（一）在禁烟区吸烟；（二）抢占座位、行李舱（架）；（三）打架、酗酒、寻衅滋事；（四）盗窃、故意损坏或者擅自移动救生物品和设备；（五）危及飞行安全和扰乱航空器内秩序的其他行为。"（违反上述条例的，根据情节轻重，分别适用《治安管理处罚法》和《刑法》，对违法、犯罪人员作出处罚。）

《治安管理处罚法》第二条规定："扰乱公共秩序，妨害公共安全，侵犯人身权利、财产权利，妨害社会管理，具有社会危害性，依照《中华人民共和国刑法》的规定构成犯罪的，依法追究刑事责任；尚不够刑事处罚的，由公安机关依照本法给予治安管理处罚。"

《治安管理处罚法》第二十三条规定："有下列行为之一的，处警告或者二百元以下罚款；情节较重的，处五日以上十日以下拘留，可以并处五百元以下罚款：……（三）扰乱公共汽车、电车、火车、船舶、航空器或者其他公共交通工具上的秩序的；……"

《刑法》第一百二十三条规定："对飞行中的航空器上的人员使用暴力，危

---

① 《西双版纳飞昆明航班乘客斗殴：老太揪老外头发》，载搜狐网2013年11月6日，http://news.sohu.com/20131106/n389662904.shtml。
② 《4名中年女子与外籍夫妇飞机上互殴 致航班延误》，载搜狐网2013年11月6日，http://news.sohu.com/20131106/n389658626.shtml。

及飞行安全,尚未造成严重后果的,处五年以下有期徒刑或者拘役;造成严重后果的,处五年以上有期徒刑。"

## 【案情评析】

随着人们生活水平的不断提高、工作节奏的飞速加快,出差、旅游、探亲、访友时,选择搭乘飞机出行的人数与日俱增。飞机凭借其高效快捷的速度优势,成为公众出行优先选择的交通工具。物质生活的提高改善了人们的生活环境和出行方式,但人们的道德伦理认知水平却并未得到及时的提升。空中斗殴行为不仅扰乱了机上秩序,更危及了航空安全。航空安全可分为两个层次:一是飞行安全,其在性质上属于公共安全,即航空器在空中正常飞行时的安全,包括航空器飞行安全以及航空器内所有人员的人身与财产安全;二是个体安全,其主要侧重于个体,即航空器内个人的人身和财产安全。除了同普通斗殴一样会造成个体损伤外,空中斗殴还具有更大的危害性:可能会危及公共安全,情况严重的,可能会引发灾难性的安全事故。[①] 斗殴事件本身影响较小,但在空中斗殴无疑是影响重大的事件,关乎飞行安全,关乎整个航班上旅客的生命。

为了确保航空器的飞行安全,在机组人员配备上,需考虑多方面的需求。在飞行中,机长有权对扰乱航空器内秩序、危害航空器所载人员安全以及其他危及飞行安全的行为采取必要的适当措施。为保证客舱安全,飞机上一般会配备空警、安全员以及具备安全员职业资格证书的乘务员等。在客舱发生斗殴事件的时候,上述机组人员必须立即作出相应反应,防止事态进一步恶化,进而影响飞行安全。[②] 本案中,双方当事人的斗殴行为对民用航空飞机的飞行明显产生了安全威胁,属于扰乱机上特殊秩序的情形,对此机长有权采取必要的紧急措施。本案中机长根据航空法的有关规定,为了保证民用航空器飞行安全及其所载人员安全,对本案相关几人作出了有效的处置——不

---

① 辛祖国:《"空中斗殴"的追责与处罚》,载搜狐网 2012 年 9 月 19 日,http://roll.sohu.com/20120919/n353484648.shtml。

② 金志刚:《客机上为何频频上演"全武行"》,载《新民晚报》2012 年 9 月 5 日,第 A03 版。

允许斗殴双方人员乘坐接下来的航班。该行为属于适当的具体处置行为。

本案中的当事人,由于私人间的小事而大打出手,不仅耽误了正常的行程,而且严重扰乱了民用航空器内的管理秩序,同时也危害了民用航空器内所有人员的生命及其财产安全。依照相关规定,本案属于《民用航空安全保卫条例》第二十五条规定的第二项和第三项情形,即抢占座位、行李舱和打架寻衅滋事。当事人的行为明显违反了上述条例的有关规定,应当根据相应的情节对其进行治安管理处罚或者刑罚处罚。由于本案仅仅是打架斗殴,并未造成严重后果,根据《刑法》的相关规定,尚不构成犯罪,因此不予刑事处罚,而应当给予治安管理处罚。依据有关规定,对本案中的行为给予治安处罚与警告,并且针对双方斗殴而产生的医疗费用问题进行协调。

综上所述,处理该事件的民警依法对双方进行了批评教育,双方经调解达成和解协议。

上述行为不禁让人疑惑,怎么会有旅客如此肆无忌惮,置全机旅客的安危于不顾。随着飞机出行方式逐渐大众化,旅客的乘机安全教育已显现不足和滞后。这一事件给民航界敲响了警钟:对于保障老百姓平安出行的"安全带",势必要加强安全管理。对于在飞机上打架的处置方式,各个国家通行的做法是严厉处置。从2009年起,俄罗斯就作出规定:凡是在飞机上打架的,一律拘留。例如,2009年两名俄罗斯外交官在某一航班上大打出手,其后果导致飞机中断飞行,这两名官员依法受到了处理。

在飞机上打架可能会造成的危害多种多样:如果在飞机起飞或着陆时来回追逐扭打,可能会造成飞机失衡;由于双方在打架过程中情绪处于不稳定状态,可能会触碰飞机上的一些安全设施,如紧急阀门等;此外,在飞机上发生冲突以后,由于空间所限,很容易波及其他旅客等。航空公司的工作人员反映,有些旅客冲击跑道、登机口等行为其实与在飞机上的打架行为类似,都将给自己和其他旅客的生命财产安全造成极大威胁,但是一些旅客对这些毫无顾忌。发生此种问题的原因主要有三点。其一,一些旅客重权益而轻义务,明知自己应当遵守却不管不顾。旅客有权乘坐航班去往目的地,但也有义务遵守乘机规则,和机上旅客共同维护机上安全。其二,一些旅客对飞行中的基本常识、安全知识了解甚少。其三,一些旅客法制观念淡薄,不知道自己的行为已经触犯法律，并将受到法律的追究。

针对旅客的安全教育和管理方面仍显不足。在旅客安全教育和管理方面，我们需要有针对性地对民航安全知识加强宣传、普及。除了民航工作人员的指导外，还可以在地铁、公交等一些公共交通的移动媒体上，通过动画宣传片等形式进行宣传。实际上，对于在航空器内打架、酗酒、寻衅滋事等扰乱航空器内秩序和危及飞行安全的行为，我国相关法律法规早已进行了规定。除了安全知识的教育，加大法制宣传教育也十分必要，要让旅客知道哪些行为已经触犯法律，自己需为此承担怎样的责任，这样有利于减少因为一时冲动而引发的机上治安管理事件。①

机上斗殴，威胁的不仅是斗殴者本身的人身安全，还有可能危及航班上所有人员的生命安全。因此，机上斗殴事件在世界航空史上也非常少见。然而，事实上，中国民航界对于机上斗殴等违法行为的处罚还是比较轻的。因为在中国航班上接二连三上演的机上扰乱秩序等事件，使得民航界业内人士和网友都呼吁，必须在旅客心中牢牢树立客舱安全不容侵犯的观念，必须依法对客舱不安全事件严厉惩处。反观西双版纳飞昆明航班上发生的旅客斗殴事件，此类事件之所以频频发生，是因为法律的威信并没有得到真正树立。

根据我国相关法律规定，依据斗殴行为造成的危害后果不同可分为两个层面进行法律责任追究。斗殴行为为情节轻微，尚不构成犯罪的，在行政责任层面，应依法进行行政处罚，即行政拘留。依照《治安管理处罚法》第二十三条的规定，扰乱航空器正常秩序，情节较重的，处5日以上10日以下拘留，可以并处500元以下罚款。斗殴行为后果严重，足以构成犯罪的，在刑事责任层面，将具体分为两种情况定罪处罚：斗殴行为仅造成个人伤害的或仅严重扰乱秩序的，可按寻衅滋事罪或故意伤害罪定罪处罚；若斗殴行为危及飞行安全，威胁或已经侵害公共安全的，应以暴力危及飞行安全罪处罚。目前我国对于空中斗殴行为的处罚，大多是根据《民用航空法》第四十六条、《治安管理处罚法》第二十三条进行处罚（处5日以上10日以下拘留，

---

① 贾远琨、黄安琪：《飞机上斗殴 "无知者无畏"》，载《新华每日电讯》2012年9月14日，第5版。

并处 500 元以下罚款）。

面对此类斗殴事件，执法部门应该恪尽职守，依法处罚。一旦不依法采取有力措施严厉查处违法者，那么法律的尊严与法治精神将如水中月、镜中花般无法落到实处。想要将法律作为普遍适用的规则得到公众遵守，从而使社会能够有序运转，就要确保法律制度的刚性，执法者尤其不能缺乏刚性。当然，确保社会有序运行的过程中，道德因素也不能忽视。如果说不断提高服务水平是航空公司飞机的一翼的话，那么飞机的另一翼将是旅客良好的素养和公共道德。只有两翼齐举共展，飞机才能平安飞行，才能带给旅客愉快的飞行体验。①

因调整座椅背等小事而引起的纠纷，本是可以轻松解决的事情，最终却演变成了空中斗殴事件。此外，还有多种现象易于引起客舱纠纷，如争抢行李架、客舱内使用明火、全程不关闭电子设备等，这些现象都是因为个别乘客自身素质低下引起的，却都极易诱发更大规模的冲突，从而影响客舱安全。因此，在对客舱内违法犯罪行为进行严肃处理的同时，也要要求乘客具有良好的素质和礼貌。"这些现象都是因为个别乘客自身素质低下引起的，却都极易诱发更大规模的冲突，从而影响到客舱安全。"②

针对旅客的安全教育和管理方面所显示出来的不足，需要有针对性地对民航相关的安全知识加以宣传、普及，在旅客安全教育和管理方面，加大法制宣传教育，要让旅客知道哪些行为是会触犯法律的，并需为此行为承担怎样的责任。发生类似事件的同时，相关部门要进行严厉处置。

## 【案件延伸】③

随着机上暴力、斗殴等不文明行为的出现，中国民用航空局采取了一系列举措。自 1996 年 3 月 1 日起，《民用航空法》开始施行。2016 年 8 月 8

---

① 戈金：《执法"缺钙"，空中斗殴难止》，载《中国民航报》，2013 年 11 月 15 日，第 2 版。
② 马旭辉：《民航时评：万米高空切勿"说出手就出手"》，载民航资源网 2012 年 9 月 5 日，http：//news.carnoc.com/list/232/232695.html。
③ 《机上打架辱骂空姐重则刑罚》，载大洋网－信息时报 2016 年 8 月 10 日，https：//www.163.com/news/article/BU2U2B5A00014Q4P.html。

日,中国民用航空局在其官网上公布了《中华人民共和国民用航空法(修订征求意见稿)》(以下简称征求意见稿)。《民用航空法》此次修订主要围绕完善民航业发展机制、加强航空安全管理、放松经济性管制、消费者权益保护、促进通用航空发展、运输凭证现代化、修改运输责任制度等方面,对78个法律条文进行了修订或删除,同时新增了24个条款。限于《民用航空法》制定时的客观环境,有些重要的安全管理内容未在现行民航法中作出规定。为此,征求意见稿中明确安全生产各环节的主体责任,规定从事民用航空活动的单位应当建立健全安全生产管理制度,落实安全生产主体责任,为防止和减少民用航空安全事故的发生,增加了安全发展的一般原则。

征求意见稿增加了完善机场净空保护制度的规定。在依照国家法律划定的民用机场范围内和依有关规定划定的机场净空保护区域内,禁止从事饲养、放飞影响飞行安全的鸟类动物,禁止升放无人驾驶的自由气球、系留气球和其他物体;禁止焚烧产生大量烟雾的农作物秸秆、垃圾等物质,禁止燃放烟花、焰火等活动。

征求意见稿在明确危险品运输许可的同时,对相关义务主体也提出了要求,规定从事危险品运输的公共航空运输企业,应当取得危险品航空运输许可。禁止在普通货物中夹带危险品或者将危险品匿报、谎报为普通货物进行托运等违反规定的行为。

民用航空安全保卫工作是民用航空活动正常秩序的重要保障,也同样关乎公众利益。征求意见稿专门增加了民用航空安全保卫一章(第十一章,共10条),明确了安全保卫的工作原则、机构职责、安全检查、安全保卫方案、非法干扰行为等原则性内容。

征求意见稿规定,安检机构及安检人员有权依法对旅客、行李、货物和邮件进行安全检查。按照《民用航空法》规定履行安全保卫职责过程中,机长、空中警察、机组其他成员和旅客、相关承运人、民用航空器所有人等,在必要限度内采取适当措施而造成损失的,不承担法律责任。

征求意见稿明确了14种危及民用航空安全和秩序的非法干扰行为。实施这些行为,尚不构成刑事处罚的,可以依照《治安管理处罚法》处罚。适用《治安管理处罚法》的有关规定进行处罚时,情节特别严重的,罚款金额可以增加到 5 万元以内。具体而言，危及民用航空安全和秩序的 14 种非法干扰行为是指：①劫持飞行中或者地面上的航空器；②在航空器上或机场扣留人质；③强行闯入航空器、机场或者航空设施场所，冲闯航空器驾驶舱，强行拦截航空器；④非法将武器、危险装置或者材料带入航空器、机场或者空中交通管制单位；⑤谎报险情、制造混乱、散布诸如危害飞行中或地面上的航空器、机场或民航设施场所内的旅客、机组、地面人员或者公众安全的虚假信息；⑥违反规定使用手机或者其他禁止使用的电子设备的；⑦在航空器内使用火种、吸烟的；⑧强占航空器内座位、行李架的，堵塞、强占值机柜台、安检通道及登机口的；⑨盗窃、故意损坏、擅自移动航空器设备以及机场内其他航空设施设备，强行打开飞行中航空器应急舱门的；⑩妨碍机组人员、安检员履行职责或者煽动旅客妨碍机组人员、安检员履行职责的；⑪在航空器内打架斗殴、寻衅滋事的；⑫破坏用于民用航空用途的信息和通信技术系统及用于空中交通管制设备设施的；⑬辱骂、殴打机组人员、安检员、机场地面服务工作人员的；⑭危及民用航空安全和扰乱航空器内、机场秩序的其他行为。

2018 年 4 月 18 日，时任政策法规司司长颜明池在中国民用航空局召开的新闻发布会上解读了《关于在一定期限内适当限制特定严重失信人乘坐民用航空器　推动社会信用体系建设的意见》。该意见于 2018 年 5 月 1 日起施行。乘坐飞机时，若旅客在飞机上抢占座位、冲击停机坪、强占值机柜台和安检通道、编造涉及飞行安全的虚假恐怖信息、在飞机上斗殴、对民航工作人员实施人身攻击等，将对其进行相应的惩处措施。其中存在 9 类严重"机闹"行为的旅客将被"禁飞"一年。

该意见主要对限制乘坐民用航空器的人员的范围、信息的采集和发布、名单的移除、权利救济和相关宣传等事项进行了规定。实施 9 种行为并被公安机关处以行政处罚或被人民法院追究刑事责任的旅客，将成为该意见中的限制对象。"禁飞"名单将在中国民用航空局官方网站和"信用中国"网站同时公示，被公示人可以自公示之日起 7 个工作日内提出异议，公示期满，被公示人未提出异议或者提出异议经审查未予支持的，名单开始执行。在名单执行后,被纳入限制乘机名单的人员可以向有关机关、单位对纳入错误等问题提起复核。

该意见明确限定"禁飞"限制期限为一年,即自被列入限制名单之日起,有效期一年,一年期满自动移除。移除后再因严重"机闹"行为被"禁飞"的,依旧按上述的规定被列入限制名单内一年。

## 案例二

# 深圳飞往郑州航空炸弹事件

## 【案情介绍】

2018年3月21日23时许,深圳警方接到男子赵某刚报案称,深圳飞往郑州的某航班上有旅客携带炸弹。深圳机场公安分局刑警大队负责人表示,电话中只有一句"有人带着炸弹上了××次航班",报警电话只留下十分有限的有效信息。接报后,深圳警方立即出动大批警力,前往深圳宝安国际机场候命,与此同时,也立即将该情况向中国民用航空局反映。双方目标一致、迅速行动,深圳机场警方立即启动应急预案,与机场共同开展了处置行动。

由于飞机已经起飞,该航班在空中盘旋几十分钟后,根据就近原则于3月22日0时23分左右备降广州白云国际机场。落地后广州警方迅速开展再次防爆安检。经检查,飞机上并没有赵某刚所说的炸弹,不存在异常状况。于3月22日3时许,深圳机场警方找到报案人赵某刚并展开调查。3月22日5时11分,该航班安全降落郑州。3月22日16时,深圳警方于调查后获悉实情:赵某刚因自身原因错过应搭乘的航班,而又着急坐飞机回家看病人,所以报警谎称飞机上有炸弹。这种行为影响了其他旅客的出行计划,致使航班比预计到达时间延误了4小时,更严重扰乱了机场运营秩序,给航空公司造成了重大经济损失。

最终,深圳机场警方以涉嫌"编造虚假恐怖信息"对该案立案侦查,依法对赵某刚予以刑事拘留。其虚假报警的不法行为致使公安机关和相关安全保卫机构采取应急措施、航班备降,已经严重扰乱了社会秩序,可能面临5年以下有期徒刑、拘役或者管制处罚。如能证实造成直接经济损失50万元以上或者达到其他加重处罚标准,可被处以5年以上有期徒刑。

事后，犯罪嫌疑人赵某刚对自己的行为感到悔恨不已："因为自己的一时冲动，影响到大家的出行，扰乱了机场安全运输秩序，自己也受到法律的惩处。请大家以我为鉴，切勿以身试法，不然害人害己。"①

## 【相关法条】

《刑法》第二百九十一条之一规定："投放虚假的爆炸性、毒害性、放射性、传染病病原体等物质，或者编造爆炸威胁、生化威胁、放射威胁等恐怖信息，或者明知是编造的恐怖信息而故意传播，严重扰乱社会秩序的，处五年以下有期徒刑、拘役或者管制；造成严重后果的，处五年以上有期徒刑。编造虚假的险情、疫情、灾情、警情，在信息网络或者其他媒体上传播，或者明知是上述虚假信息，故意在信息网络或者其他媒体上传播，严重扰乱社会秩序的，处三年以下有期徒刑、拘役或者管制；造成严重后果的，处三年以上七年以下有期徒刑。"

《最高人民法院关于审理编造、故意传播虚假恐怖信息刑事案件适用法律若干问题的解释》第六条规定："本解释所称的'虚假恐怖信息'，是指以发生爆炸威胁、生化威胁、放射威胁、劫持航空器威胁、重大灾情、重大疫情等严重威胁公共安全的事件为内容，可能引起社会恐慌或者公共安全危机的不真实信息。"

## 【案情评析】

嫌疑人的行为已经严重扰乱了社会秩序。尽管事后犯罪嫌疑人悔恨不已，但其行为已经造成了扰乱公共管理秩序的实际后果，并且符合《刑法》第二百九十一条之一规定中关于编造、故意传播虚假恐怖信息罪中的"编造爆炸威胁、生化威胁、放射威胁等恐怖信息"的情形。此外，根据《最高人民法院关于审理编造、故意传播虚假恐怖信息刑事案件适用法律若干问题的解释》第六条规定，本案中赵某刚谎称飞机上有炸弹的行为，属于编造爆炸威

---

① 杨振：《深圳男子谎称航班上有炸弹 已被警方刑事拘留》，载百家号"央广网"2018 年 3 月 22 日，https://baijiahao.baidu.com/s？id=1595629748253194827&wfr=spider&for=pc。

胁的情形，且该不真实信息的散播确实会引起社会恐慌，因此赵某刚的行为违反了《刑法》第二百九十一条之一规定，应当对其采取刑事制裁。综上所述，警方以涉嫌编造虚假恐怖信息罪对赵某刚进行刑事拘留，事实清楚，证据充分。

本案的焦点在于虚假的爆炸信息对航空安全所产生的影响。虚假爆炸信息在客观方面应当具备以下条件。

（1）虚假的航空爆炸信息具有欺骗性，能够使社会一般人内心产生确信，继而因此产生恐慌的心理状态。如果该恐怖信息不具有"欺骗性"，以社会一般人的能力都能判断出该信息的虚假性，公众将不会产生恐惧感，也就不会造成公共秩序的混乱。所以，此信息应具备三点特征：其一，具备公众性，即必须在一定范围内使多数人知晓；其二，具有公信性，即在相应的环境和条件下，能够让公众对其产生相当程度的信任；其三，具备迫切性，即其所编造的"爆炸事件"发生时间即将到来，使人无法在极短的时间内判断信息真假，公众对该事件缺乏能够避免的信心，并因此产生高度恐慌的心理。[①] 如果仅仅是一句玩笑话，导致的言者无心、听者有意的情况，则因其不足以使大众相信而不成为虚假恐怖信息。

（2）内容上具有恐怖性。一旦该虚假爆炸信息所包含的威胁得以实现，足以对不特定多数人的生命、健康、财产造成重大损害，即该信息足以使不特定多数人陷入恐惧。一般情况下，这种信息具有较为准确的时间、地点、威胁方式等要素，并且伤害范围巨大。但对于该信息具体性程度，并不要求时间、地点、威胁方式全部具体确定在某一具体段，只要达到足以使一般理智人相信这种信息是真实的程度即可。对于实施恐怖活动的行为人而言，其更加关注的是该行为会产生多大的恐怖效果，因此编造的航空爆炸的威力并非针对机上某个特定个体造成杀伤后果或是仅危及一人的爆炸装置，而必然是足以造成机毁人亡的严重后果的情况。

（3）实施了将虚假恐怖信息向大众散布的行为。一切采用语言、文字、

---

[①] 周玉：《编造、故意传播虚假恐怖信息罪浅析》，华东政法大学2009年硕士学位论文，第11页。

图像或利用网络,将恐怖信息广泛加以流传、宣扬、扩散,使公众得以知晓的行为都可认定为"散布"行为。所以,传播的形式可以表现为口头或书面方式,也可以是运用录音、录像等音像载体等方式;可以是个体间传播,也可以是群体性传播。就传播方式而言,电话告知自然属于此列,且因其快捷、普遍的特点,一直是首选方式。随着智能移动电话的普及,散布方式又逐渐演变为短信形式。短信群发功能以几何倍数的方式提高了虚假信息的传播速度,使此类犯罪更具有隐蔽性、快速性,其潜在的社会危害性远远超过了传统的传播方式。新近案例中,绝大多数案件是利用网络传播的方式实施,利用聊天工具、推特网站、微博等进行传播,其信息传播速度呈几何倍数上升,但是其传播成本却大幅降低。[①]

编造虚假航空恐怖信息犯罪的构成要件,不仅要满足上述行为要素,还要同时满足另一个条件——侵犯社会管理秩序这一客体。但学界仍有人认为此类犯罪应放在危害公共安全罪一章之中。从以下几方面可以论证该类犯罪属于妨害社会管理秩序犯罪。

首先,要认清社会秩序这一概念。理论界对于社会秩序的表述存在不同标准。有理论认为:"所谓严重扰乱社会秩序,是指对社会进行干扰和破坏达到严重的程度,在一定范围内给社会公众造成恐慌心理,致使工作、学习、科研和日常生活秩序混乱、中断、停止或者无法进行的情形。"也有人认为:"社会公共秩序是指社会公共领域有条不紊的状态。它包括国家机关、企事业单位、社会组织的工作秩序、生产经营秩序、教学科研秩序和公众的政治、经济、文化、生活秩序等。"

不管表达形式如何不同,社会秩序的本质是指根据一定规范建立起来的社会生活良好运转的状态。《刑法》所规定的妨害社会管理秩序罪的类别中,该类犯罪所侵犯的客体是指"不特定的多数人的生命、健康和重大公私财产安全"。绝大多数的公共安全犯罪,在犯罪行为实施之前无法明确其具体的侵害对象以及侵害范围,也无法控制侵害行为可能造成的后果及其程度深浅。行为一经实施,不论行为人的主观意愿如何,其所造成的后果常常是难以预

---

[①] 刘晓山:《论散布"航空诈弹"行为的刑法规制》,载《法学评论》2014年第1期。

料和控制的。无论行为人如何散布这种虚假的爆炸恐怖信息,都不可能对公众的生命、健康、财产安全造成实质性的侵害,所以并不能构成以危险方法危害公共安全罪。换个方向思考,虚假的爆炸恐怖信息如果予以传播,必将引起社会公众的盲目恐慌,导致社会秩序的正常运转被扰乱,严重破坏正常的生产秩序、生活秩序,在一定范围内造成社会动荡,在某些情况下,甚至会造成更严重的后果。鉴于"航空诈弹"的主要危害性在于"造成公众心理的恐惧和害怕,从而引发社会生产生活秩序的混乱",由此可以判断,其所侵犯的客体只能是正常的社会管理秩序,将之认定为恐怖信息具有其合理性。

其次,从国外的立法来看,大多数是以破坏公共秩序或者危害公共安宁的犯罪来规制此种散布"航空诈弹"行为。例如,《德国刑法典》第一百二十六条(以实施犯罪相威胁扰乱公共秩序)第二款规定:"违背良知,伪称将要实施第 1 款所规定犯罪行为,足以扰乱公共安全的,处 3 年以下自由刑或罚金。"此法条即属于妨害公共秩序的犯罪。又如,《西班牙刑法典》第五百六十一条规定:"以破坏公共秩序为目的,虚报存在爆炸物或者可以引起相同效果的物品的,根据其虚报行为所实际造成的秩序的混乱或者动荡程度,处 6 个月以上 1 年以下徒刑或者 6 至 18 个月罚金。"此罪名即是《西班牙刑法典》"破坏公共秩序罪"中第三章"扰乱公共秩序罪"的一个具体罪名。再如,《瑞士联邦刑法典》第十二章"危害公共安宁的重罪和轻罪"中排列在第一位的罪名就是其第二百五十八条所规定的"惊吓居民的犯罪",其法条表述是:"以有身体、生命或财产危险对居民进行恐吓或欺骗,使居民处于惊恐之中的,处 3 年以下重惩役或监禁刑。"所以,借鉴国外对此行为立法的通例,我国认为在《刑法》的"妨害社会管理秩序罪"一章中对散布"航空诈弹"行为进行规制是较为合理的。①

本案犯罪嫌疑人赵某刚涉及编造虚假恐怖信息犯罪,而虚假恐怖信息类非法干扰事件频发,其背后的原因极其复杂,不仅要从违法犯罪行为人的角度进行思考,而且要考虑航空公司和社会的责任。此类案件发生的重要原因包括航空公司与旅客之间的冲突矛盾得不到及时解决、机场预防机制不完善、

---

① 刘晓山:《论散布"航空诈弹"行为的刑法规制》,载《法学评论》2014 年第 1 期。

公民个人法治意识淡薄等。

第一，航空公司与旅客之间矛盾频发。在行业中，航空公司的角色既是服务的提供者，也是安保责任的主体之一。航空公司多重性质的身份势必会在业务工作过程中带来不便。对航空公司来说，较难处理的是，一方面要确保服务质量，另一方面又要对服务的对象加以管控来确保安全。如在行李托运或者安检过程中，会遇到开箱检查内置物品的情况，如果在这个过程中未处理好与旅客之间的关系，就容易引发矛盾、激起旅客的不满，极端旅客就会采取威胁的方式来发泄不满。

也有不少的矛盾是因航空公司自身服务不到位造成的。如因航班延误引起的不满、特价机票改签得不到妥善解决，还有头等舱摆渡车晚点等问题，进而导致此类虚假恐怖信息类事件的发生。在乘机过程中，旅客一方作为弱势群体，在问题发生时投诉无门，诉求得不到回应，就会进一步情绪失控，采取极端方式发泄不满。

第二，机场、航空公司信息研判预防机制不够完善。虚假恐怖信息等非法干扰发生的重要原因之一是机场、航空公司的研判预防机制不够完善。在相关案例中，无论是以泄愤还是以制造恐慌为目的，违法行为人仅仅通过一个电话或是一条信息就能达到。信息研判预防机制不完善时，只要接到有关威胁信息，不论真假，第一反应就是中止即将起飞的航班，对其进行全面排查；对已经出发的航班返航或是迫降，然后动用大量警力和安检工作人员进行二次检查。安全是民航的生命线，为了保证安全，应当对危险信息采取足够的重视，以避免发生重大事故。但同时也应该考虑拓宽信息收集渠道、辨析信息真实性等方法，通过完善应急预案来改善这一现状。通过完善信息研判预防机制，以便于在收到报警信息时，可以有针对性地进行研判和应对。不只是在面对虚假恐怖信息时，哪怕是真的恐怖袭击出现时，机场和航空公司也能在最短的时间内有能力、有效率地化解危机。这样不仅可以节约发现问题和解决问题的时间，也能够节约人力资源和经济成本。

第三，公民法治意识淡薄。根据《刑法》第二百九十一条之一的规定，编造、故意传播虚假恐怖信息罪，是指编造爆炸威胁、生化威胁、放射威胁等恐怖信息，或者明知是编造的恐怖信息而故意传播，严重扰乱社会秩序的行为。最高人民法院也出台了相应的司法解释，但有些人仍置之不理。以开玩笑为目的而谎称飞机上有炸弹，为了挽留女朋友而报假警，又或者是为发泄不满而编造恐怖炸弹谎言，抑或是因为自己想赶上飞机而故意说谎拖延，这些行为无一不体现了行为人法治意识淡薄。普法教育的落后导致了公民法治意识的缺失，大部分案例中的行为人坚称自己只是开玩笑，被公安机关控制之后仍然意识不到问题的严重性。在民众的心中，此类触犯《刑法》的行为却未能够引起应有的重视。

另外，一些媒体在报道虚假恐怖信息类案件时，为了追求节目效果，着重描述当事人的行为以及案件经过，航空公司和机场做出的应对方式等，而对于行为人因此受到的惩罚以及法律后果却只是轻描淡写，更没有以此为例向观众普及相关的法律规定。在某种程度上，新闻报道也是此类事件的推动力之一。

第四，违法成本低。这主要体现在两个方面。一是实施违法行为所需要的成本低。信息的传播随着科学技术的发展越来越简便，通过电话、网络等传播工具，一个电话、一条微博就可以达到传播虚假恐怖信息的目的。而航空公司收到此类信息后，为了确保安全，在不能判断该信息真实与否时，都会采取全面排查，足以达到违法行为人想要达到的效果。二是违法行为人所要承担的法律责任低。编造、传播虚假恐怖信息都会造成二次安检、迫降或者返航等应对措施，会对航空公司或机场造成极大的经济损失。但在可搜集的案例中，很少有航空公司或机场对违法行为人提起民事赔偿。航空公司和机场都未追究其民事责任。这意味着除少量受到刑事处罚的犯罪嫌疑人外，其他人都仅受到治安处罚或是批评教育，与之造成的损害结果是不相适应的，并没有起到打击违法犯罪行为应有的效果，这也在一定程度上放任了该行为。①

虚假恐怖信息虽然并未对民航安全造成实质性危害，但其后果严重扰乱了民航业秩序和社会秩序，给航空公司和机场带来极大的经济损失，给人们出行带来不便，也会导致人们产生恐慌心理，以及造成社会秩序混乱。若不

---

① 卢锐、林泉：《虚假恐怖信息类非法干扰事件分析》，载《民航管理》2019年第8期。

合理整治，将会对民航业的发展起到极大的阻碍作用。采用犯罪学和统计学的研究方法，对近些年来虚假恐怖信息类干扰事件进行统计，从违法犯罪主体和违法犯罪行为两方面进行深入分析，总结出案件频发的原因后，笔者有针对性地提出以下几点对策。

其一，提高违法犯罪行为成本。在虚假恐怖信息类非法干扰事件中，二次安检、返航、备降等应对措施都会造成直接经济损失，在此行为中航空公司和机场都是直接受害者。但在实践中，航空公司和机场往往选择自认倒霉，不追究行为人责任，对行为人无法起到震慑作用。航空公司和机场要积极追偿、及时追偿。因此，航空公司和机场要明确自己的受害者地位，对行为人提起民事诉讼，让行为人承担自己的行为后果，承担高额赔偿，以震慑行为人和社会其他公众。将民事责任和刑事责任、行政责任相结合，进一步提高此类行为的违法犯罪成本，以达到威慑、遏制违法犯罪的目的。

其二，完善信息研判机制。在实践中，一方面出于对安全问题的高度重视，另一方面因为对信息辨析能力不足，航空公司和机场在收到相关危险信息时，通常就会采取全面排查的方式进行应对。所以，应加强对信息研判机制的研究，在接到消息时争取做到第一时间就能判断真伪，尽量减少损失，避免发生无谓的损失，同时也可控制排查的规模和范围，尽量减少虚假恐怖信息带来的影响。

其三，加强法制宣传工作。关于惩治编造、传播虚假恐怖信息的犯罪，《刑法》、相关司法解释和《治安管理处罚法》中都有明确而相对具体的规定，我国的法律机制较为完善。法律制定完成后，最大的问题在于法律适用和法律遵守，公众不懂法，就无法做到遵守。因此，应加强法制宣传教育，打消行为人违法犯罪的念头。另外，新闻媒体要充分发挥正面、积极的引导作用。新闻媒体在报道此事件时，应从维护社会利益的角度出发，在报道事实的基础上，尽可能地多报道此类行为将要承担的法律责任以及行为人最后受到的惩罚，减少诱导、启发犯罪行为的负面效应。[①]

---

① 卢锐、林泉：《虚假恐怖信息类非法干扰事件分析》，载《民航管理》2019年第8期。

## 【案件延伸】

对此类案件进行比较分析可知，散布"航空诈弹"的违法犯罪行为主要呈现出以下特点。

首先，民航部门的处理方式"绝对化"。由于此类"航空诈弹"干扰事件的频发，各国民航业界对待"航空诈弹"威胁类消息的态度统一，即一律"绝对化"处理，一律按"无当有"来处理——进行二次安检、迫降或返航。虽然在对非法干扰航班正常飞行的信息进行排查后，证明都是虚假信息，并不会有实质性损害的威胁，但是进行二次安检、迫降或返航的处理方式会引发诸多的负面效应。其一，造成社会管理秩序的混乱。遭遇"航空诈弹"时，航空公司一律以假设真实的方式处理，势必会造成航班延误。航班延误不仅给广大旅客的出行安排带来不便，而且会造成航空公司的航班管理以及航班调度秩序的混乱，这在一定程度上妨害并破坏了公共管理秩序。其二，给航空公司带来巨额的经济损失。航空公司在作业活动中，存在燃油费、起降费、安检费等多项成本费用，而对"航空诈弹"恐怖威胁信息的处理方式损耗极大。就各国在处理威胁信息时的方式而言，其所造成的危害后果在一般情况下没有任何本质上的区别，只是存在数量的差异。其三，增加了广大旅客的安全风险。飞机在进行返航或紧急迫降时，飞行安全事故的危险系数有所增加，给广大旅客的生命安全带来一定的威胁。除了人身安全外，还包括对旅客精神状态的影响。由于威胁信息造成旅客的恐惧症，将会导致谈"航"色变。在面对航空危险状况时，有时机组人员不能完整地向旅客解释航空安全中涉及保密的相关问题及原因，会使旅客感到更加恐慌。散布"航空诈弹"行为是民用航空安全问题的一大禁忌，对民航旅客运输安全，甚至是货物运输安全都会造成极大的威胁。

其次，公安机关的处理方式"相对化"。从国际法领域来说，散布"航空诈弹"行为在国际公约的规定中不仅是非法干扰行为，同时也是国际公约中界定的犯罪行为。从国内法领域来说，《治安管理处罚法》第二十五条规定对散布"航空诈弹"行为以行政违法行为处理，《中华人民共和国刑法修正案（三）》中增设的编造、故意传播虚假恐怖信息犯罪以刑事违法行为处理。散布"航空诈弹"行为，是指诈称飞机上有爆炸的行为。然而，总体而言，法院处理的民航虚假威胁信息案件远远少于公安机关处理的民航虚假威胁信息行政案件。换言之，在司法实践中，公安机关针对散布"航空诈弹"行为的处理大多是以行政案件的方式进行处理的，对行为人处以行政拘留或罚款，也即所谓公安机关"相对化"的行政处理。然而，公安机关"相对化"的行政处理，意图是不至于给已经认识到错误的违法者造成更多的日后麻烦，但其社会效果却非常有可能成为散布"航空诈弹"行为屡禁不止、频繁发生的原因之一。由于处罚畸轻，违法成本过低，所以散布"航空诈弹"行为屡有发生。针对此种现象，为了加大惩治散布"航空诈弹"行为的打击力度，业内人士提出我国可从降低入罪标准、提高"航空诈弹"犯罪成本、加重刑罚处罚等方向入手。①

基于散布"航空诈弹"行为之风险性、危害性以及频发性，以上做法仍不能满足民航业界对此行为的遏制需求，应当从多个角度考虑其治理对策。

（1）刑事治理的角度。要做到有法必依、有罪必罚。对于"航空诈弹"犯罪，坚守我国定罪量刑的刑事标准。行为人一旦实施散布"航空诈弹"犯罪，只要在客观上造成危害，且达到了《刑法》所规定的定罪标准，就必须对其依法处理。不能因为行为人没有不良动机等原因就仅对其处以治安处罚。基于此类行为所造成的巨大损失，对散布"航空诈弹"行为，可考虑运用罚金刑处罚。纵观国外对于散布"航空诈弹"行为的处罚，有迹可循：对于散布"航空诈弹"类虚假恐怖信息行为，《俄罗斯联邦刑法》第二百零七条规定的处罚金额高达20万卢布，后又提高对散布"航空诈弹"行为的罚金，且还设置了有期徒刑，与罚金处罚是选择性关系；韩国的《航空安全及保安法》第四十五条规定对于散布"航空诈弹"行为可以有期徒刑与罚金并处，其中罚金高达3 000万韩元；美国的密西西比州和得克萨斯州对散布"航空诈弹"行为可予以监禁和罚金并处，其中罚金高达25万美元，美国的马萨诸塞州判处监禁和最高达50 000美元罚金，并赔付相关损失等。

---

① 夏娜：《散布"航空诈弹"行为的犯罪学分析》，载《江西警察学院学报》2018年第2期。

（2）社会治理的角度。从该角度出发，要运用社会中一切可动用力量预防散布"航空诈弹"行为的发生。针对不同类型的散布"航空诈弹"行为，通过不同处理方式进行预防治理。对于因人格障碍类引发的行为，行为人的亲属应当营造良好的家庭氛围，承担起相关的义务，及时发现诱发行为人犯罪的不良因素，及时进行疏导、缓解，消除消极因素影响；对于冲动类引发的行为，行为主体一般法律意识淡薄，应当强化人们的守法意识，规范自身的行为，且新闻媒体应当理性报道"航空诈弹"行为的过程，对散布"航空诈弹"行为的危害性加大宣传；对于蓄意类引发的行为，应从机场和航空公司方向入手，强化民航风险评估和风险管理能力，加强机场的安全保卫工作力量。

（3）被害人治理的角度。散布"航空诈弹"行为的另一重要当事人是被害人，保护被害人的权利是健全司法体制的重要一环。散布"航空诈弹"行为的被害主体包括广大旅客、航空公司、机场等。在"航空诈弹"事件中，航空公司由于二次安检、返航或备降等应急措施可能会造成数万元或数十万元的经济损失。而在现代社会中，作为被害一方的航空公司因拥有强力的航空资源，导致行为人更容易被当作弱势群体看待，此时航空公司一方往往只能自认倒霉。航空公司应当改变这一畸形现状，积极要求行为人赔偿损失。如此，更能警示人们勿要因"小"失"大"，"航空诈弹"不要任性发。[1]

---

[1] 夏娜：《散布"航空诈弹"行为的犯罪学分析》，载《江西警察学院学报》2018年第2期。

案例三

# 昆明至沈阳航班斗殴事件

【案情介绍】

2012年6月30日上午,某航空公司航班正在万米高空飞行,武汉天河国际机场塔台指挥中心突然接到该次航班的机组人员报警。武汉天河国际机场航站楼派出所的民警在停机坪中等候,9时40分航班准点到达后,民警登上飞机。

这个航班由昆明飞往沈阳经停武汉,该航班在飞行过程中,30多岁的沈阳旅客刘女士,将座位向后调整,遭到了座位后18岁的沈阳女旅客小许的抗议。刘女士没有理会小许的建议,小许对着前面已经放下来的座位踢了一脚。这一行为激怒了刘女士,随之返身动手抽了小许一巴掌。刚参加完高考的小许去云南旅游,一起随行的还有她的众多家人和同学。这一巴掌被小许的妈妈、姑姑以及同学看见,对刘女士进行了围攻,拳脚全都使上了。经机组人员再三劝告无效,最终导致刘女士衣服被扯破,身上多处被抓伤。

机组人员一边对机上扰乱秩序的旅客进行严厉干预,一边在万米高空通过塔台向武汉天河国际机场警方报警,先后尝试了几次,安全员都没能将双方拉开,最后在整个航班旅客的共同劝解下,双方才暂时停止纷争。为了保证安全,安全员无奈之下一路坐在当事人旁边。飞机抵达武汉后,机长考虑到飞机的飞行安全,认为打架双方共5名女子不再适合继续飞行,拒绝这5名女子继续乘坐此次航班。

经过民警详细调查后发现,首先动手的刘女士伤势最重,鉴于首先挑起事端的人是小许,所以严重影响飞行安全的结果是由双方共同的错误行为导致的。根据《治安管理处罚法》的规定以及相关民航安全法律法规的规定,对 5 名女子进行了治安管理处罚，取消了她们继续飞往沈阳的乘机资格。在民警的调解下，涉事双方以小许一方赔偿了刘女士 1 000 元的医疗费解决。①

根据中国民用航空飞行规则，对于任何破坏航空器内正常秩序和纪律、触犯刑律、威胁飞行安全或妨碍执行任务的人，机组人员必须采取一切必要的适当措施。5 名女子只因为调整座位位置的私人原因，就在高空上演殴打行为，致使整个航班上的旅客生命安全悬于拳脚之间，飞行安全受到严重威胁。5 名女子因此事所受到的惩罚措施，符合航空安全法则及旅客的生命安全诉求。

## 【相关法条】

《民用航空法》第四十六条规定："飞行中，对于任何破坏民用航空器、扰乱民用航空器内秩序、危害民用航空器所载人员或者财产安全以及其他危及飞行安全的行为，在保证安全的前提下，机长有权采取必要的适当措施。飞行中，遇到特殊情况时，为保证民用航空器及其所载人员的安全，机长有权对民用航空器作出处置。"

《民用航空安全保卫条例》第二十五条规定："航空器内禁止下列行为：（一）在禁烟区吸烟；（二）抢占座位、行李舱（架）；（三）打架、酗酒、寻衅滋事；（四）盗窃、故意损坏或者擅自移动救生物品和设备；（五）危及飞行安全和扰乱航空器内秩序的其他行为。"（违反上述条例的，根据情节轻重，分别适用《治安管理处罚法》和《刑法》，对违法、犯罪人员作出处罚。）

《治安管理处罚法》第二条规定："扰乱公共秩序，妨害公共安全，侵犯人身权利、财产权利，妨害社会管理，具有社会危害性，依照《中华人民共和国刑法》的规定构成犯罪的，依法追究刑事责任；尚不够刑事处罚的，由公安机关依照本法给予治安管理处罚。"

《刑法》第一百二十三条规定："对飞行中的航空器上的人员使用暴力，危及飞行安全，尚未造成严重后果的，处五年以下有期徒刑或者拘役；造成

---

① 万勤：《昆明飞沈阳航班五名女乘客在飞机上打架 一对四》，载武汉晚报 2012 年 7 月 1 日，https://taiwan.cn/xwzx/dl/shh/201207/t20120701_2769628.htm。

严重后果的，处五年以上有期徒刑。"

## 【案情评析】

本案中，双方当事人由于私人琐事大打出手，虽经机组人员对其进行多方劝阻，暂时停止了打斗，但是她们的行为已经严重扰乱了民用航空器内的秩序，同时也危害了民用航空器上所在人员的生命及其财产安全。毫无疑问，本案中双方当事人的行为属于扰乱机上特殊秩序的情形，机长有权对此采取必要的紧急措施。根据《民用航空法》的有关规定，为了保证民用航空器及其所载人员的安全，机长对他们几人作出不允许其乘坐接下来的航班的有效处置，属于适当、具体的处置行为。

《民用航空安全保卫条例》第二十五条第二项和第三项明确规定，航空器内禁止的行为包括抢占座位、抢占行李舱（架）以及打架、酗酒、寻衅滋事。本案行为显然违反了上述条例的有关规定，应当根据相应的情节进行治安管理处罚或者刑罚处罚。由于本案仅仅是打架斗殴，并未造成严重后果，根据《刑法》规定，不构成犯罪，无须进行刑事处罚。但应当由民航公安机关根据《治安管理处罚法》给予治安管理处罚。

本案背后反映出来的原因主要有以下两点。

（1）安全意识、法律意识与公共道德意识缺乏。第一，缺乏安全意识。飞机在航行中的安全状态是通过一系列的行为规范来保障的，如禁止携带危险品、携带易燃品，机上禁止明火，飞行时要关闭手机等。安全的环境既需要别人的维护，更需要自身的自律。大多数旅客对于某些乘机时的注意事项只是一知半解，并不清楚一些日常的"小纠纷"可能会对航班造成的危害。上述行为规范是每一位乘机旅客的义务，必须切实履行，否则就会因为某个人的疏忽而酿成祸端。第二，缺乏法律意识。实际上，《治安管理处罚法》《民用航空安全保卫条例》等法律法规均对在航空器内抢占座位、打架、酗酒、寻衅滋事等危及飞行安全和扰乱航空器内秩序的行为明令禁止。而一些旅客的法制观念淡薄，不知道自己的行为已经触犯了法律，将会受到法律的追究。第三，缺乏公共道德意识。飞机是为众多旅客提供出行便利的公共场所。在公共场所，公众应当具有相应的公共道德意识，维护公共安全，这是公民不可推脱的责任。在飞机上斗殴这种不良行为，既是缺乏文明的表现，又有损公共道德。

此次的多人机上斗殴事件看似只是极端个例，但在飞机上因言行不当而引发的肢体冲突的事件实则屡见不鲜。如2012年上半年，从上海到广东因航班延误等原因陆续发生的多起旅客拦飞机维权事件。此类行为后果严重却又屡禁不止的真正原因在于，很多人将日常生活中的耍脾气和显个性等不文明作风带到了飞机上。但航班上的斗殴行为所导致的危害后果却要比地面行为更为严重，地面上的一些不文明行为的影响范围较小，但在空中，却极有可能造成重大安全事故。①

在这起纠纷中，前排刘女士殴打小许的行为，即便没有受到反击，也会受到应有的谴责与惩罚。但当小许这一方也破坏规则时，同样也要接受法律处罚。树立规则意识，同样要从每个人自身着手。无论是政府机构违法，还是其他人违法，都不构成不遵守法规的理由。每个人都将为自己的行为负责，必须对自己的行为承担后果，无一例外。

个别现象的背后所折射出的社会心态不容忽视。此前，国内发生过若干起航空维权事件，其中有旅客不愿下机、旅客迟迟不登机、情绪过激的旅客试图阻拦飞机而冲上机场跑道等。部分旅客声称是因航班延误、机场处置不当等而维权，具有正当理由。但这种裹挟公共安全的维权行为，无视了公共安全，藐视了社会公德，也缺乏相应的法治意识。在一些人看来，航空公司未能妥善处理问题，自己也不必再遵守法规约定，这显然是一种错误的逻辑。如果大家都以此种方式思考，那势必会导致众人付出更高的代价。如果大多数人都坚持遵守规则，错误逻辑的人终会受到影响而有所改正。长此以往，终将有效建立起有序的公共规则。

（2）现代化素质需要提升。随着近年来汽车产业的快速发展，开车出行已经广泛普及，"路怒症"等行为成为民众热议的话题。中国的"公民汽车

---

① 李妍：《"高空打群架"》，载新浪网2012年7月2日，http：//news.sina.com.cn/o/2012-07-02/055924695068.shtml。

道德"普及才刚刚起步，缺乏与之相应的一套道德与文明的体系。在国外驾车时，能深刻感受到国外在"重视他人的存在"和"公德意识"方面与国人的差别。同样，乘坐飞机出行也已经成为司空见惯的出行方式，但在飞机航行过程中不顾安危大打出手的事件仍频频发生，真正的"飞机文明"的形成还任重道远。除机上斗殴行为外，还有人在办理登机牌后迟迟不登机，让机上人员耽搁等待；飞机落地滑行阶段，使用电子设备；飞机尚未停止，就打开安全锁起身取拿行李等……鉴于飞机航行时的特殊情况，上述不文明行为不仅违反社会公德和规则，还有可能影响正常飞行，更是对自己和其他旅客生命及财产安全的极不负责。①

随着中国经济的飞速发展，人们的生活水平得到了极大提高。在物质基础稳步提升的今天，我们的国民素质却没有跟随物质基础同步上升。上述案例中行为人的言谈举止是当下社会现象的真实写照，也是一个国家现代文明和社会公德的集中展示。乘坐飞机前，我们不仅要做到文明乘机，还要了解乘机时的安全知识，安全乘机，遵守飞行时的相关规则，这样才能既保护自己，也维护公共安全。

有人认为，对素质欠缺的人应该拒载，在一定期限内严禁其乘坐飞机，应将其拉入黑名单。也有人认为，在飞行中遇到不顾他人的感受、只顾自己舒坦的冒犯行为时，不该暴力解决，而是可以进行沟通协商，或通过空乘人员进行协调。

需要指出的是，碰到类似情形，不论事情对错，都应该请空乘人员出面解决，旅客在飞机上时必须遵守相关规定，否则任何疏忽或轻举妄动都可能影响航班安全。但从现场情形看来，作为学生的小许不懂得基本常识，她的家人以及前排的刘女士也都缺乏应有的公共意识。在机组人员制止、向地面报警、众人纷纷劝阻的多种措施之下，才把她们拉开。在飞机上打群架，不仅是缺乏社会公德的做法，更是一种违法行为。可长辈这样的做法，以及即将进入大学的小许的行为，不仅使自身难堪，也让其他人为之感到羞愧。航班上打群架的行为，无非只是多种无底线行为、不文明行为的缩影。要做到

---

① 王琦：《高空斗殴频现折射飞机文明缺失》，载《标准生活》2012 年第 9 期。

维护社会公共安全，就需要建立起社会的文明底线，建立起真正的社会文明生态。倘若个体对公共文明缺乏起码的敬畏之意，就会任由突破底线的行为肆意发生，而导致公共安全无所维系。

我国相关民航法律法规中不乏对此种事件的严厉规定。《民用航空安全保卫条例》中明确提出，对违反规定行为的，由民航公安机关依照《治安管理处罚法》予以处罚。但事实上，法律作为最低程度的道德，并不能彻底根除此种不文明行为。除了依靠法律和制度的约束，"飞机文明"的形成更需要每个人养成规则意识。在空中飞行时，飞机的空间非常有限，我们必须适当"收缩"个体，适当地让渡自身的权利；同时，我们也应严格遵守飞行时必要的安全规则，配合机长和乘务员的工作。让我们在飞机上做一名优雅的旅客，让行为多一分文明，也给安全多一分保障。①

飞机处于高空高速飞行的状态时，在空间相对狭小的飞机上斗殴，一方面，可能破坏飞机的安全设施，从而危及飞机的飞行安全。瑞士航空的航班被迫返航正是基于飞行安全的考虑。另一方面，斗殴行为处置不力可能引起多人参与，从而破坏飞机自身的平衡，危及飞行安全。（飞机在起飞、降落以及经过大气对流层时，对自身的平衡要求较高，飞机飞行过程中大量旅客的移动会直接影响飞机的平衡，危及飞行安全。）航空安全可理解为两个层次：一是飞行安全，在性质上属于危害公共安全，即航空器在空中正常飞行的安全，包括航空器飞行安全及航空器内所有人员的人身与财产安全；二是个体安全，侧重于个体，即航空器内个人的人身和财产安全。除了造成参与斗殴人员个体损伤外，机上斗殴还具有更大的危害性，可能危及公共安全，更严重的还可能引发灾难性的安全事故。

当飞机跨国飞行时，还要关注跨国飞行中斗殴案件的管辖权。飞行中的飞机是一个相对移动的空间，在飞机上发生的案件该如何确定管辖权呢？《刑法》第六条与《治安管理处罚法》第四条在管辖权上都规定了属地管辖原则，即对发生在我国领域内（悬挂我国国旗的船舶或航空器也属于本国领土）的治安违法行为、犯罪行为，我国均有管辖权。因此，无论处于哪一国

---

① 王琦：《高空斗殴频现折射飞机文明缺失》，载《标准生活》2012年第9期。

度、哪一地区的我国航空器，我国对航空器上发生的治安违法行为、犯罪行为都享有管辖权，具体由航空器起飞地或降落地公安司法机关处理。

除属地管辖外，《刑法》第七条还规定了属人管辖权，即我国公民在我国领域外犯罪的，我国依法享有管辖权，但法定最高刑为 3 年以下有期徒刑的，可以不追究。依据该规定，我国公民在他国航空器上犯罪的，我国也同样享有管辖权。然而，对于治安违法行为而言，由于《治安管理处罚法》中仅规定了属地管辖原则，所以如果我国公民在他国航空器上仅存在治安违法行为的，我国不享有管辖权；但如果他国航空器是在我国起飞或降落的，我国可以依据属地管辖原则享有管辖权。

管辖权确定后，对"空中斗殴"的追责规定也很重要。根据斗殴行为造成的危害后果，我国法律将其分为两个层面进行责任追究。一是行政责任层面。斗殴行为情节相对轻微，尚不构成犯罪的，应进行行政处罚，依法处以行政拘留；扰乱航空器正常秩序情节较重的，依照《治安管理处罚法》第二十三条规定，处 5 日以上 10 日以下拘留，可以并处 500 元以下的罚款。二是刑事责任层面。斗殴行为情节、后果严重，足以构成犯罪的，依法定罪处罚。具体惩罚后果可分为两种情况：斗殴行为仅严重扰乱秩序或仅造成个人伤害的，可按寻衅滋事罪或故意伤害罪定罪处罚；斗殴行为危及飞行安全、威胁或已经侵害公共安全的，应以暴力危及飞行安全罪处罚。根据《刑法》第一百二十三条规定，对飞行中的航空器上的人员使用暴力，危及飞行安全，尚未造成严重后果的，处 5 年以下有期徒刑或拘役；造成严重后果的，处 5 年以上有期徒刑。若斗殴行为造成他人轻伤、重伤后果，且危及飞行安全的，同时构成故意伤害罪和暴力危及飞行安全罪，择一重罪论处。①

## 【案件延伸】

这类案件所暴露出的最大问题在于，如何才能提升民众的乘机安全意识。《民用航空法》《刑法》《治安管理处罚法》以及《民用航空安全保卫条例》等众多法律法规中均对此类危及航空安全的行为规定了具体的条文予以规制，

---

① 辛祖国：《"空中斗殴"的追责与处罚》，载《北京日报》2012 年 9 月 19 日，第 18 版。

但仅是如此，还远远不够。需要采取一定的措施，来保障国家的利益和人民的安全，减少民航领域的不法行为，预防民航领域犯罪的发生。为了全方位改善民航相关部门的安全理念，提升公众乘机安全意识，亟须将安全意识问题予以重视和解决。对此，笔者认为，可以借鉴外国在此方面应对措施的有益之处，通过让违法犯罪行为人付出高成本的代价来惩罚犯罪、警戒他人。

1963 年《东京公约》规定，无论旅客的行为是否构成犯罪，机长均有权在需要时采取一切必要措施，防止、制止危害或可能危害航空器或其所载人员、财产安全，或危害航空器上的良好秩序和纪律的行为。虽然 1963 年《东京公约》主要针对的对象是犯罪行为，但对于其他严重不轨行为，可能会触及《刑法》或相关国际公约规定的，也必然要按照犯罪行为来处置，其他的则由国内法和航空公司的政策来弥补。

1999 年，英国对航空航行命令进行修改，增加了一个相关处罚条款。该条款规定任何人对机组人员进行威胁、辱骂、侮辱等行为，可对其处以罚金 2 500 英镑或无限额罚金或处以 2 年以下监禁。英国《空中航行法》规定，醉酒后上飞机或在飞机上醉酒的旅客，将面临 5 000 英镑或最长 2 年的监禁。美国法律规定，以袭击、恐吓、威胁或者干扰等方式阻碍机组成员履行其职责的，可以单处或并处 25 000 美元以下罚金及 10 年以下的监禁。[①]

在我国，以往发生此类事件后处罚力度较小，比较他国规定可了解到，只有严惩才能从源头起到威慑作用。为了加强对机上不轨行为的规制，我国不断完善法律法规，在《刑法》《治安管理处罚法》《民用航空法》《民用航空安全保卫条例》等法律规范中都对扰乱航空器秩序、威胁飞行安全的行为作出处罚规定。

根据《刑法》第一百二十三条规定，对于扰乱航空器秩序，尚未造成严重后果的行为，虽违反《刑法》规定，但尚且不能以刑事处罚，则应当依照《治安管理处罚法》给予警告或 200 元以下罚款；情节相对较重的，处 5 日以上、10 日以下拘留，可以并处 500 元以下罚款。

《民用航空法》和《民用航空安全保卫条例》中都对航行中的客舱安全

---

[①] 吴建端：《对不轨旅客只能是"零容忍"！》，载《中国民航报》2012 年 9 月 11 日。

问题作出了规定，前者对以暴力、胁迫或者其他方法劫持航空器等刑事犯罪作出了规定，后者则对民航的安全保卫作出了规定，如第二十五条之规定："航空器内禁止下列行为：（一）在禁烟区吸烟；（二）抢占座位、行李舱（架）；（三）打架、酗酒、寻衅滋事；（四）盗窃、故意损坏或者擅自移动救生物品和设备；（五）危及飞行安全和扰乱航空器内秩序的其他行为。"违反上述相关规定的，将根据情节轻重选择适用《治安管理处罚法》和《刑法》，对违法犯罪人员作出处罚。

## 案例四

# 兰州中川国际机场体内藏毒案

## 【案情介绍】

2017年5月17日22时30分,各自携带行李的数百位旅客在兰州中川国际机场顺着机场出口逐次离开。22时35分,嫌疑人朱某和张某出现在警察的视野里。朱某身着黑色的夹克上衣,背着一个黑色的双肩背包。张某戴着口罩,身着绿色的上衣,同样背着一个黑色的双肩背包。一切看似普通寻常,却又和往常不一样。两个人一前一后地走过闸口,正准备顺着出口离开。4名警察走上前,分别拦截住朱某和张某。

面对突然出现的警察,朱某和张某之前刻意装出来的那份轻松和镇静顷刻间土崩瓦解。警方通过盘查发现,尽管两人都背着双肩背包,但实际上背包内所携带的行李却很少,对到兰州后的具体目的、暂定去处、实际联系人等信息也回答得遮遮掩掩。在盘问过程中,朱某承认认识张某,张某却否认认识朱某。很快,警察就发现了他们的破绽。警察随即将朱某和张某带到兰州中川国际机场毒品查缉站进行进一步盘问。在例行毒品检测时,警察未在张某身上发现任何毒品,其本人也不曾吸食毒品。同样,朱某也没有吸毒迹象,但当警察给朱某做X光照射时,却发现其体内有大量的圆柱形状的成像,依照以往多次检测经验,警察判断这些东西很有可能是毒品海洛因。而此时,朱某拒绝配合警方工作,仍然心存侥幸,拒不承认自己吞毒。在得知不及时排出体内的毒品有可能导致其毒发身亡,就算不将毒品排出来,警方也可通过其他证据确认其罪行之后,朱某最终自愿接受医生帮助,分5次排泄出××颗毒品,共计××克海洛因。朱某面对物证、人证,对自己以体内隐藏的方式运输毒品的事实供认不讳。在朱某和张某落网的第3天,即

2017年5月19日，机场公安局就成立"5·17"人体藏毒运输毒品案专案组，对该案进行立案侦查。

事实上，早在抓捕朱某和张某之前，民航甘肃机场公安局缉毒警察就掌握了两人利用人体携毒来兰州的情报。2017年5月17日当天晚上，民航甘肃机场公安局领导亲自坐镇指挥，抓捕小组全程严密监视目标对象，在兰州中川国际机场安排警力布下天罗地网。

经警方查明，朱某是河南南阳人，原在南京一家企业打工，因为赌博欠下巨额债务，频频被债主追债。为了偿还债务，他通过手机QQ加入了一些寻找兼职的群聊，并因此在网络上认识了一个叫"豹哥"的人。在"豹哥"的拉拢利诱之下，朱某同意充当"骡子"（运毒的人），偷渡出国，去往缅甸往国内携毒。2017年5月13日，朱某先是乘坐高铁到达昆明，之后又按照"豹哥"手下的指示，于当天20时乘坐大巴到达云南瑞丽，再转乘出租车到达云南德宏傣族景颇族自治州陇川县医院门口，和"豹哥"的另一个手下接头。之后，朱某于21时30分转乘摩托车到达缅甸一个不知名的小镇。在小镇上，朱某见到本案的另外一个嫌疑人，即负责押运朱某人体携毒的张某，两人为第一次见面。在两人顺利接头之后，张某给朱某安排好住处，二人暂住酒店等待指令。2017年5月15日凌晨4时，在陇川县医院门口曾接应过朱某的那名手下再次出现，他给张某送来两包毒品海洛因，大概××颗。张某将××颗分给朱某，让他吞到肚子里。由于是第一次吞食毒品，朱某非常不适应，强行吞下毒品之后不久，他的肚子胀痛难忍，身体出现了排异反应，在酒店的卫生间里，朱某提前排出了两颗毒品。看到朱某提前排出毒品，张某逼迫朱某再次将这两颗毒品吞到肚子里。

当天16时，"豹哥"派来的另外一名手下给朱某和隔壁房间另外一个吞毒的"骡子"每人500元钱，然后经由张某安排准备辗转回国。他俩乘坐面包车到达云南省德宏傣族景颇族自治州首府芒市北客运站。而此时，朱某的身体出现剧烈腹痛，再度不适导致其难以继续出行。在请示老板"豹哥"之后，他要求朱某立刻回缅甸。但这时，朱某的身体状况已不允许他再返回缅甸了。无奈之下，张某只得先带另外一个"骡子"去昆明。当晚，在芒市一家酒店内，腹痛难忍的朱某再次提前排出毒品海洛因××颗。

5月16日凌晨8时，接到张某指令之后，朱某再次将自己先前排出来的××颗毒品洗干净吞到肚子里。处理好毒品之后，朱某乘车前往昆明，于5月17日凌晨在某酒店和张某会合。两个人再次会合之后，张某给自己与朱某订了去往兰州中川国际机场的航班。然后为了显得更像是旅客，张某去商场给自己和朱某买了新衣服和双肩背包等作为道具，用来干扰警察的视线。随后两个人在酒店休息了4个小时，于22时30分，乘坐航班到达兰州中川国际机场。

朱某交代，在缅甸时他并没有见到该贩毒团伙的头目"豹哥"，而只是见到了他的几个手下，作为上线的"豹哥"一直隐藏在暗处。为了规避风险，逃避警方打击，"豹哥"不会轻易现身。"豹哥"向朱某允诺，每带一次毒品给他报酬3万元。据张某交代，自己之前并不认识朱某，他也没有见过"豹哥"，一切都是按照"豹哥"吩咐执行。其只负责接人，押送毒品和"骡子"。张某是负责押运的"镖师"，来安排朱某所有的行程，所有的花费也都由张某垫付。完成一单押送任务可以赚3 000元，张某跑过西安、上海、成都等地方。"豹哥"说朱某这单买卖事成后将给付5 000元报酬。除负责押送"骡子"外，张某还负责在网络上招募人选。他们选中的人大多是类似朱某这样文化水平较低、经济困难、无正当职业、社会关系比较单一、法律意识淡薄、没有吸毒前科的社会边缘人士。警方决定加大审讯和侦查力度，顺藤摸瓜，借朱某和张某这条线索，一举摧毁这个贩毒团伙。一个在国内招募"骡子"，将其偷渡运送出境，在境外吞服毒品再运输入境的跨境贩运毒品团伙在警察缜密侦查之下浮出水面。警察经侦查发现，该贩毒团伙每月从缅甸大量购进毒品海洛因，通过人体携毒的形式，进行层层分销，成员超过60人，他们的活动踪迹遍布了国内多个地区，成都、重庆、西安等地的毒品有一部分就来源于该团伙。

2018年1月26日，在警察行动抓捕涉毒团伙的同时，甘肃省兰州市人民检察院对朱某和张某提起公诉，3月9日兰州市中级人民法院依法公开开庭审理。据悉，本案系人体携毒从境外至兰州，针对是否存在认定胁从犯与受他人指使等争议点，承办检察官在庭前认真查阅案卷材料，多次召集合议庭成员研究案情，对事实认定、案件定性及量刑等问题进行深入的探讨。

法院最终经审理认为：朱某无视国法，采取体内藏毒的手段大量运输毒品海洛因；张某明知朱某携带的是毒品还为其提供费用，安排并协助朱某共同实施运输毒品的犯罪行为，被告二人构成运输毒品罪的共犯。在共同犯罪中，两人的作用地位相当，故不予区分主从犯。鉴于朱某在侦查阶段及开庭期间对其所犯事实均供认不讳，认罪态度较好，可从轻处罚，依照《刑法》第三百四十七条第二款第一项、第二十五条、第五十九条、第六十一条、第六十四条的规定，判处被告人朱某犯运输毒品罪，处有期徒刑15年，并处没收个人财产3万元；被告人张某犯运输毒品罪，判处有期徒刑15年，并处没收个人财产3万元。①

## 【相关法条】

《刑法》第三百四十七条规定："走私、贩卖、运输、制造毒品，无论数量多少，都应当追究刑事责任，予以刑事处罚。走私、贩卖、运输、制造毒品，有下列情形之一的，处十五年有期徒刑、无期徒刑或者死刑，并处没收财产：（一）走私、贩卖、运输、制造鸦片一千克以上、海洛因或者甲基苯丙胺五十克以上或者其他毒品数量大的；（二）走私、贩卖、运输、制造毒品集团的首要分子；（三）武装掩护走私、贩卖、运输、制造毒品的；（四）以暴力抗拒检查、拘留、逮捕，情节严重的；（五）参与有组织的国际贩毒活动的。走私、贩卖、运输、制造鸦片二百克以上不满一千克、海洛因或者甲基苯丙胺十克以上不满五十克或者其他毒品数量较大的，处七年以上有期徒刑，并处罚金。走私、贩卖、运输、制造鸦片不满二百克、海洛因或者甲基苯丙胺不满十克或者其他少量毒品的，处三年以下有期徒刑、拘役或者管制，并处罚金；情节严重的，处三年以上七年以下有期徒刑，并处罚金。单位犯第二款、第三款、第四款罪的，对单位判处罚金，并对其直接负责的主管人员和其他直接责任人员，依照各该款的规定处罚。利用、教唆未成年人走私、贩卖、运输、制造毒品，或者向未成年人出售毒品的，从重处罚。对多次走私、贩卖、运输、制造毒品，未经处理的，毒品数量累计计算。"

---

① 张振华、张文涛：《为了3万元他吞下60颗海洛因》，载《方圆》2020年第1期。

《刑法》第二十五条规定："共同犯罪是指二人以上共同故意犯罪。二人以上共同过失犯罪，不以共同犯罪论处；应当负刑事责任的，按照他们所犯的罪分别处罚。"

《刑法》第五十九条规定："没收财产是没收犯罪分子个人所有财产的一部或者全部。没收全部财产的，应当对犯罪分子个人及其扶养的家属保留必需的生活费用。在判处没收财产的时候，不得没收属于犯罪分子家属所有或者应有的财产。"

《刑法》第六十一条规定："对于犯罪分子决定刑罚的时候，应当根据犯罪的事实、犯罪的性质、情节和对于社会的危害程度，依照本法的有关规定判处。"

《刑法》第六十四条规定："犯罪分子违法所得的一切财物，应当予以追缴或者责令退赔；对被害人的合法财产，应当及时返还；违禁品和供犯罪所用的本人财物，应当予以没收。没收的财物和罚金，一律上缴国库，不得挪用和自行处理。"

## 【案情评析】

本案中，朱某、张某为达到通过航班运送毒品的目的，以吞服毒品的方式，企图混过机场安检，该行为违反了《刑法》第三百四十七条规定，犯罪事实清楚，证据确实充分，构成运输毒品罪。

本案背后所反映出来的问题主要包括以下几点内容。

### 1. 立法体系不健全

当前针对民航领域运输毒品方面的犯罪，我国已经出台了相关的法律法规并在逐步完善。从理论上讲，《刑法》和《治安管理处罚法》基本涵盖了所有民用航空领域运输毒品犯罪的惩治处罚方式，也可依照其他法律法规中的相关规定予以惩处。《中华人民共和国禁毒法》（以下简称《禁毒法》）中规定了民航部门在公安机关需要查缉毒品时的配合义务；《民用航空安全保卫条例》第二十六条规定："乘坐民用航空器的旅客和其他人员及其携带的行李物品，必须接受安全检查；但是，国务院规定免检的除外。拒绝接受安全检查的,不准登机,损失自行承担。"在法律方面,除《刑法》和《治安管理处罚法》外,涉及民用航空领域运输毒品犯罪方面的相关法律还包括《民用航空法》《禁毒法》《民用航空安全保卫条例》等。在行政规章方面,在民用航空安全检查和民用航空运输等领域,中国民用航空局相应地出台或者修改了大量民航规章,要求在未经允许的情况下,禁止将可能危及民航安全的危险品、违禁品带入民用机场、控制区等,此举也有利于预防和打击利用航空渠道进行运输毒品的犯罪活动。

通过对上述法律规定的阐述,可以了解到,在打击我国民航领域运输毒品犯罪过程中,我国法律仍然存在着立法体系不健全、法律制度没能实现体系化等问题。

第一,虽有上述这些明确的法律规定对民用航空领域的运输毒品犯罪领域进行规制,但随着我国航空运输发展日渐增速,毒品犯罪的整体态势依旧不容放松,相关问题的诸多方面仍属于法律规定的空白状态。从上述法律规定可以看出:我国针对民航领域运输毒品犯罪的法律规制体系存在缺陷。如现行《刑法》中规定的运输毒品罪,仅以简单罪状的形式予以规定,并没有对运输方式等具体罪状进行描述;在《民用航空安全检查规则》中也没有规定针对毒品进行专项检查的制度;而且在航空渠道运输毒品犯罪的规制和处罚方面,现行的有关法律法规中均缺少具体的实施细则。

民航领域毒品问题在相关立法体系上的不健全,使得毒品查缉环节缺乏法律支持。民用航空领域运输毒品犯罪主要是通过具有强隐蔽性的体内藏毒的方式进行运输,对此种毒品运输类型的公开查缉工作需要借助相关仪器,否则很难对人体进行检查。在民航领域的毒品查缉过程中,能否使用仪器对人体带毒进行检查等问题就缺乏必要的法律支持。各民用机场现阶段主要依据《禁毒法》以及各省(自治区、直辖市)的禁毒条例等法律法规展开毒品查缉工作。《禁毒法》第二十六条和各省(自治区、直辖市)的禁毒条例仅对公开查缉毒品的合法性作出了明确规定,但对体内藏毒的犯罪分子是否能够强制性使用仪器进行检查的问题并未明确规定。在查缉毒品的实际工作中,很多情况下必须借助仪器检查,但使用这些仪器设备进行检查又缺乏法律的支持,一旦因此引发权益诉讼,毒品查缉工作将难以得到法律的支持。

第二，民用航空领域运输毒品犯罪相关的法律法规数量不在少数，但未能形成体系化、专门化的法律规制体系。首先，民航领域作为专业化强的特殊领域，现有的相关规定却没能体现其专门性、专业性，在制度与标准方面涉及不同部门或行业领域，无法做到相互衔接，易于形成监管上的漏洞。其次，相关法律规范中仅对问题作出了原则性规定，未规定具体的实施细则，缺乏可操作性。例如，《禁毒法》第二十六条规定，根据查缉毒品的需要，公安机关可以在机场对来往人员、物品、货物进行毒品和易制毒化学品检查，民航部门应当予以配合。该项规定仅说明了在民航机场缉毒执法时，相关部门有予以协作的义务，但并未说明各相关部门之间应如何在具体工作上密切配合的问题。仅有原则性的规定，缺乏可实际操作的运行机制，大大制约了相关法规的实用效果。

**2. 航空物流行业监管有弊端**

在我国，航空物流行业的监管弊端体现在以下几个方面。

第一，近些年随着机场建设的增长态势，航空物流企业数量也在增多。而在毒品查缉工作方面，航空企业安检人员的专业素养不足以支持准确识别、查缉毒品的工作，且普遍缺乏必要的查毒设备，为犯罪分子利用航空物流方式运输毒品创设了有利条件，航空物流企业的毒品查缉工作仍有待增强。

第二，无法确保相关法规的落实。《中华人民共和国反恐怖主义法》（以下简称《反恐怖主义法》）规定了运营单位的安全监管义务，但出于利益关系，航空物流行业的主管部门往往带有利益纽带，使得相关法律规定在具体执行的过程中不能真正得到落实。同时，随着航空物流业的迅速发展，航空物流行业主管部门的监管措施具有相对滞后性，存在空白地带等问题，不能满足航空物流安保监管的新需要。

第三，航空物流行业对登记、验证等规定性程序落实不够。《反恐怖主义法》规定了相关物流运营单位的登记制度。寄件人在递交货物、邮件时，航空物流企业应该主动查验并登记其身份证明，必要时也可对其所递交运输的货物或邮件进行查验，用以查明寄件人的真实身份以及所递交运输的货物、邮件是否属于违禁物品。但由于竞争激烈，有些航空物流企业为追求经济效益,对寄件人的真实身份及其所递交运输的货物或邮件的登记、查验等过程草草了事,走过场,从而为运输毒品犯罪提供了便利。除此之外,航空物流业的登记、查验制度直接影响到航空物流业情报信息搜集工作的及时性、精准性等。航空物流业在监管方面存在的问题,使得犯罪分子能够利用该渠道运输毒品实施犯罪,公安机关等禁毒部门因监管问题无法完整搜集有关情报,进而不能对民航领域的运输毒品犯罪进行有力的预防和打击。

**3. 毒品查缉手段滞后**

我国民用机场查缉毒品工作的传统手段是"一看二问三查"。"一看"是指观察民用机场来往人员的行为和神情。来往人员中是否有人在不断观察查缉民警动向,以及是否流露出紧张神情,通过观察上述行为确认可疑对象。"二问"是指向可疑对象进行询问,包括具体的出行目的、出发地、目的地以及其所携带、托运的行李物品、货物等。"三查"是指查验核实可疑对象的身份证件等,检查其携带或托运的行李物品、货物等,对可能在体内藏毒的可疑对象进行盘查等。

随着经济水平的飞速发展,作为交通工具之一的飞机凭借其方便、快捷的优势,逐渐成为人们出行的最佳选择,我国民航业也因此而快速发展。民用机场如雨后春笋般不断建立,随之而来的是航线数量逐渐增多、航运载量增大、民用机场内的流动人员数量越来越多。同时,民用航空领域运输毒品案件的隐蔽性也随之增强,犯罪分子反侦察能力也在不断提升,使得机场毒品查缉工作的传统手段"一看二问三查"逐渐不能适应日渐复杂的形势。

以某国际机场为例,如果在到达口展开毒品查缉工作,由于航线多、客流量大、航空货邮运输量大、机场人员密集等原因,高峰时期同一时间段内预计有20多个抵达的航班,其中包括从重点毒品防御地区抵达的航班。若运用传统查缉手段,查缉民警无法从众多旅客中筛选出运输毒品的可疑犯罪分子并进行排查工作;如果在出发口展开毒品查缉工作,高峰时期预计会开放10余个安检通道,10余个航班前往重点毒品防御地区,机场所拥有的警力难以对上千名旅客、所有的重点航班进行排查。机场查缉民警运用传统的手段展开毒品公开查缉时,更是由于犯罪分子反侦查手段、隐蔽性较强等原因,大大增加了"一看二问三查"中"看"的难度,导致之后的排查、核验等环节也无法顺利进行。

### 4. 禁毒人员专业化缺乏

民用机场禁毒队伍难以适应工作的需要,主要体现在人员稀少、警力缺失、工作任务繁杂等方面。首先,随着毒品犯罪的猖獗,禁毒形势严峻,而民用机场的禁毒队伍人员数量却十分稀少。人体藏毒、行李夹带、物流邮寄等利用航空渠道运输毒品的案件方式多种多样、毒品犯罪分子反侦查能力也越来越强,而禁毒队伍的人员数量稀少,通过抽调专业人员协助进行查缉工作的方式,并不能完成某些特定人员才能开展的工作。其次,机场内警力的缺失,使得警察在面对运输毒品犯罪分子集体闯关时,缺乏足够的警力应对。运输毒品的犯罪分子正是由于发现了部分机场的警力弊端,在短时间内难以对大规模体内藏毒的方式进行及时、有效的应对,所以采取了集体闯关。在毒品运输猖獗地区的机场,犯罪分子往往采取此种大规模体内藏毒的方式,集体闯关运输毒品。而且面对各机场内出现的运输毒品的新形势时,也缺少警力去进行针对性地应变。最后,机场民警的工作任务纷繁复杂。在民航业快速发展的同时,防范恐怖袭击、解决机场发生的扰乱秩序的案件、维护民用机场的秩序、进行安检排查、办理登记手续、调解机场控制区发生的纠纷、处理群众求助等琐碎复杂的警务工作也随之增加,机场民警疲于应对,没有多余的时间及精力主动展开毒品查缉工作。

### 5. 协作机制待完善

就当前我国民用航空领域的运输状况而言,货物、物品、邮件的托运地、收件地、查获地基本上不在同一地区,运输毒品的犯罪情况也基本如此。因此,机场禁毒部门在查获案件时,通常需要跨区域侦查。机场与机场之间,机场内部各行业、岗位之间,机场公安与地方公安机关等有关部门之间都需要相互合作,信息共享。但是,各相关部门在情报共享、相互协作等方面还存在着不顺畅之处,一定程度上影响了实际的侦查效果,加大了民航领域运输毒品犯罪案件的侦办难度。

近年来，为了打击民用航空领域运输毒品犯罪活动，加强案件侦查能力，做到从源头截堵，各民用机场均成立了毒品查缉站。但与此同时，毒品查缉站仍存在控制薄弱等弊端。主要体现在以下方面：航线数量多，航班流量大，航空物流业准入标准偏低，导致航空物流公司不断涌现，机场毒品查缉站难以开展阵地控制；航空货邮运输量大，但航空物流企业对查验、登记制度落实不到位，使阵地控制形同虚设；机场毒品查缉站阵地之间的情报信息不能紧密连接，难以形成控制合力达到最佳状态。

除上述几点之外，还存在很多方面的原因。随着科学技术的不断进步，化学原料更易于获取来合成新型毒品，新型毒品的类型不断出现，原有毒品的类型不断更新。而我国各民用机场缉毒队伍中的缉毒人员，大多不具有专业化的知识储备，导致专业水平不高；又或是虽具备专业化知识，但对其缉毒能力方面的培训缺失或缺乏，导致专业知识未能及时更新，使得缉毒人员的专业素养无法适应现阶段机场查缉毒品工作的需要。因此，除人员专业化问题外，有的民用机场还缺乏专业的缉毒设备、装备、专业的缉毒犬。仅依靠人力开展查缉工作，远远不能满足机场查缉毒品工作的需要。

除此之外，还应当重视宣传教育的作用。有关机场在禁毒宣传教育方面的工作开展不力；有的机场禁毒宣传教育方法没能采取紧跟时代潮流的方式开展，对群众展开针对性强的宣传，宣传方式简单、内容陈旧，导致宣传效果不佳；有的机场发动范围小，没能形成相应的禁毒氛围等。另外，在利用民用航空渠道运输毒品犯罪过程中，还存在着跨国运输，这更涉及国家间有关禁毒法律之间的冲突、国家间的引渡义务以及如何实施引渡协助行为等问题。近些年，葡萄牙、荷兰、西班牙等部分欧洲国家，通过立法实现了毒品的合法化，在国际上掀起了"毒品合法化"的潮流。对具有国际性的民航业来说，这种趋势对在我国民用航空领域的运输工作是一种挑战，对我国打击跨国运输毒品犯罪的工作也是一种挑战。综上所述，我国在打击民用航空领域运输毒品犯罪中还存在诸多方面的问题。[1]

针对以上问题，笔者提出以下几点对策。

---

[1] 刘娜：《我国民用航空领域运输毒品犯罪研究》，中国民航大学2019年硕士学位论文。

（1）完善民航领域毒品犯罪的法律法规。完善民航领域毒品运输犯罪的相关法律法规，建立健全相关的法律制度体系，一方面，能够在本领域填补具体细则等诸多方面的空白，为惩治利用航空渠道运输毒品的犯罪分子提供相应的法律依据；另一方面，法律制度的专门化、体系化，有利于弥补我国众多民用航空领域运输毒品犯罪的法律法规形成的监管上的漏洞，在制度与标准方面建立起统一且相互衔接的体系，使相关的法规制度具有可操作性。总体而言，完善相关领域的法律法规，建立健全相关法律制度体系，对治理我国民用航空领域运输毒品犯罪来说，有着十分重要的意义。

第一，填补立法空白。例如，完善《刑法》中关于运输毒品罪的有关规定，明确具体的运输方式；在航空领域专业性的法律《民用航空法》中，加入针对航空渠道运输毒品犯罪的专门化规定；在现行《刑法》和《治安管理处罚法》中，对于航空渠道运输毒品犯罪，增加规制和惩处方面的具体规定；在《民用航空安全检查规则》中，增加针对毒品的专项检查制度等。另外，随着科学技术的高速进展，毒品的更新换代速度也越来越快，更容易制造人工合成的新型毒品，新型毒品犯罪趋势猛增，因此还应重视对于新型毒品犯罪的相关立法。而目前我国相关的法律、法规以及司法解释中对于毒品种类的规定，无法跟上新型毒品的更新速度，进而制约着司法机关对新型毒品犯罪的打击。因此，对新型毒品犯罪的相关立法和司法解释应当进行完善，从而为民航各部门的禁毒工作提供明确的法律依据。

第二，增强可操作性具体规则。针对上述法律法规中的相关规定，进行具体细化，增强实际操作性。在法律方面，针对《禁毒法》，规定具有操作性的协作运行机制，在民航机场缉毒执法协作时，确保民航各部门间在情报共享、执法协作、应急反应等方面能够展开密切协作；在《禁毒法》、各省（自治区、直辖市）的禁毒条例或《民用航空安全检查规则》中，在民用机场进行毒品公开查缉工作时，明确其使用仪器检查行为的合法性，确保民用机场毒品查缉工作的顺利进行；完善航空物流领域的禁毒法律法规，形成专业化、体系化规范，对航空物流行业禁毒工作的每个方面、每个环节进行规范指导，促进禁毒工作在航空物流业的全面开展。在行政规章方面，针对民用航空安全检查和民用航空运输等领域，中国民用航空局应统一民航规章中的制度与标准，形成专门、系统、可衔接的法律制度体系。

在现有的运输毒品罪的刑罚规定中，同时设置了没收财产刑和罚金刑。对于犯罪情节严重的，适用没收财产刑；犯罪情节较轻的，适用罚金刑。在刑事惩罚的具体细则方面，财产刑上可以考虑统一适用罚金刑，取消没收财产刑。犯罪分子的最终目的是赚取巨额利润，没收财产只能以犯罪分子所占有的个人所有或家庭全部财产为对象，如果在被抓获之前就藏匿或转移该财产，没收财产的惩治措施将无法达到惩罚的预期目的；如果适用罚金刑，除了可以在案件轻重的基础上决定金额的多少，还可以无限期追缴。同时，对于罚金刑的量刑标准的构建也应当同时推进，可以以犯罪分子非法获取利润、运输毒品的数量、采取的运输方式等方面，作为确定罚金刑的量刑标准。

（2）加强对航空物流行业的监管力度。加大航空物流行业的监管力度，能够在一定程度上有效地预防和打击民用航空领域的运输毒品犯罪。具体可从以下几方面入手。

第一，加大对该领域的资金投入。为确保航空物流渠道禁毒工作的实施，应加大对航空物流领域的经费投入，特别是加大禁毒专项经费投入。航空物流企业普遍缺少必备的毒品查缉设备，且已严重制约禁毒工作的开展。面对航空物流企业禁毒工作的这一现状，为确保航空物流领域禁毒工作的正常开展，有关部门应从实际情况出发，加大专项资金投入，为其配备所需的技术设备、防护装备等。除了加大对航空物流企业查毒设备的投入外，还应改良规划方式，针对航空物流查毒工作，经过研究设定区分重点领域和区域，对民用航空领域运输毒品犯罪从源头上进行堵截。

第二，确立严格的核查程序。对航空物流企业实行严格的资格管理制度，加强整体管控。我国航空物流业规模正处在快速增长的黄金期，现有的监督管理的措施已经无法适应现代航空物流发展的需要。为应对新的需要，应加强对航空物流企业的管控，对航空物流企业进行严格的资格审查，建立资格管理制度，确保航空物流企业具有行业资质，具有行业自律性，从而改变混杂的航空物流市场，限制和压缩运输毒品犯罪活动向航空物流渠道渗透的空间。同时，还要严格对寄件人的真实身份和其所递交运输的货物或邮件等严格地进行登记与查验，切实执行收、寄验视核查制度。

第三，加强人员专业化培训。现阶段我国航空物流从业人员专业化能力缺失，基本上不具备识别、查缉毒品能力。针对此种情况，应加强对航空物流从业人员的禁毒培训，定时对航空物流从业人员开展毒品查缉工作方面相关内容的禁毒培训，能够做到"识毒、辨毒、查毒"。通过对航空物流从业人员进行专业化禁毒培训，使其深入了解毒品的种类、性质、危害等，提高识毒、辨毒、查毒的能力，切实增强其查缉运输毒品犯罪的职业技能。从航空物流渠道的源头着手，严防通过航空物流渠道所实行的毒品犯罪。

除上述可执行措施外，还可通过随机抽查、定期汇报等方式，督促航空物流企业严格遵守相关纪律，切实落实主体责任；对航空物流企业内部管理体制进行完善，填补空白漏洞；严格实行责任溯源，对毒品流通的责任落实到相关责任人员、航空物流企业的主体身上，通过刑事处罚、行政管理等方式，严格追究企业和相关人员责任，从源头上减少民用航空领域运输毒品的犯罪行为。

（3）提高机场的毒品查缉能力。为适应持续变化的航空物流发展形势，我国各民用机场应当对传统的公开查缉工作方法做出相应的改变，即改变查缉工作的具体措施与实施方法，逐步建立健全治安巡查、身份检查、线索核查、箱包抽查、警犬搜毒、视频巡查"六位一体"的缉毒工作模式。不断总结、完善民用机场公开查缉毒品的经验做法，探索建立民用机场查缉的新方法，对民航领域的运输毒品犯罪予以精准打击。

要充分利用现代科技手段，通过大数据信息平台，建立民航安保情报类信息系统，对综合应用平台、天网查缉系统等进行升级改造，使各系统之间的信息能够交融互通，消除信息壁垒。另外，各民用机场传统的安检手段也日渐滞后，还要通过高科技手段完善安检信息管理系统，进而提高民用机场安检工作的信息化管理水平，使得数据的检索更加精准。此举在提升机场的安保能力、打击运输毒品犯罪分子、提高预防犯罪能力、维护社会安定等方面都具有重大的意义。

同时，对来自重点省市、重点边境地区的重点境外人员、重点涉毒群体以及涉毒个人进行密切关注，对这类重点涉毒人员探索建立特别对待制度，如设置黑名单制度、等级化预警机制等，着重核查短期内多次往返重点地区的人员，有针对性地开展民用机场查缉工作。

（4）建立专门化禁毒队伍。针对持续变化的毒情态势，应结合各地民用机场的实际情况，建设专门的机场禁毒队伍，对禁毒机构各部门的设置及其内部分工进行明确规划部署，对重点机场增加禁毒警力，有针对性地开展毒品查缉工作。其余机场各部门及从业人员应积极配合，充分发挥协作优势。

第一，提高缉毒人员的专业化能力。提高民用机场缉毒人员的缉毒水平，首先要进行定期专业化培训并加强业务指导。民用机场缉毒人员既要对毒品的外观特征、性能、危害等基本知识有所了解，具备识毒、辨毒、查毒的基本能力，又要掌握查缉毒品的技能诀窍，精准查缉毒品，减少权益纠纷。同时，还要学习相关心理知识，掌握沟通技巧，通过对言辞、行为的观察，查找线索。另外，为适应运输毒品犯罪的国际性，还要对涉外警务的权能、有关国际公约的规定有所了解，为与外籍人员进行沟通，还可学习多种国际语言，增强业务能力。

第二，提升安检人员的专业化能力。不同毒品在X光机中的成像图片各不相同，在机场安检环节，安检工作人员要识破不同的隐藏手段，在最后的成像中辨别毒品。因此，要加强对安检部门工作人员的培训，整理、总结、了解、熟知毒品成像的性状，提升读图判图能力，提高毒品查缉能力。同时，还可将毒品图像进行分类、总结，形成汇总案例，让机场安检部门工作人员加以学习和讨论，满足机场禁毒工作的需要。

除此之外，还可根据各民用机场的具体形势，针对一线毒品查缉民警，在合适时间，通过会议座谈、视频交流、在实战中培训等多种形式在内部开展专门的禁毒工作培训。培训时，可邀请公安局、安检站等多个部门的禁毒专家同堂传授禁毒经验，以进一步提升民航禁毒工作的实效性，严厉打击航空渠道运输毒品犯罪。

（5）完善缉毒协作机制。为打击民用航空领域运输毒品的犯罪行为，各民用机场禁毒部门要重点关注运毒犯罪发展的动向，调整资源、构建防控平台，加强侦查协作机制。针对已破案件，分析其特点，以毒品缉查站为阵地，增强阵地的控制能力。具体可以从以下两方面入手。

第一，构建机场多部门间联动机制。在机场各内部部门与机场安检、航空货运、邮政、航空物流之间搭建工作平台，建立情报互通机制，共同实现联勤联动，全员参与禁毒战争。对相关情报信息进行分析，得出现阶段重点毒品流出地区，以通知的形式经由机场公安定期秘密发送，通过物流快递中心对上述地区发出的邮件进行重点查验，航空货运安检部门在收到后有针对性地对特殊物件进行开包查验。通过这种方式，能够有针对性地对人体藏毒、行李货物夹带、航空邮件等问题重点进行涉毒检查，开展查验工作，坚决遏制各类毒品通过航空渠道流通，对通过航空渠道运输毒品的犯罪分子给予沉重一击。

在缉毒工作上，加强民用机场与地方单位之间的协调联动，提高整体工作合力。各地方公安机关的禁毒部门掌握着本地区的禁毒情报信息，通过各民用机场与地方公安机关的情报交流工作，可以拓展情报信息来源渠道，进而得出更为精准的情报信息，对机场毒品查缉工作的顺利进行具有重大意义。同时，也要加强与地方机关的侦查联动。地方禁毒部门中存在经验丰富、业务能力强的专业队伍，在案件的侦查环节，民用机场通过加强与地方禁毒部门的合作，可以在严厉打击民航领域运输毒品犯罪活动的同时，提高侦查能力，积累工作经验。

第二，加强机场公安与其他各地机场公安机关间的警务协作。为打击民用航空领域运输毒品犯罪，应构建机场间禁毒合作新平台，加强机警务协作。

除上述措施外，还要在各民用机场及其他相关部门加强禁毒宣传教育，加强对机场从业人员、旅客的禁毒法律宣传，告知毒品危害和涉毒法律后果，营造浓厚的社会禁毒氛围。

此外，对于国际性的毒品运输犯罪，还要加强国际禁毒交流合作，对国家间的禁毒法律冲突问题进行协商沟通；完善引渡程序，加强对毒品犯罪的引渡合作；积极参加国际上有关毒品问题的会议，加强与各国间的联系，交流经验，促进合作，建立情报交流互换机制，为其他国家的毒品查缉工作提供相应的司法或侦查协助；积极履行对毒品犯罪行使普遍管辖权的义务，严厉打击跨国毒品犯罪，斩断国际航空毒品运输渠道，发挥我国在禁毒斗争中的作用。①

---

① 刘娜：《我国民用航空领域运输毒品犯罪研究》，中国民航大学 2019 年硕士学位论文。

## 【案件延伸】

随着国家间、地区间的交流日益频繁，交通运输方式的日渐增多，毒品的运输方式也越加复杂。为逃避缉毒部门的严厉打击，犯罪分子通过公路运输、铁路运输、航空运输、水上运输、邮寄运输等多种方式交错使用进行毒品的运送。为谋取巨额的非法收入，更是不惜以生命为代价，以人作为载体，通过体内藏毒运输毒品。

但是，无论毒贩再狡猾，终究难逃法律的制裁。法网恢恢，疏而不漏，世界上大多数国家都把毒品犯罪作为重罪来进行处罚。通过人体带毒是运输毒品的方式之一，这样的方式对于贩毒组织或运输毒品的个人而言，都会带来巨大的风险。随着打击力度的强化，以及各种高科技装备在侦查中的大量投入，通过民航飞机运输毒品将逐步被遏止。但是，也应该看到，有些国家现在基于各种原因，放松了毒品管制，比如吸食大麻在有些国家呈现合法化的趋势，这势必会对中国的禁毒工作带来影响，我们应该未雨绸缪，对这种情况有可能带来的风险及早准备好对策。

# 第五部分

# 民航职务犯罪行为

职务犯罪，是指国家机关、国有公司、企事业单位、人民团体的工作人员利用已有职权，实施贪污贿赂、滥用职权等行为。在民航领域，也不可避免地存在职务犯罪。当掌握管理、支配权的高层人员以权谋私，进行钱权交易时，不只对民航领域的建设和稳定产生破坏，还损害了国家和人民的利益。

职务犯罪行为在民航领域有以下几个特点。

一是发案面广，涉及各个领域。民航业本身就是与其他行业关联度很高的行业，在民航领域里的职务犯罪的涉案范围自然也就比较广，受牵涉的行业比较多，涉及社会管理及相关行业各个领域，如建筑领域、设备采购领域等。职务犯罪形式多表现为贪污罪和受贿罪，次之是玩忽职守、滥用职权等渎职犯罪。

二是发案数量呈上升趋势，且多为大案要案。随着国家反腐力度的加强，职务犯罪案件的发案率得到提升，民航领域的反腐成果显著，打击了众多手握重权、牵涉金额重大的贪污、贿赂案件。

三是窝案、串案特征显著。一人向多人进行行贿或一人收受多人贿赂等，往往是一人案发，牵扯出众多关联案件，涉及贪污、受贿、行贿、索贿等多种方面。

四是多发生于权力集中的部门或岗位。涉案人员中，具有领导职务的人员多起到中心作用，职权涵盖资金使用、设备采购、行政管理等方面。

从犯罪人的角度来说，实施职务犯罪行为的犯罪人只能是具备特殊身份的人员，即国家工作人员。其犯罪原因可能有以下几点：其一，个人原因，主要是指个人素质、个人品质方面产生瑕疵；其二，思想文化原因，在受教育过程中，受到拜金主义、享乐主义等腐朽思想的影响，未形成良好的思想文化基础；其三，经济原因，社会贫富差距的加大，以及权力与经济间的界限逐渐模糊等原因；其四，社会原因，职务行为的可利用性以及社会监管的缺失性，给职务犯罪以可乘之机。

该类犯罪行为与职务之间存在密切的关联性，任何一种职务犯罪，都表现为行为人利用职务上的便利实施的贪污贿赂、滥用职权、玩忽职守等破坏国家管理活动，致使公共财产、国家和人民利益遭受重大损失的行为。

犯罪后果是危害了国家安全、公共安全，破坏我国社会主义市场经济秩序，侵犯财产，损害国家工作人员职务廉洁性等。

对此，大致可从以下几个方面入手解决。一是发挥教育的基础作用。强化法治意识和道德观念，不断提升公职人员廉洁自律的意识。将廉政教育与思政教育相结合，揭露职务犯罪的危害性，从思想上遏制公职人员利用职务犯罪的意图。二是加大惩治打击力度。加强纪检机关、监察机关对职务犯罪案件的查处力度，加大对腐败分子的打击惩处力度。尤其要重视在领导机关和领导干部中违反党纪的案件，强化党和政府对于反腐败的决心，增强人民群众对于反腐败的信心。三是加强社会监督。从源头上预防职务犯罪，重点要加强党的建设，推动民主政治建设，从体制上形成严密监督。除此之外，更要推进政务公开，加强社会监督，形成强大的反腐倡廉氛围。

民航领域的职务犯罪中，最普遍的是贪污罪、受贿罪。职务犯罪不管在任何领域，都为国家和人民所深恶痛绝。民航领域作为国家振兴路上的重大领域之一，必须保持廉洁性。在国家走向现代化进程的今天，在社会主义市场经济建设的关键时期，更须重视民航领域的职务犯罪，砥砺前行，为国家的建设添砖加瓦。

## 案例一

# 赵某某受贿、私分国有资产案

【案情介绍】

在2009年航权审批窝案沉寂一段时间之后,2014年年底,曾任中国民用航空东北地区空中交通管理局局长、党委书记,后调任中国民用航空华北地区空中交通管理局的官员赵某某,成为民航系统首个落马的官员。民航领域再度掀起反腐风暴。

2014年12月26日,经最高人民检察院指定管辖,辽宁省人民检察院决定,以涉嫌受贿犯罪依法对赵某某立案侦查,并采取强制措施。赵某某受贿与航空公司为航线协调交付的服务费有关,其截留了这相关服务费,然后当作奖金分给单位的其他人,构成私分国有资产罪。刑事裁定书显示,2015年8月24日,辽宁省盘锦市双台子区人民法院一审认定,赵某某犯受贿罪,判处有期徒刑10年的同时,赵某某还犯私分国有资产罪,依法被判处有期徒刑3年6个月,并处罚金5万元人民币,两罪合并决定执行有期徒刑12年,并处罚金5万元人民币。据刑事裁定书显示,本案涉案赃款、赃物包括275万元人民币、2万美元、商品房1处。上述赃款、赃物将依法追缴,上缴国库。

2015年8月24日,双台子区人民法院作出上述一审判决后,赵某某曾提出上诉,但最终撤回。2016年4月27日,辽宁省盘锦市中级人民法院作出终审判决,决定维持原判。熟悉案情的人士介绍,《中华人民共和国刑法修正案(九)》当时正在修订,赵某某方面希望通过上诉延长审判时间至修订完毕,看最终修订结果是否对自己有利。2015年11月实施的《中华人民共和国刑法修正案(九)》调整了贪污罪、受贿罪的定罪量刑数额标准,代之以"数额较大""数额巨大""数额特别巨大",以及"较重情节""严重情节""特别严重情节"。2016 年 4 月 18 日,最高人民法院又出台了相关司法解释,规定"数额特别巨大"的一般标准定为 300 万元以上。按最终的司法解释,贪污受贿 300 万元以上判刑 10 年,赵某某的受贿数额已达到 320 万元,已经判了 10 年,所以再上诉也没有意义了。①

2016 年 8 月 4 日,辽宁省盘锦市中级人民法院公布此案的刑事裁定书。

## 【相关法条】

《刑法》第三百八十三条规定:"对犯贪污罪的,根据情节轻重,分别依照下列规定处罚:(一)贪污数额较大或者有其他较重情节的,处三年以下有期徒刑或者拘役,并处罚金。(二)贪污数额巨大或者有其他严重情节的,处三年以上十年以下有期徒刑,并处罚金或者没收财产。(三)贪污数额特别巨大或者有其他特别严重情节的,处十年以上有期徒刑或者无期徒刑,并处罚金或者没收财产;数额特别巨大,并使国家和人民利益遭受特别重大损失的,处无期徒刑或者死刑,并处没收财产。对多次贪污未经处理的,按照累计贪污数额处罚。犯第一款罪,在提起公诉前如实供述自己罪行、真诚悔罪、积极退赃,避免、减少损害结果的发生,有第一项规定情形的,可以从轻、减轻或者免除处罚;有第二项、第三项规定情形的,可以从轻处罚。犯第一款罪,有第三项规定情形被判处死刑缓期执行的,人民法院根据犯罪情节等情况可以同时决定在其死刑缓期执行二年期满依法减为无期徒刑后,终身监禁,不得减刑、假释。"

《刑法》第三百八十五条规定:"国家工作人员利用职务上的便利,索取他人财物的,或者非法收受他人财物,为他人谋取利益的,是受贿罪。国家工作人员在经济往来中,违反国家规定,收受各种名义的回扣、手续费,归个人所有的,以受贿论处。"

《刑法》第三百八十六条规定:"对犯受贿罪的,根据受贿所得数额及情节,依照本法第三百八十三条的规定处罚。索贿的从重处罚。"

---

① 黄荣:《华北空管局原党委书记赵某某被处有期徒刑十二年》,载中国民用航空网 2016 年 8 月 9 日,http://www.ccaonline.cn/news/top/279065.htm。

《刑法》第三百九十六条规定："国家机关、国有公司、企业、事业单位、人民团体，违反国家规定，以单位名义将国有资产集体私分给个人，数额较大的，对其直接负责的主管人员和其他直接责任人员，处三年以下有期徒刑或者拘役，并处或者单处罚金；数额巨大的，处三年以上七年以下有期徒刑，并处罚金。司法机关、行政执法机关违反国家规定，将应当上缴国家的罚没财物，以单位名义集体私分给个人的，依照前款的规定处罚。"

《最高人民法院、最高人民检察院关于办理贪污贿赂刑事案件适用法律若干问题的解释》第一条规定："贪污或者受贿数额在三万元以上不满二十万元的，应当认定为刑法第三百八十三条第一款规定的'数额较大'，依法判处三年以下有期徒刑或者拘役，并处罚金。贪污数额在一万元以上不满三万元，具有下列情形之一的，应当认定为刑法第三百八十三条第一款规定的'其他较重情节'，依法判处三年以下有期徒刑或者拘役，并处罚金：（一）贪污救灾、抢险、防汛、优抚、扶贫、移民、救济、防疫、社会捐助等特定款物的；（二）曾因贪污、受贿、挪用公款受过党纪、行政处分的；（三）曾因故意犯罪受过刑事追究的；（四）赃款赃物用于非法活动的；（五）拒不交待赃款赃物去向或者拒不配合追缴工作，致使无法追缴的；（六）造成恶劣影响或者其他严重后果的。受贿数额在一万元以上不满三万元，具有前款第二项至第六项规定的情形之一，或者具有下列情形之一的，应当认定为刑法第三百八十三条第一款规定的'其他较重情节'，依法判处三年以下有期徒刑或者拘役，并处罚金：（一）多次索贿的；（二）为他人谋取不正当利益，致使公共财产、国家和人民利益遭受损失的；（三）为他人谋取职务提拔、调整的。"

《最高人民法院、最高人民检察院关于办理贪污贿赂刑事案件适用法律若干问题的解释》第二条规定："贪污或者受贿数额在二十万元以上不满三百万元的，应当认定为刑法第三百八十三条第一款规定的'数额巨大'，依法判处三年以上十年以下有期徒刑，并处罚金或者没收财产。贪污数额在十万元以上不满二十万元，具有本解释第一条第二款规定的情形之一的，应当认定为刑法第三百八十三条第一款规定的'其他严重情节'，依法判处三年以上十年以下有期徒刑，并处罚金或者没收财产。受贿数额在十万元以上不满二十万元,具有本解释第一条第三款规定的情形之一的,应当认定为刑法第三百八十三条第一款规定的'其他严重情节',依法判处三年以上十年以下有期徒刑,并处罚金或者没收财产。"

《最高人民法院、最高人民检察院关于办理贪污贿赂刑事案件适用法律若干问题的解释》第十一条规定:"刑法第一百六十三条规定的非国家工作人员受贿罪、第二百七十一条规定的职务侵占罪中的'数额较大''数额巨大'的数额起点,按照本解释关于受贿罪、贪污罪相对应的数额标准规定的二倍、五倍执行。刑法第二百七十二条规定的挪用资金罪中的'数额较大'、'数额巨大'以及'进行非法活动'情形的数额起点,按照本解释关于挪用公款罪'数额较大'、'情节严重'以及'进行非法活动'的数额标准规定的二倍执行。刑法第一百六十四条第一款规定的对非国家工作人员行贿罪中的'数额较大''数额巨大'的数额起点,按照本解释第七条、第八条第一款关于行贿罪的数额标准规定的二倍执行。"

《最高人民法院、最高人民检察院关于办理贪污贿赂刑事案件适用法律若干问题的解释》第十八条规定:"贪污贿赂犯罪分子违法所得的一切财物,应当依照刑法第六十四条的规定予以追缴或者责令退赔,对被害人的合法财产应当及时返还。对尚未追缴到案或者尚未足额退赔的违法所得,应当继续追缴或者责令退赔。"

## 【案情评析】

对受贿罪的构成要件分析如下。

(1) 客体要件。本罪侵害的客体是复杂客体。其中,次要客体是国家工作人员职务行为的廉洁性;主要客体是国家机关、国有公司、企事业单位、人民团体的正常管理活动。本罪的犯罪对象是财物。但不应狭隘地理解为现金、具体物品,而应看其是否含有财产或其他利益成分。这种利益既可以当即实现,也可以在将来实现。因此,作为受贿罪犯罪对象的财物,必须是具有物质性利益的,并以客观形态存在的一切财物,包括货币、有价证券、商品等。另外,对受贿人而言,其所追逐的利益的着眼点,既可以是该财物的价值，也可以是该财物的使用价值。所以，受贿罪中的贿赂财物，从一定意义上说，属于商品范畴。

（2）客观要件。本罪在客观方面表现为行为人具有利用职务上的便利，向他人索取财物，或者收受他人财物并为他人谋取利益的行为。利用职务之便是受贿罪客观方面的一个重要构成要件。利用职务之便可以分为以下两种情况。

第一，利用职务上的便利。职权是指国家机关及其公职人员依法作出一定行为的资格，是权力的特殊表现形式。其具体是指利用本人职务范围内的权力，即利用本人在职务上直接处理某项事务的权力。利用职权为他人谋取利益而收受他人财物，是典型的受贿行为。

第二，利用与职务有关的便利条件。即不是直接利用职权，而是利用本人的职权或地位形成的便利条件，而本人从中向请托人索取或者非法收受财物的行为。实践中，利用第三者职务上的便利，主要有三种情况：一是亲属关系；二是私人关系；三是职务关系。前两种情况，利用的主要是血缘与感情的关系，与本人职务无关。对于单纯利用亲友关系，为请托人办事，从中收受财物的，不应以受贿论处。在第三种情况下，则与本人职务有一定关联。受贿人利用第三者的职务之便受贿，必须具备两个条件：其一，利用第三者的职务之便，必须以自己的职务为基础或者利用了与本人职务活动有紧密联系的身份便利；其二，受贿人从中周旋，使他人获得利益。根据司法实践，利用与职务有关的便利条件，一般发生在职务上存在制约或者相互影响关系的场合。

（3）主体要件。本罪的主体是特殊主体，即国家工作人员，包括在国家机关中从事公务的人员，国有公司、企业、事业单位、人民团体中从事公务的人员和国家机关、国有公司、企业、事业单位委派到非国有公司、企业、事业单位、社会团体从事公务的人员，以及其他依照法律从事公务的人员。

（4）主观要件。本罪在主观方面表现为故意，只有行为人出于故意所实施的受贿犯罪行为，才构成受贿罪，过失行为不构成本罪。如果国家工作人员为他人谋利益，而无受贿意图，后者以酬谢名义将财物送至其家中，而前者并不知情，不能以受贿论处。

综合上述分析，赵某某构成受贿罪，且其受贿金额达到 320 万元。

对私分国有财产罪的构成要件分析如下。

（1）客体要件。本罪所侵害的直接客体是国有资产的管理制度及其所有权。所谓国有资产，包括依法经由上述国家机关、国有公司、企业、事业单位、人民团体管理、使用或者运输中的国有资产。例如，对所有权与经营权相分离的国有企业，凡实行承包经营者，国家均试行资金分账制度：将该企业掌握的资金分为国家资金和企业资金。其中，凡国家资金，不得用作企业职工集体福利基金或用作职工奖励奖金等。否则，即属违背国家对国有资产管理的不法行为，其中集体私分国有资产者，更进一步地侵犯了国有资产的所有权，数额较大者，即构成本罪。

（2）客观要件。本罪行为法人实施了违反国家规定，以单位名义将国有资产集体私分给个人，数额较大的行为。所谓违反国家规定，是指违反了国家对此类单位的国有资产分配管理规定。例如，违背了国家关于国有资金与企业资金的分账制度，擅自将国有资金转为企业资金，进而私分国有资产者。所谓以单位名义，是指由单位领导班子集体决策或者由单位负责人决定并由直接责任人员经手实施，公开或半公开地以单位分红、单位发奖金、单位下发的节日慰问费等名义进行活动。集体私分给个人，是指行为法人以单位的名义，将国有资产按人头分配给本单位全部或部分职工，这里的"个人"是指该单位的职工。

（3）主体要件。本罪的主体是国家机关、国有公司、企业、事业单位、人民团体。本罪是单位犯罪，但根据法律规定只处罚私分国有资产的直接负责的主管人员和其他直接责任人员。

（4）主观要件。本罪在主观方面是直接故意犯罪。行为人须有明知是国有资产而故意违反国家规定，将集体资产私分给个人的确定故意。如疏忽大意地误将国有资产当作企业资金加以集体私分者，不能成立本罪；情节严重的，可按有关渎职犯罪处理。

赵某某受贿与航空公司为航线协调交付的服务费有关，赵某某截留了这些服务费，然后当作奖金分给单位的其他人，构成私分国有资产罪。

本案反映出的问题主要有以下几点。

（1）民航系统经济管理监管工作还有漏洞。在民航领域，某些领导人员利用手中权力，成立关联公司，通过同业经营获取非法盈利；一些航空企事业单位的职工，利用公司资源进行私人利益输送；在航空客运、货运等方面，客运营销对机票销售代理商变相奖励，将货运大量委托代理。航空公司在人员的选拔任用方面，缺乏规范的程序性，不具有规则意识。在此种情境下，出现了个别领导人员"病中上岗"的情形；部分航企还与特定关联企业内外勾结，在航材采购方面狼狈为奸、相互合作，形成利益链条，侵蚀国有资产，造成国有资本流失。从航空公司的共生性腐败问题上，或许可以一窥腐败旋涡难以根除的缘由。

在盈利方面，航空公司具有高投入、低回报的特性，但在购买租赁飞机、航材采购等方面，动辄上亿元，一笔笔数目高昂。在资金的使用方面，如果缺乏有效的监督和管理，便容易滋生腐败案件。

（2）犯罪潜伏期长。发案潜伏期是从初次作案到案件发生之间的间隔时间。新闻报道中一般很少对具体时间节点进行报道，笔者经过筛选剔除，再回到案例本身的搜索与确认，找到了453个案例。研究发现，发案潜伏期平均为8.7年，潜伏期时间较长，说明整体来看，职务犯罪的约束机制还不够完善，未来发现职务腐败犯罪的机制还需进一步加强。大多数的发案潜伏期在2~14年，"一年以内"的很少，仅为9.7%，15年以上的也较少，仅为11.5%。这说明对某个岗位长期任职的官员更要加强督查机制，以免造成因长期不升迁而思想懈怠等问题。①

对于上述问题，有以下几种对策。

（1）整合监督职能。在我国职务犯罪防治过程中，针对功能分散化的实践问题，应当对功能进行整合，实现整体性；对合作进行整合，实现协调性。总结我国防治职务犯罪的实践过程，把职务犯罪防治作为一个整体进行研究。从整体性治理角度出发，对职责分工、立法政策、功能协作等方面进行分析，在整合治理功能与治理行为的同时，还要注重整体间的协作运行。为了强化

---

① 喻国明、李彪、杨雅：《职务犯罪舆情的现状、特征与反腐传播对策研究》，载《江淮论坛》2019年第3期。

民航领域在协作与运行方面的整体化,要对民航部门间的内部功能进行整合,对治理层级进行整合,通过对专业化人员的合理配置,合理划分职责权限,从源头上防止权力的滥用,压缩权力腐败的生存空间。

(2) 营造舆论氛围。第一,深入落实党和政府的要求,针对职务腐败问题构建"零容忍"的舆论氛围。自党的十八大以后,我国在反腐败工作进程中明确坚持"零容忍"态度。十八届中央纪委三次全会中特别强调"反腐败高压态势必须继续保持,坚持以零容忍态度惩治腐败"。党的十八届六中全会也明确指出,"要坚持有腐必反、有贪必肃,坚持无禁区、全覆盖、零容忍,党内绝不允许有腐败分子藏身之地"。党的十九大报告中也多次强调对反腐败工作的重视,充分显现出党和政府对反腐工作的坚定决心。以遏制职务腐败为目标,加强对职务犯罪行为的预防机制、监督机制,做到未雨绸缪,防患于未然。第二,在预防职务犯罪的过程中,明确媒体的作用。在预防职务犯罪的过程中,舆论监督是其中的重要一环,而媒体报道则是促进舆论形成的重要辅助手段。学者傅樵等通过研究政府监管、媒体舆论与腐败治理三者之间的关系,认为一方面可以利用手中掌握的有限资源,专业的媒体可以敏锐地发掘贪腐事件,并通过进一步的调查、了解,摸清腐败案件的脉络,再通过主流媒体的报道或者在网络上曝光等方式进行披露,从而引起社会公众和政府相关部门对此类贪腐事件的关注。[①] 另一方面,媒体报道后形成的舆论压力,可以起到预警作用,对还在谋划中尚未实施的其他职务犯罪行为进行警示。还可通过媒体宣传的方式提倡清正廉洁的职场风气,形成反腐的社会舆论氛围。同时,可鼓励主流媒体、网络平台等多种媒体方式并存发展,利用网络媒体间的竞争遏制腐败,迫使职务领导人注重自己的职务行为,不敢犯,不能犯,从态度上筑牢坚固防线。第三,加强对职务犯罪的舆情监测。职务犯罪的舆情监测可以通过对大量的举报线索以及相关的腐败案件信息进行梳理和辨别,进一步整合和分析相关信息,对职务犯罪的关系网特征进行概括总结,对行贿网络关系进行区分;在职务犯罪行为的相关网络舆情数据中,运用判决文书、电子卷宗、媒体报道等电子数据,采取聚类与趋势分析

---

① 傅樵、高晓雅:《政府审计、媒体关注与腐败治理》,载《财会月刊》2018年第14期。

等研究方式得出职务犯罪中腐败行为的特征等,构建反腐模型,做好预防与预警工作。在反腐败的犯罪治理过程中,必须坚持"惩防并举、注重预防"的政策理念并切实执行。既要做到事后打击惩治犯罪,更要做到事前预防,从源头遏制职务犯罪的滋生。

  (3)加强群众监督。反腐倡廉工作中,群众的力量是不可估量的。反腐工作必须要得到广大群众参与和支持。从我国的反腐败经验可知,将群众作为预防对象,将关注点放在提高社会公众守法意识上,只能做到在群众中减少腐败行为,并不能起到监督预防的作用。因此,在预防职务犯罪的体系中,应让群众做主体,让群众成为反腐败斗争中的主力军。将工作的重心由"提高民众的守法意识"转向"提高民众的权利意识",让预防监督成为群众的权利。确保群众监督权的行使,要建立以下几项法律制度。一是信息公开制度。将信息公开作为一项基本原则,确保群众的知情权,确保国家或地区的廉洁度。二是财产申报制度。对公职人员的财产实行严格的申报制度,使其经济状况透明化,大力打压腐败行为,使之得到有效遏制。三是加大新闻监督的力度。在一些国家和地区,新闻媒介监督的方式素有"第四种权力"之称,国外的一些贪污贿赂要案,绝大多数是新闻媒体首先披露的。四是信用举报制度。群众监督享有向廉政机构检举、揭发的权利,而在此过程中,群众需要面临一定程度的风险。因此,应保证群众的投诉权利,建立一套安保机制,确保群众能够在确保自身安全的情况下,根据真实的意愿投诉。否则,群众监督的结果是"敢怒而不敢言"。确保举报的功效,除"安全举报"外,"信用举报"的方式也是不可忽略的。[①]

## 【案件延伸】

  一般意义上的职务,是指工作中规定要履行的职责,不管单位的性质如何,担任领导职务与否,只要是工作具有规定,履行该事件的行为就被认定为职务行为。然而,在职务犯罪中,不能以一般意义上的职务概念来认定"职务"的内涵。作为一个法律概念,这里的"职务"是指依照法律规定或

---

① 陈曙光、高静:《当前我国职务犯罪的原因及对策分析》,载《求实》2006年第6期。

授权委托而担负的一定工作，是职权与职责的统一，权利与义务的统一。所谓职权，是指具备一定职务身份地位的人，因工作职位而享有的管理权、决定权、执行权等权利。所谓职责，是指具备一定职务身份地位的人，因工作职位而应履行的义务以及承担相应的责任。只有在依照法律规定或者授权委托两种情况下从事特定工作，享有相应的权利和承担相应职责的行为才能称为职务行为。

在职务犯罪的认定中，首先要准确界定"职务"的含义。先要明确职务与公务、职业三者之间的区别与联系。公务，一般是指由国家工作人员或依法授权的人来担任，依照法律规定担任职务，在权限范围内行使管理职能的行为。而职务除有国家工作人员的工作职责外，还可包括公司、企业、事业单位中负有一定地位的人的工作行为。公务行为是一种职务行为，而职务行为不一定是公务行为，两者之间是包含与被包含的关系。职务的概念范围要比公务的概念范围广泛得多。

所谓职业，是指人们赖以生存的主要手段和方法。随着社会阶段的不断交替，人们思想水平的不断进步，社会分工的形成促进了农业、商业、手工业等不同职业的相继出现。随着生产力的发展，社会分工越来越细，职业的种类也日趋繁多，逐渐出现了工人、农民、国家工作人员、商人、军人等多种不同的职业划分，代表着不同的职业分工。在现实社会中，每个人都要从事一定的职业用以生存，但并非都从事着一定的职务。职务是从事一定职业的特殊形式，职务不同于职业，且职业广于职务。

在学术界，关于职务犯罪的概念有三种不同的观点。第一种观点认为，职务犯罪是指国家工作人员或者其他从事公务的人员，未尽职尽责、滥用职权，从而侵害了国家机关的管理秩序和正常活动，致使国家和人民的利益遭受重大损失的行为。第二种观点认为，职务犯罪是指国家公职人员或者视同公职人员的个人，利用职务上的便利滥用职权、不尽职责，实施了破坏国家对职务活动的管理职能，依照刑法应当受到刑罚处罚的行为。第三种观点认为，职务犯罪是指国家公职人员利用职务之便进行非法活动，滥用职权、玩忽职守、徇私舞弊，破坏国家对职务行为的管理活动，依照刑法应当受到刑罚处罚的犯罪行为的总称。

职务犯罪与其他一般犯罪相比,有其独有的法律特征。

(1) 主体具有多层次性。作为职务犯罪的主体,除了要具备一般犯罪主体所需的条件外,还要具备一定的职务。非职务人员不能单独构成职务犯罪,只能成为职务犯罪的共犯。从《刑法》的相关规定可知,职务犯罪的主体可以分为三类。一是从事国家公务的工作人员。这是指代表国家机关、国有公司、企业、事业单位、人民团体等单位履行某项具体工作职责的人,包括国家机关工作人员,国有公司、企业、事业单位、人民团体中从事公务的人员,国家机关、国有公司、企业、事业单位委派到非国有公司、企业、事业单位、社会团体从事公务的人员,以及其他依照法律从事公务的人员。二是非国有公司、企业或者其他单位中担负一定职务的人员。具体包括公司的董事、监事、经理、会计、职工以及单位内其他的工作人员等。根据 2008 年发布的《最高人民法院、最高人民检察院关于办理商业贿赂刑事案件适用法律若干问题的意见》的规定,"国有公司、企业以及其他国有单位中的非国家工作人员"也属于职务人员。三是依法履行特定职责的单位。单位也可以作为犯罪中的主体,而职务犯罪领域中,不同罪名对犯罪主体的要求不尽相同,如单位受贿罪要求犯罪主体只能是国有单位;私分罚没财物罪要求犯罪主体只能是司法机关、行政执法机关;而对单位行贿罪,凡是依法成立和经过核准登记的组织或单位都可构成,并未对单位的主体性质作出限定。[①]

(2) 行为与职务间的关联性。任何一种职务犯罪在犯罪行为与职务之间都具有一定的关联性,表现为行为人利用职务上的便利,滥用职权、玩忽职守,破坏国家对职务管理活动的秩序,致使公共财产、国家和人民利益遭受重大损失的行为。如果行为人具备了一定职务身份,但其所实施的犯罪行为与其职务不具有任何关联,则不构成职务犯罪,能够构成其他犯罪的,如故意杀人罪、故意伤害罪等,以其他罪名论处。作为职务犯罪的显著特征,犯罪行为与主体职务间的关联性也是同其他类罪相区别的主要标志。担任特定职务的人,依照法律规定或依据委托授权而享有一定的职权并承担相应的义务,应担负起相应的责任,在依法行使职权的同时履行法定的义务。若特定职位

---

[①] 由龙涛:《论职务犯罪的概念》,载《理论学刊》2010 年第 12 期。

上的人员，未尽到职责，还利用职务上的便利进行非法活动，致使国家和人民利益遭受重大损害的，则不只是对职务的亵渎，更辜负了国家和人民的信任。

（3）客体具有多重性。职务犯罪所侵犯的客体不仅包括国家对职务的管理活动秩序，还包含各自所侵犯的特定的社会关系。职务犯罪客体的复杂性体现在其所侵犯的社会关系的复杂性。根据《刑法》规定，侵犯不同的社会关系的职务犯罪分别形成了以危害国家安全、危害公共安全、破坏社会主义市场经济秩序、侵犯公民人身权利、侵犯公民民主权利、侵犯财产、损害国家工作人员职务廉洁性等为同类客体的职务犯罪群。对单个具体的职务犯罪而言，除了侵犯国家对职务活动的管理职能以外，还各自侵犯了特定的直接客体，该直接客体受《刑法》所保护。从内容上来说，某些职务犯罪侵犯的直接客体是某种特定的社会关系，为简单客体；某些职务犯罪所侵害的直接客体，由于其内容具有丰富性、层次性，为复杂客体。

（4）主观过错的兼有性。在理论上，职务犯罪的主观方面既可以是故意，也可以是过失。但在法律规定中，对具体罪名的规定必须是明确的。依据《刑法》分则中职务犯罪的相关规定，可以将主观方面的规定分为三种情况：其一，贪污罪，受贿罪，民事、行政枉法裁判罪等，由行为人利用职务之便实施的或者滥用职权构成的犯罪等，只能由故意构成犯罪；其二，行为人严重不负责任或不正确履行其职责等，只能由过失构成犯罪；其三，既可以由故意又可以由过失构成的犯罪，如滥用职权罪。[①]

当然，民航业的职务犯罪不仅仅是贪污受贿犯罪，还有监管不力的渎职犯罪，该监管的没有监管，该监管到位的没监管到位，从而造成国家、人民的生命财产损失，造成安全事故或者重大安全隐患。这都应该引起我们的高度重视。

---

[①] 付海燕：《职务犯罪量刑轻缓化控制研究——刑法视域下的展开》，内蒙古大学2011年硕士学位论文。

## 案例二

# 张某忠受贿、索贿案

## 【案情介绍】

1997年年初，张某忠受邀在北京顺峰酒店吃饭，席间张某忠收受了舒某、魏某某夫妇送予的存折一张，内有10万元人民币。1997年春节后，在张某忠家中，舒某、魏某某夫妇送予10万美元。2001年，在张某忠家中，张某忠的妻子收受魏某某送予的2万美元，事后将此事告知了张某忠，张某忠并未表示反对。

2002年至2005年，张某忠利用其职务上的便利，为某市货运有限责任公司老总张某在航空货运销售代理人资格的办理和航空客运销售代理方面提供帮助。事后，2005年10月，张某忠为个人提职之事，让张某为其准备5万美元。第二天，张某将5万美元送至张某忠的办公室。

2006年至2009年，张某忠利用其职务上的便利，为深圳市广通联航空服务有限公司在海航客运包机款的讨要、首都机场用地的协调及其朋友的广告公司广告费用的核减等方面提供帮助，先后5次收受李某送予的8万美元、40万元人民币、20万元人民币银行卡、10万元人民币购物卡。

2008年年底，上海某幕墙系统工程有限公司老总王某请求张某忠给重庆机场集团公司有关领导打招呼，在重庆机场三期扩建工程招投标中给予照顾。张某忠将王某及其公司的情况介绍给了重庆机场分管建设，使得上海某幕墙系统工程有限公司在该机场三期扩建工程标段中标。2009年某日，在北京市中国职工之家咖啡厅，张某忠收受王某送予的10万元人民币的银行卡一张。

某集团有限公司于2006年在北京市朝阳区望京附近开发了某房地产项目，由于2008年发生了金融危机，某集团有限公司的资金链趋于紧张，有意把剩余的200多套住宅及车位、一块9万多平方米的商业用地、290多亩土地的一级开发权打包出售给首都机场集团公司。该公司老总张某在张某忠的安排下,与首都机场地产集团有限公司就合作事宜进行了多次洽谈。在洽谈过程中,为促成此事,于2009年春节后,张某到张某忠的办公室,送给张某忠价值376 468.50元人民币的元宝金,张某忠收受。

2009年中秋节,在首都机场集团公司张某忠办公室,民航某省安全监管局杨某为个人调整工作之事,通过中间人送给张某忠6万元人民币。2009年年底,在首都机场集团公司张某忠办公室,某直升机股份公司高管为将其子安排至首都机场集团公司之事,送给张某忠现金5万元人民币。2010年4月,张某忠将其子安排至首都机场集团公司下属的公务机服务有限公司工作。①

2007年年底至2009年上半年,张某忠在其担任首都机场集团公司总经理期间,将山西某矿业集团老总晁名(化名)的儿子及另外两个朋友的子女安排至首都机场集团公司下属的公司工作。2008年下半年和2009年年初张某忠分两次向晁名索要人民币,共计130万元。②

作为中国民用航空局的司长、首都机场集团公司总经理,张某忠手里掌管着货运包机和货运计划的调配和审批、机场工程项目承揽的权力。同时其自身也有着巨大的职务影响力,直接影响着他人发财、升迁、安置的权力,如对公司业务决策、他人工作调整、待业人员安排等。当这些人给予张某忠大量钱财时,有的是明确向其提出希望能够给予关照,有的是在张某忠办了事之后进行感谢。无一例外地,张某忠都认识到了这种感谢同自己的职权之间的关联,在每一次接受他人的贿赂款物时,彼此对权钱交易的本质都非常明确,心知肚明。且张某忠都表现出了利用自己手中的权力,与他人进行权钱交易的愿望。张某忠在运用职务便利满足了行贿人的愿望后,也心安理得地接受了所有行贿人的财物。

在公诉意见中,公诉人总结张某忠的犯罪特点:持续时间长、次数多、

---

① 《首都机场原董事长受贿472万受审》,载日照新闻网2011年11月18日,http://epaper.rznews.cn/shtml/hhcb/20111118/327483.shtml。
② 《首都机场集团公司原董事长张某忠受贿案庭审纪实》,载新浪网2012年1月16日,http://finance.sina.com.cn/china/20120116/121511212454.shtml。

数额特别巨大。自 1996 年至 2010 年，被告人张某忠在长达 15 年的时间里，利用自己手中的职权，持续不断地进行受贿犯罪，先后收受 8 个单位及个人的财物，共计 14 次；被告人收受贿赂的来源主要是大的企业；从受贿数额上看，被告人张某忠受贿总额高达 472 万余元人民币。而据《刑法》规定，贪污贿赂犯罪量刑最高一档的起刑点为 10 万元，张某忠的单笔受贿达到甚至超过 10 万元人民币的就有 12 次之多，受贿总数额超过此起点 47 倍之多。

公诉机关认为，张某忠身为国家工作人员，利用职务上的便利为他人谋取利益，索取或者非法收受他人财物，数额特别巨大，其行为已触犯了《刑法》第三百八十五条之规定，犯罪事实清楚，证据确实充分，应当以受贿罪追究其刑事责任。2011 年 12 月 7 日，河北省衡水市中级人民法院对张某忠受贿案进行公开宣判。在担任中国民用航空局部门负责人、首都机场集团公司总经理期间，张某忠索贿受贿金额折合人民币共计 472.77 万元，被判处有期徒刑 12 年。

## 【相关法条】

《刑法》第三百八十五条规定："国家工作人员利用职务上的便利，索取他人财物的，或者非法收受他人财物，为他人谋取利益的，是受贿罪。国家工作人员在经济往来中，违反国家规定，收受各种名义的回扣、手续费，归个人所有的，以受贿论处。"

《刑法》第三百八十六条规定："对犯受贿罪的，根据受贿所得数额及情节，依照本法第三百八十三条的规定处罚。索贿的从重处罚。"

《刑法》第三百八十三条规定："对犯贪污罪的，根据情节轻重，分别依照下列规定处罚：（一）个人贪污数额在十万元以上的，处十年以上有期徒刑或者无期徒刑，可以并处没收财产；情节特别严重的，处死刑，并处没收财产。（二）个人贪污数额在五万元以上不满十万元的，处五年以上有期徒刑，可以并处没收财产；情节特别严重的，处无期徒刑，并处没收财产。（三）个人贪污数额在五千元以上不满五万元的，处一年以上七年以下有期徒刑；情节严重的，处七年以上十年以下有期徒刑。个人贪污数额在五千元以上不满一万元，犯罪后有悔改表现、积极退赃的，可以减轻处罚或者免予刑事处罚，由其所在单位或者上级主管机关给予行政处分。（四）个人贪污数额不满五千元，情节较重的，处二年以下有期徒刑或者拘役；情节较轻的，由其所在单位或者上级主管机关酌情给予行政处分。对多次贪污未经处理的，按照累计贪污数额处罚。"①

## 【案情评析】

从前述案例一（赵某某受贿、私分国有资产案）对于受贿罪构成要件的分析可知，受贿罪的客观行为主要有以下两种具体表现形式。

第一，行为人利用职务上的便利，向他人索取财物。索贿是受贿人以公开或暗示的方法，主动向行贿人索取贿赂，有的甚至公然以要挟的方式，迫使当事人行贿。鉴于索贿情况突出，主观恶性更严重，情节更恶劣，社会危害性相对于收受贿赂更为严重。因此，《刑法》明确规定，索贿的从重处罚。因被勒索给予国家工作人员以财物，没有获得不正当利益的，不是行贿。索取他人财物的，不论是否为他人谋取利益，均可构成受贿罪。

第二，行为人利用职务上的便利，收受他人贿赂而为他人谋取利益的行为。收受贿赂，一般是行贿人以各种方式主动进行收买腐蚀，受贿人一般为被动接受他人财物或者接受他人允诺给予财物，而为行贿人谋取利益。

本案背后所涉及的问题主要有以下三个。

（1）权力寻租问题。在市场经济条件下，行政主管部门权力下放，政府部门对企业的行政监督已经大幅度淡出，国有企业正处于一个特殊的转型阶段。但有的监管部门用计划经济的管理办法监管市场经济的运行，使国有企业自主权缺乏有效的监督。

自改革开放后，中国经济突飞猛进、发展迅速，取得了举世瞩目的成就。但与此同时，在国际态势复杂多变的环境下，在国内大变革快速发展的环境下，中国的社会经济发展过程中不可避免地出现了一些问题，为以后的发展埋下了些许隐患。其中，最显著的矛盾在于地区经济的不平衡性，沿海地区

---

① 2015年8月29日，全国人大常委会表决通过的《中华人民共和国刑法修正案（九）》对刑法第三百八十三条规定进行了修改，下同。

经济比中西部地区要发达，与之相关的各种生活指标形成了强烈反差。进一步表现为个人收入等方面，这种经济发展的不平衡性导致个人收入差距过大，势必造成部分国家公职人员心理的不平衡性。其合法的收入难以支撑其消费能力范围外的物质追求，在这种情况下，少数掌握权力的国家工作人员为贪图个人享受，谋求一己私欲，滥用手中的职权，将手中职责变相地同收贿受贿挂钩，用权力换取金钱、物质利益。权力寻租一时猖獗，贪污腐败肆意滋生，一系列犯罪现象也由此产生。

（2）风险防控问题。近些年，国内三、四线城市热衷于建设地方机场，提高地方经济发展，国家对于基础设施建设高度重视并不断扩大投资，民航基建投资正在重新回归快车道。航材采购需求量增大、巨量资金涌向民航基建、机场有限资源分配不均等问题，容易让基建和机场管理成为腐败高发地。

自2015年以来，国内重点枢纽机场中就有多名高管被带走调查。2015年9月，因被曝贪污受贿，北京首都国际机场股份有限公司原总经理史某某被纪检部门带走，由相关司法机关进行补充侦查；2016年8月10日，因涉嫌受贿，广东省机场管理集团原总裁刘某某被广州市人民检察院侦查终结并移交起诉；2016年7月，因收受巨额贿赂，热衷求神算卦，广东省纪检机关通报广州白云国际机场股份有限公司原副总经理徐某某已被移交司法机关处理。业内人士分析，北京首都国际机场股份有限公司原总经理史某某的落马原因，主要与其在担任中国民用航空局运输司司长时手握多项审批许可权所存在的权钱交易有关，但也不能排除与他在首都国际机场岗位时，因机场的扩建、新建而存在的大量寻租空间有关。

外资航空调研机构进行的调查显示，当时国内交通基建类的投资回报是3%~4%。而未来机场基建将会主要集中于西部地区以及三、四线城市。在这一前提下，新建、扩建机场的盈利能力更不乐观。全国200多个机场大概只有50个机场是处于盈利状态的，其他基本处于亏损状态。而中小机场的连年亏损状态并不能阻挡地方政府在本区域内建设中小机场的热情。因为新建机场所带来的不仅是直接经济收益，还要考虑因机场建设所带来的区域经济的发展、旅游产业的联动发展等经济辐射效应。于是，各地呈现出"越亏越建、越建越亏、越亏越补贴"的循环态势。

（3）行政管理主体问题。民航系统内部最核心的部门位置属中国民用航空局运输司，其也因此易于成为权钱交易和"反腐风暴"的中心点。中国民用航空局官方网站的公开信息表明，中国民用航空局运输司的主要职责共有17项，其中涉及多项审批和许可。例如，对公共航空运输企业及其航线航班实施经营许可管理；负责机场地面服务机构的许可管理；审核航空运输企业间签订的有关联盟、代号共享等合作协议并监督实施；审核航空运输企业的运输业务申请并监督管理；负责通用航空企业开展境外通用航空业务及特殊通用航空作业任务的审核工作等。① 运输司可以对公共航空运输企业及航线航班实施经营许可管理的权利，因此这个部门被称为中国民用航空局最有实权的部门，成为各大航企趋之若鹜的讨好对象。例如，苏某案中，苏某利用私权加快办理航线审批，收受多家航企"好处费"共计500多万元。2016年9月，苏某因涉嫌受贿罪在北京市第二中级人民法院出庭受审。检察机关的办案人员介绍："她以前主要负责整个航空运输规章的起草、航空经营业务许可和节假日加班包机。在2010年前，航空公司的经营许可实行首任责任制，如果同时有多家公司申请，身为中国民用航空局运输司国内运输处处长的她就有权决定哪家公司可以获得许可。所以她也成为众多航空公司争相讨好的对象。"

"国内航空业发展迅速，每年新增航线众多，但是航域和航线资源就那么一点，想要拿到好航线、好时刻，肯定要跟上面搞好关系。"只是，每家航空公司在这方面的做法都不太一样，有的航空公司请吃请喝、赞助旅游，而有的航空公司曾经选择定期给审批部门送上"航线协调费"。如果对利益无底线追求以及意志不坚定，行政管理主体这道防线很快就会被攻破。

民航系统主要有两处易于成为滋生腐败的温床：一处是掌握了稀缺资源的行政审批部门，另一处是拥有垄断特权的实权部门。以前所说的"批、建、票、财"就分别代表航线审批、基础建设、市场营销和资金管理四个方面，这是公认的民航领域腐败最高发的四个领域。在稀缺资源的航线审批、航班航线时刻申请，以及投资、工程建设、物资航材设备采购等方面存在着

---

① 许一航：《那些落马的民航官员……》，载《检察日报》2016年11月22日，第5版。

大量的权力寻租空间，所以近年来发生在民航业的腐败案件，90%都集中在上述这些方面。这也是因为民航系统具有很强的封闭性、很高的门槛，信息又过于不透明、利益纠葛严重，所以腐败案件往往是窝案串案频发、产业上下游联合贪腐、跨部门协同作战。我国民航在改革过程中能够看到进步，如对解除民航价格管制、逐步向民营资本开放市场、打破垄断局面、提升管理效率等方面有明显改进，但在市场化改革中，其依旧是尚未完成的工程。这就表明，要将市场化改革和反腐败改革同时进行，也不能用一个改革去代替另一个改革。"如果不能把权力关进笼子，就会有更多官员被关进笼子。"①

要解决上述问题，则需要对症下药。要从根本上改变整个民航业的竞争环境，仅仅通过几个贪官的落马、几条规则的改变远远不能根治，必须从制度和监管体系上入手，才能更加有效和健康地进行改革。在此方面，可以通过聘请中立专家成立航线协调委员会来专门协调时刻分配；或对部分热门航线进行公开拍卖等，都可以有效地避免权力寻租。也可以独立派驻纪检监察组，充分发挥"探头"作用。紧盯关键人、关键点、关键事，建立针对新机场建设的信访举报、投诉和案件的直查快办机制，加强与区检察院驻新机场联络室的沟通，深挖问题线索。对机场建设中查实的骗取拆迁补偿款、贪污贿赂等问题，坚持信息全公开、通报曝光，坚持"一案双查"和"双追究"，切实发挥案件查办的警示震慑作用。有效督察机场建设重点工作、分工方案等的落实情况，针对玩忽职守、滥用职权的情况，徇私舞弊、不履行或不正确履行职责的情况，以及形式主义、官僚主义等问题，对相关责任人严肃问责。有权必有责，有责要担当，失责必追究。对突出问题，应实施规范精准的问责。

针对上述问题，可以从以下几方面采取具体措施。

（1）加强监督检查。一是促进民航和谐建设，加强监督检查。以解决人民群众最直接、最关心、最现实的利益为重点，各级纪检监察机关要紧紧围绕民航发展规划，围绕民航工作的重要部署，加强监督检查，促进民航的和谐发展、健康发展。教育和引导行政机关及各单位领导干部认真贯彻社会主

---

① 许一航：《那些落马的民航官员……》，载《检察日报》2016年11月22日，第5版。

义核心价值观，深化改革，创新管理，加强宏观调控和市场监管力度，全面落实各项工作任务。二是强化教育，为国为民。要加强思想道德教育以及党纪国法教育，使领导干部切实做到为民、务实、清廉。三是严肃党纪政纪，加强案件查办力度。要继续加强查办案件的工作力度，针对党员领导干部，重点查办滥用职权、贪污贿赂、腐化堕落、失职渎职的案件，还要重点关注利用行政审批权、人事任免权及其他管理权谋取私利的案件，更要严厉查办官商勾结、权钱交易的案件以及乱投资、乱担保、乱拆借等严重违反经济纪律的案件，严肃查处在物资采购、招标投标和工程建设中的违法违纪行为。对发生在空域资源配置、航空运输市场经营管理方面的商业贿赂案件严肃查处，继续深入查办贿赂案件。积极扩大案件线索来源，查处案件情况要及时报告，对已发现和已经掌握的重要线索，要及时组织核查；对具备立案条件的，要及时立案查处；该移送的及时移送。通过案件查处，能够使部分违法犯罪分子受到法律的惩处，同时使其他未犯罪人受到教育和警示。四是加强行业风气建设，加强党风政风建设，坚决同损害群众利益的不正之风作斗争。五是推进治本抓源工作，深化民航体制改革和制度创新。六是认真执行党内监督条例，加强对领导干部的监督。

（2）加强党风建设。按照构建和谐民航的要求，民航各级党委、纪检监察机关要坚定不移地贯彻反腐倡廉战略方针，标本兼治、综合治理、惩防并举、注重预防。要加快完善民航预防腐败和惩治腐败的体系建设，在民航改革、安全、发展的全过程之中，融入反腐倡廉工作，从源头上拓展防治腐败的工作领域，加大力度，坚定不移地深入推进民航党风廉政建设和反腐败工作进程。要突出重点，大力抓好以下四个方面的工作。

第一，着力抓好领导干部思想教育、纪律监督以及廉洁自律问题。反腐倡廉工作必须抓住领导干部这个重点，任何时候都不能放松对领导干部的教育、管理和监督。

第二，进一步加大案件查处力度，严厉惩处腐败分子。严肃党纪国法、坚决查办违纪违法案件，对违反党纪国法、不按纪律法规制度办事的，做到严肃处理。

第三，抓好安全生产和保证航班正常工作，切实维护消费者利益。行业内各单位各部门要认真贯彻落实中国民用航空局党委建设和谐民航的意见和抓好航班正常化工作的各项部署要求，力争取得明显成效。

第四，落实建立惩治腐败体系，继续加强贿赂治理工作。在民航反腐倡廉治理中，推进体制机制创新。还应对民航纪检监察机构设置进行加强和完善。加强制度设立和创新，形成完善有效的体制机制，才是反腐倡廉的治本之策。①

**【案件延伸】**

党的十八大报告强调，加强党内监督、民主监督、法律监督、舆论监督，让人民监督权力，让权力在阳光下运行。这四个"监督"是有效预防和惩治腐败，保持党的先进性和纯洁性的关键举措，是党团结带领人民不断夺取中国特色社会主义新胜利的重要保证。中国共产党是执政党，党员干部手中都掌握一定的权力。权力具有两重性，既可用来更好地为人民服务，也容易出现权力运用错位，以权谋私，损害党和人民的事业。权力只有在被严格监督的情况下，才能得以正确运用。权力失去监督就会造成腐败，绝对的权力必然导致绝对的腐败。习近平总书记强调，要加强对权力运行的制约和监督，把权力关进制度的笼子里，形成不敢腐的惩戒机制、不能腐的防范机制、不易腐的保障机制。认真学习和把握习近平总书记的这段论述，对于加强"四个监督"，保证权力的正确运行、提高党的执政能力、巩固党的执政地位具有十分重要的意义。②

中国民用航空局表示要高标准高质量做好民航系统全面从严治党工作。一是坚持把党的政治建设摆在首位，坚决做到"两个维护"。要始终胸怀"两个大局"，对"国之大者"心中有数，把提高政治判断力、政治领悟力、政治执行力体现到民航具体工作和实际行动上；不折不扣地贯彻落实习近平总书记重要指示精神和党中央重大决策部署，坚决守住安全底线，稳步推进

---

① 《民航总局召开 2007 年度民航反腐倡廉工作会议》，载民航资源网 2007 年 2 月 15 日，http: //news.carnoc.com/list/81/81503.html。
② 顾耀昌：《"四个监督"的含义与功能作用——学习党的十八大精神》，载《江苏省社会主义学院学报》2013 年第 3 期。

行业快速发展，为服务构建新发展格局提供有力支撑。二是深化理论武装，持续推动学习贯彻习近平新时代中国特色社会主义思想走深走实。要抓深化、抓消化、抓转化，切实把学习成效转化为贯彻新发展理念、服务构建新发展格局、防范化解各类风险隐患的能力本领，转化为落实"十四五"民航总体工作思路、发展规划、改革意见、推动民航高质量发展的生动实践。三是精心组织开展庆祝中国共产党成立百年系列活动，进一步激励党员干部践行初心使命。突出抓好党史学习教育，坚持学习党史同学习新中国史、改革开放史、社会主义发展史相贯通，强化党的意识、党员意识，做到学史明理、学史增信、学史崇德、学史力行。坚持学习与实践并重，开展好"我为群众办实事"活动。精心组织开展系列庆祝活动，营造共庆百年华诞、共创历史伟业的浓厚氛围，把庆祝活动激发的精气神转化为保安全、促发展、开新局的强大动力。四是坚持正确用人导向，着力建设政治过硬、适应新时代民航强国建设需要的干部人才队伍。突出政治标准，坚持事业为上，优化专业结构，拓宽用人视野，加强领导班子建设。优化干部选育管用，加大年轻干部培养选拔力度。立足多领域民航强国建设需求，着力集聚各方面优秀人才。五是加强党的组织建设，健全完善上下贯通、执行有力的组织体系。要严格落实党的组织制度，突出抓好民主集中制的落实。加强机关、企业、事业单位等不同类型基层党组织建设，加强党员队伍建设，夯实基层基础。六是驰而不息纠治"四风"，巩固拓展作风建设成效。要严格落实中央八项规定及其实施细则精神，持续整治形式主义、官僚主义，深入开展突出问题专项治理，巩固深化治理成果。七是强化监督执纪问责，一体化推进不敢腐、不能腐、不想腐。要强化日常纪律教育，做实做细监督工作，严肃执纪问责。八是推进巡视巡察上下联动，充分发挥党内监督利剑作用。要突出政治监督重点开展巡视，完善巡视巡察工作格局，健全整改促进机制。九是严格落实管党治党政治责任，不断提高党的建设质量。要强化"两个责任"落实，严格执行党建工作制度，锻造过硬党务干部队伍。

民航系统全面从严治党工作持续深化，党风廉政建设不断加强，反腐败斗争取得压倒性胜利并全面巩固，全面从严治党成效显著，风清气正的政治生态逐步形成。同时，也要时刻保持清醒头脑，认识到民航系统反腐败斗争形势依然严峻复杂，要认真贯彻落实十九届中央纪委五次全会部署，结合民航系统实际，深入贯彻全面从严治党方针，充分发挥全面从严治党引领保障作用，坚定政治方向，保持政治定力，做到态度不能变，决心不能减，尺度不能松，以系统施治、标本兼治理念正风肃纪反腐，确保"十四五"时期我国发展的目标任务落到实处。要强化政治监督，确保党中央重大决策部署落实到位。坚定不移推进反腐败斗争，不断实现不敢腐、不能腐、不想腐一体推进战略目标。持续纠治"四风"，坚决清除顽瘴痼疾。开展专项治理，严肃整治群众反映强烈的突出问题。做实做细常态化监督，提高监督的精准性。推动各类监督贯通融合，提升综合监督效能。从严从实加强自身建设，打造忠诚干净担当的纪检监察铁军。①

---

① 肖敏：《坚定不移推进全面从严治党 引领保障"十四五"民航发展开好局起好步》，载航空翻译网 2021 年 2 月 27 日，http：//www.aviation.cn/2021/0227/83211.html。

## 案例三

# 李某英受贿、贪污案

【案情介绍】

2009年2月10日,首都机场集团公司原董事长李某英,因贪污、贿赂罪被山东省济南市中级人民法院依法宣判,一审判处死刑。这是有史以来,中国民航系统里第一位被判处死刑的企业高层管理人员。

1995年1月至2003年11月,李某英利用担任北京首都国际机场副总经理、北京首都机场集团公司副总经理、总裁、总经理,北京首都国际机场股份有限公司董事长等的职务便利,为有关单位在资金拆借、银行贷款担保等方面谋取利益,索取或收受有关单位和个人款项共计折合人民币2 661万余元。2000年至2003年,李某英利用担任北京首都机场集团公司总裁、总经理,北京首都国际机场股份有限公司董事长的职务便利,先后3次私自从北京首都机场集团公司、北京首都国际机场股份有限公司委托有关单位的理财资金中,转出人民币共计8 250万元,由其个人控制使用,后李某英将该款作平账处理。2002年机场属地化后,李某英开始实施了170亿元资产到千亿元级资产的大收购。首都机场集团公司先后收购了天津滨海国际机场、江西省机场集团公司等几家机场以及沈阳桃仙国际机场股份有限公司35%的股份。2004年,首都机场集团公司又将重庆江北、武汉天河、贵阳龙洞堡等7家机场再次收编。2005年8月,首都机场集团公司和吉林省民航机场集团公司正式重组。至此,首都机场集团公司的全资子公司正是包括由龙嘉机场、延吉机场和还没有开建的长白山机场组建成的吉林省民航机场集团公司。此外,内蒙古自治区民航机场集团有限责任公司和黑龙江省机场管理集团有限公司的资产也被托管了。

山东省人民检察院将李某英案侦查终结后,指定济南市人民检察院对此案审查起诉。2008年12月25日，济南市人民检察院对李某英提起公诉；2009年2月10日，济南市中级人民法院对此案作出一审判决：法院认定李某英犯受贿罪和贪污罪，其中受贿2 661万余元，贪污8 250万元，两罪并罚，决定执行死刑，剥夺政治权利终身，没收个人全部财产。一审宣判后，李某英不服判决，提起上诉，上诉到山东省高级人民法院。2009年7月6日，山东省高级人民法院对首都机场集团公司原总经理、董事长李某英案作出二审裁定，驳回上诉，维持一审判决。2009年8月7日，经最高人民法院核准，李某英在山东省济南市被执行死刑。

## 【相关法条】

《刑法》第三百八十二条规定："国家工作人员利用职务上的便利，侵吞、窃取、骗取或者以其他手段非法占有公共财物的，是贪污罪。受国家机关、国有公司、企业、事业单位、人民团体委托管理、经营国有财产的人员，利用职务上的便利，侵吞、窃取、骗取或者以其他手段非法占有国有财物的，以贪污论。与前两款所列人员勾结，伙同贪污的，以共犯论处。"

《刑法》第三百八十三条规定："对犯贪污罪的，根据情节轻重，分别依照下列规定处罚：（一）个人贪污数额在十万元以上的，处十年以上有期徒刑或者无期徒刑，可以并处没收财产；情节特别严重的，处死刑，并处没收财产。（二）个人贪污数额在五万元以上不满十万元的，处五年以上有期徒刑，可以并处没收财产；情节特别严重的，处无期徒刑，并处没收财产。（三）个人贪污数额在五千元以上不满五万元的，处一年以上七年以下有期徒刑；情节严重的，处七年以上十年以下有期徒刑。个人贪污数额在五千元以上不满一万元，犯罪后有悔改表现、积极退赃的，可以减轻处罚或者免予刑事处罚，由其所在单位或者上级主管机关给予行政处分。（四）个人贪污数额不满五千元，情节较重的，处二年以下有期徒刑或者拘役；情节较轻的，由其所在单位或者上级主管机关酌情给予行政处分。对多次贪污未经处理的，按照累计贪污数额处罚。"

《刑法》第三百八十六条规定："对犯受贿罪的，根据受贿所得数额及情节，依照本法第三百八十三条的规定处罚。索贿的从重处罚。"

## 【案情评析】

贪污罪的构成要件分析如下。

（1）客体要件。本罪侵害的客体是复杂客体。既侵害了公共财物的所有权，又侵害了国家机关、国有企事业单位的正常活动以及职务的廉洁性，但主要是侵害了职务的廉洁性。在国有公司、企业中，具有国家工作人员身份的人，侵吞本公司、企业的财物，当然属于侵犯公共财物的所有权。在中外合资和中外合作企业、股份制公司中，中方和国有资产大多占控股地位或主导地位，其财产仍可视为公共财产，即使不占主导地位和控股地位，其中一部分财产仍属公共财产。因此，具有国家工作人员身份的人，利用职务的便利，侵吞上述公司、企业的财物，仍属于侵犯公共财产的所有权。

（2）客观要件。本罪在客观方面表现为利用职务之便，侵吞、窃取、骗取或者以其他手段非法占有公共财物的行为。这是贪污罪区别于盗窃、诈骗、抢夺等侵犯财产罪的重要特征。

所谓利用职务上的便利，是指行为人利用其职责范围内主管、经手、管理公共财产的职权所形成的便利条件，假借执行职务的形式非法占有公共财物，而不是因工作关系或主体身份所带来的某些方便条件，如因工作关系而熟悉作案环境，凭借工作人员身份进出某些机关、单位的方便等。所谓主管，是指具有调拨、转移、使用或者以其他方式支配公共财产的职权，如厂长、经理等具有的一定范围内支配企业内部公共财产的权力；所谓经手，是指具有领取、支出等经办公共财物流转事务的权限；所谓管理，是指具有监守或保管公共财物的职权，如会计员、出纳员、保管员等具有监守和保管公共财物的职权。行为人如果利用职务上主管、经手、管理公共财物的便利，而攫取公共财物的，就可构成贪污罪。

（3）主体要件。本罪的主体是特殊主体，即必须是国家工作人员。根据《刑法》第九十三条规定，所谓国家工作人员，是指国家机关中从事公务的人员。国有公司、企业、事业单位、人民团体中从事公务的人员和国家机关、国有公司、企业、事业单位委派到非国有公司企业、事业单位、社会团体从事公务的人员，以及其他依照法律从事公务的人员，以国家工作人员论。此外，根据《刑法》第三百八十二条第二款规定，受国家机关、国有公司、企业、事业单位、人民团体委托管理、经营国有财产的人员，也可以成为本罪的主体。不具有上述特殊身份的一般公民与上述人员勾结，伙同贪污的，以贪污罪的共犯论处。

（4）主观要件。本罪在主观方面必须出自直接故意，并具有非法占有公共财物的目的。过失不构成本罪。其故意的具体内容表现为行为人明知自己利用职务之便所实施的行为会发生非法占有公共财物或非国有单位财物的结果，并且希望这种结果发生。犯罪的目的是非法占有公共财物或非国有单位财物。而非法占有公共财物或非国有单位财物的目的，既可以是行为人企图将公共财物或非国有单位财物永久地占为己有，也可以是行为人希望将公共财物或非国有单位财物非法获取后转送他人。另外，贪污罪不以特定的犯罪动机为其主观方面的必备要素，只要行为人故意实施了利用职务之便非法占有公共财物或非国有单位财物的行为，无论出于何种动机，均可构成贪污罪。

以上四个要件必须同时具备，才有可能构成贪污罪。如果贪污数额较小，情节轻微的，一般也不以贪污罪论处，而给以党纪、政纪处分。

本案件背后涉及的问题主要有以下几个。

（1）思想教育有待加强。思想教育对人的作用尤为重要，没有思想的躯体就如同行尸走肉一般。正如17世纪思想家帕斯卡尔曾说过的一句话："人只不过是一根芦苇，是自然界最脆弱的东西，但是他是一根能思想的芦苇。"近年来，民航界落马的高官都悔恨于自己对于理论学习的放松而导致思想偏轨，最终走上了违法乱纪的道路，这就是典型的事实。这不禁为现代化思想教育敲了一个响亮的警钟——不应当拘泥于形式教育，抛弃了思想的鲜明性与针对性的特性。千篇一律的模式、苍白无力的内容不仅不能起到应有的作用，反而让人产生厌恶的情绪，最终往往达到了相反的效果。[①] 发展市场经

---

① 于崇刚：《论民航领域职务犯罪预防》，载《法制与社会》2018年第3期。

济不仅在提高社会生产力方面具有影响，在思想道德领域也展开了一场革命，在人的道德观、人生观、价值观、是非观等意识形态方面发生重大转变，如自主精神的树立、效益观念与时间观念的强化等。同时，思想道德的滑坡，导致拜金主义和享乐主义横行一时。诸如"君子安贫""知足常乐""重义轻利""重德轻财"等原有稳固的良性社会道德观念被贬斥为封建思想，不屑提倡。特别体现在某些良性道德观念的社会规范功能明显弱化，西方资本主义的腐朽思想和奢靡无度的生活方式乘虚而入，侵蚀了一些党员干部的思想，使其在思想道德方面出现滑坡，道德观、价值观的混乱与冲突，导致前所未有的行为失范，这无疑是违法犯罪增多的普遍性原因。

（2）制度建设不完善。没有规则制度的约束，公众的行为就会陷入混乱。制度建设是一个制定制度、执行制度并在实践中检验和完善制度的理论上没有终点的动态过程。改革开放以来，党和国家一直致力于反腐败斗争，相继出台了相关反腐的法律法规，民航领域也施行了相关规章和工作条例，但总体来说，相关法律法规的施行与职务犯罪案件发生的高频率相比，没有起到应有的效果，略显苍白无力，表现出一定的滞后性与被动性。[①]

（3）监督机制的不健全。我国自古以来就具有监察制度，以官员为对象、以监督和治理官员的不法行为为主要目标。监督制度由古以来，自有其存在的合理性。国家的权利是掌握在人民群众手中的，但人民行使权利的方式是通过选举出人大代表来代表人民。除此之外，更多的是通过监督的方式对国家权利行使来发表异议。民航领域职务犯罪案件的频繁发生，与其监督机制的不健全有关。民航领域具有较强的专业性，其行业性将普通人排除在外，从而对该领域实施监督的主体范围缩限。违法乱纪行为人往往手中掌握一定职权，身居高位，导致监督主体不敢监督、不能监督，且监督主体的主动性不够，权威性不足，很难充分发挥出监督作用。

（4）自我约束不恰当。内因对于事物发展起决定性作用，外因只有通过内因才能起作用，内外因之间的辩证关系说明，在个人职业发展中，自我约束和自我内省等内在是关乎个人道德发展的主要因素，职务犯罪更是如此。

---

① 于崇刚：《论民航领域职务犯罪预防》，载《法制与社会》2018年第3期。

权利人的个人道德水准和文化素养决定着权力运行的指向，以及权力行使的方向的好与坏。国家公职人员行为的指向性取决于其个人素质的高与低，道德的自我约束和权力正义价值的发挥成正比。自我约束力缺乏、个人修养不够是一个接受过高等教育的公职人员最终走向犯罪道路的根本原因。由于人性的局限性，掌权者在面对公众利益和个人利益相冲突的情况时，有可能会经不住各种利益的诱惑，为了一己私欲，违背了公职人员的初衷和行为准则，滥用手中的权力，最终堕入犯罪的深渊。另外，职务犯罪的又一重要因素是掌权者的法律知识匮乏、法治观念淡薄。当然，我们也要认识到职务犯罪并不是单纯个人道德水平沦丧的结果，还受残存封建专制思想的影响，以及社会整体环境道德水平的落后，在经济利益的驱使下，公职人员的价值观和人生观严重扭曲，导致恶性循环。[1]

如何有效地解决民航领域职务犯罪问题，对权力进行制约？相关单位正探索建立建设新机场廉政风险防控体系，实现分事行权、分岗设权、分级授权，规范工作流程，明确权力边界；决策权和审批权进行分解，强化权力监督制约。"四个分离"实现机场建设组织的机构、部门和内部分工等相互制约。将立项与招标分离，由不同部门负责立项与招标工作；将招标与建设分离，由不同领导分管招标和建设工作；将执行与监督分离，由审计部门、监察部门对项目实施主体、执法审批部门进行全程跟踪监督；将资金监管与使用分离，由项目实施主体提出用款申请，审计部门审核，相关部门直接拨付，财政部门监管。"两个分解"将流程明确，压缩自由裁量空间。将决策权进行分解，重大事项由机场建设领导小组决策，一般事项由多个责任部门组成联席会集体讨论、票决通过；分解行政审批权，审批重要环节均由两人以上同时签字。对权力运行的各个环节进行盯视，将发现问题、纠正偏差、精准问责有效机制逐步完善，压减权力设租寻租空间，把权力关进制度的笼子。[2]

在民航领域，预防职务犯罪的对策建议具体表现在以下几条。

（1）预防职务犯罪，构建长效教育机制。上文已经提到了思想教育对预

---

[1] 马瑞娟：《浅议职务犯犯罪成因及改造特点》，载《新西部》2015年第33期。
[2] 冯国刚：《大兴机场建设过程中，他们这样进行工程监督》，载中央纪委国家监委网站2019年12月17日，https://www.ccdi.gov.cn/yaowen/201912/t20191216_206100.html。

防职务犯罪的重要性。教育是一个永恒的话题，建立长效的教育机制是预防职务犯罪的前提条件。在建立机制的过程中，要避免形式主义，摒弃拘泥守旧、枯燥单一的模式化教育，要革新思想教育内容，开创民航领域的预防新思路。

第一，坚持中国特色社会主义法治理念。以马克思列宁主义、毛泽东思想、邓小平理论、"三个代表"重要思想、科学发展观、习近平新时代中国特色社会主义思想为指导，树立正确的人生观和价值观，拥有坚定的信仰及信念，用正确的理论方向来引导自己。认真学习国家相关法律法规，认真贯彻民航系统相关政策、法规及工作条例，做一个遵纪守法的好公民。时刻牢记党的宗旨，秉承为人民服务的理念来开展工作，建立拒腐防变的思想道德防线。

第二，树立典型模范，抓紧典型教育。"杀鸡儆猴"，利用法律的威慑作用，将相关职务犯罪作为典型案例，供大家讨论学习，进行理论分析，定期做职务犯罪的案例研究。同时，树立一批模范榜样，让大家有目标、有刻度，时刻激励自己。

第三，充分发挥教育方式的多样性，运用多种渠道、多种方式开展思想教育。举办专题教育、征文、文艺汇演、宣讲会及文化月等多种活动，充分调动一切可以调动的积极因素，抛弃单一枯燥的方式。弘扬廉政思想，营造良好的廉政文化氛围。

（2）预防职务犯罪，建设相关制度保障体系。制度是国家治理体系中不可缺少的一部分，不会随着国家统治者个人意志的改变而改变，具有其稳定性。但与此同时，制度的建立又必须与时俱进。在保持一定稳定性的前提下，进行更新变革，以适应社会的复杂变化。预防职务犯罪的关键所在，就是从制度的建立入手，从根源上解决职务犯罪问题。

第一，完善民主制度，坚持民主集中制。社会主义国家是法治化的国家，要充分发挥民主制度的优越性，激发个人责任感，从而行使建议权、检举权，同职务犯罪作斗争。从近几年的职务犯罪案件来看，大多是因为个人的检举揭发而被曝出真相。民主集中制是我们共产党的根本组织原则和领导制度。深思职务犯罪案件发生的原因，究其根本，是由于民主集中制没有得到全面贯彻执行,大批资金的使用由个别领导个人做主,不经由开会讨论,使得相关领导更易下手,更易滋生职务犯罪。因此,严格依照程序办事,杜绝领导个人行为;制定相关的议事程序和议事规则,各级人员严格履行自己的职责,对研讨过程进行全程监督,发挥权力制约的真正效力,遏制职务犯罪现象的发生。

第二,加强财务管理制度,杜绝个人财物乱象。针对现存职务犯罪中的小金库乱象,党中央曾下达关于彻查"小金库"的文件通知,明确要求各个部门强化财务管理制度。民航领域也是如此,行业的专业性、工程项目的逐步增加、物资设备的采购以及资金的大幅度投入使得民航业成为一块名副其实的"香饽饽",从而成为职务犯罪的高发地。因此,必须严格按照党的要求行事,彻查"小金库",加强对财会人员的业务知识、职业道德的培训,规范资金适用和审计制度。①

(3)构建有效监督机制。在防范职务犯罪的过程上,监督环节显得尤为重要。职务犯罪发生的重要原因就是监督失效。构建有效的监督机制,能对职务犯罪的现象起到有效预防和制约作用。

第一,加强对重要环节的监督。对于民航领域来说,工程招投标工作和建设项目尤为重要,在这两个环节滋生了绝大部分的职务犯罪。应当设立专门的管理机构及负责实施监督职能的监督机构,对工程项目的建设以及招投标工作进行全程监督,对弄虚作假、违法乱纪行为坚决彻查,以保证工程建设招投标工作的公平、公正、公开。同时,加强对物资采购、资金使用方面的监管力度。

第二,加强对领导干部的监督。领导干部是企业的核心,民航界也不例外。为防范职务犯罪等腐败行为的发生,防止权力失控、决策失误等状况的出现,就要实施全方面、全角度的实时监督,把权力关在制度的笼子里,不让权力沦为他人谋取私利的工具。对落实廉洁自律情况进行监督,上级对下级监督,加强巡视工作以及各领导机构对领导干部个人的监督。

第三,加强纪检监察队伍的建设。在专业性较强的民航系统,各级纪检

---

① 于崇刚:《论民航领域职务犯罪预防》,载《法制与社会》2018 年第 3 期。

监察部门的人数普遍偏少,且存在着对相关专业知识的不完全熟悉以及监察意识不强等问题。在当前社会纷杂的变化前很难适应,监督领域扩大、民航业发展迅速等实际情况加大了监察的难度。因此,我们应该加强对纪检监察队伍的建设,提高队伍人员的政治觉悟性,提高专业化工作能力以及强化相关道德教育,不断引进先进人才,加入新鲜血液,使民航系统的监察队伍真正成为强力监督军。与此同时,还要紧抓思想建设,加大教育培训力度。完善纪检监察部门的相关制度,加强工作、办案纪律,自觉接受各方面的监督,维护民航业的良好权威形象。①

第四,提高自我约束。加强学习,增强素质,不断提高自我约束能力。作为一名国家公职人员,要不断加强学习,增强做好本职工作的本领,提高为服务对象搞好服务的能力。在加强学习、提高素质上,努力做到:①不断加强对马克思主义理论的学习,打下坚实的理论功底;②发扬理论联系实际的学风,既要向书本学习,又要向实践学习,还要注意向上级领导和同志们学习,不断把学到的东西运用于实践,用实践来检验和提高学习的成效,以高素质提高服务水平和质量;③立足于工作进步和自身全面发展,广泛学习一切有益知识,尤其要加强法律知识的学习,强化法治观念。以法治身,做到有法必依,具有强烈的法律约束观念。

**【案件延伸】**

从一定意义上讲,对权力最好的控制和防范无疑是权力主体的自律。但必须指出,虽然道德教化和个人自律永远是一种内在而深刻的力量,但它的或然性以及非特定强制性又在限制着它的作用。因此,它对于权力制约思路只能起到一种补充和配合的作用,而绝不能成为唯一的和根本的制约方式。这要从权力制约的内在作用机理去探究原因。权力本身具有强制性,因此必须是大于它并进而超过它的力量,才能够对它构成实际制约。道德本质上属于个体自律的范畴,虽然有外在的社会舆论可以对败德行为进行谴责,但这种舆论约束同样须经由个人内心的诘问、反省和自我宣判才能发挥其改变个

---

① 于崇刚:《论民航领域职务犯罪预防》,载《法制与社会》2018年第3期。

体行为方向的作用。因此,道德约束归根到底属于软约束,在强大的权力以及脆弱的人性面前,它的作用不具有必然性,只具有或然性,这就决定了以道德制约权力存在着一些内在的、难以克服的矛盾和悖论。① 民航行政管理主体应加强个人思想道德建设,在党的领导下,加强自我修养,洁身自律。

---

① 邓名奋:《论权力制约的基本途径及方式》,载《福建行政学院福建经济管理干部学院学报》2006年第6期。

## 案例四

# 司某民受贿案

## 【案情介绍】

2014年12月,中央纪委巡视组到达中国南方航空集团公司①(以下简称南航集团)开展工作之时,在营销、采购、协调航线、编排航班、客货销售等众多领域发现了一系列腐败问题。在此轮巡视中,有多名高管因腐败问题而调查,而司某民是民航系统第一位落马的"一把手"。自此之后,中国南方航空股份有限公司(以下简称南航股份公司)多名担任重要岗位的中高层干部也相继落马。其中,包括南航股份公司3名副总经理陈某、徐某某、周某某,运行总监田某某、财务部总经理卢某某,以及中国南航集团建设开发有限公司总经理胡某某等。

司某民自1975年开始工作,长期在南航集团任职。2015年11月4日上午,时任总经理的司某民被有关部门约谈并带到北京。当日傍晚,中央纪委监察部网站②宣布司某民涉嫌严重违纪,接受组织调查。③

2016年2月,中央纪委发文称:党的十八大后,司某民仍不收敛、不收手,性质恶劣、情节严重;严重违反中央八项规定精神,收受礼品、礼金,利用职权为他人谋取利益,用公款打高尔夫球,因此被行政开除,同时也被开除党籍。

2016年9月26日,南航集团原总经理、南航股份公司原董事长司某民

---

① 中国南方航空集团公司于2017年更名为中国南方航空集团有限公司。
② 中央纪委监察部网站于2018年更名为中央纪委国家监委网站。
③ 《南航司某民四大妃子 原南航总经理司某民受审 承认受贿789万》,载飞机之家网站2018年10月8日,http://www.86feiji.com/t/1598.shtml。

涉嫌受贿一案，由最高人民检察院指定广东省人民检察院侦查终结后，移送广东省深圳市人民检察院审查起诉。深圳市人民检察院向深圳市中级人民法院提起公诉。检察机关起诉指控：被告人司某民利用其担任南航集团总经理、南航股份公司总经理、董事长等职务上的便利，为他人谋取利益，非法收受他人巨额财物，依法应当以受贿罪追究其刑事责任。

检察机关在审查起诉的过程中依法告知了被告人享有的诉讼权利，讯问了被告人，听取了辩护人的意见，依法保障了被告人各项诉讼权利。广东深圳检方指控：2005年至2014年，被告人司某民利用担任南航集团总经理、南航股份公司总经理、董事长等职务上的便利，为飞龙贸易有限公司胡某、许某某等单位和个人在企业生产经营等事项上谋取利益，直接或者通过其子非法收受上述单位或者个人给予的财物共计折合人民币789万元。违规批准所在公司向他人支付公款，收受礼品、礼金，利用职权为他人谋取利益，其子收受财物，利用职权为亲属经营活动谋取利益，严重违反廉洁纪律，涉嫌受贿犯罪。司某民当庭表示认罪、悔罪。庭审结束后，法庭宣布休庭，择期宣判。

2017年4月28日，广东省深圳市中级人民法院对南航集团原总经理、南航股份公司原董事长司某民受贿案公开宣判，一审判决以受贿罪对被告人司某民判处有期徒刑10年零6个月，并处罚金100万元，对受贿所得上缴国库。

## 【相关法条】

《刑法》第三百八十五条规定："国家工作人员利用职务上的便利，索取他人财物的，或者非法收受他人财物，为他人谋取利益的，是受贿罪。国家工作人员在经济往来中，违反国家规定，收受各种名义的回扣、手续费，归个人所有的，以受贿论处。"

《刑法》第三百八十六条规定："对犯受贿罪的，根据受贿所得数额及情节，依照本法第三百八十三条的规定处罚。索贿的从重处罚。"

《刑法》第三百八十三条规定："对犯贪污罪的，根据情节轻重，分别依照下列规定处罚：（一）贪污数额较大或者有其他较重情节的，处三年以下有期徒刑或者拘役，并处罚金。（二）贪污数额巨大或者有其他严重情节的，处三年以上十年以下有期徒刑，并处罚金或者没收财产。（三）贪污数额特别巨大或者有其他特别严重情节的，处十年以上有期徒刑或者无期徒刑，并处罚金或者没收财产；数额特别巨大，并使国家和人民利益遭受特别重大损失的，处无期徒刑或者死刑，并处没收财产。对多次贪污未经处理的，按照累计贪污数额处罚。犯第一款罪，在提起公诉前如实供述自己罪行、真诚悔罪、积极退赃，避免、减少损害结果的发生，有第一项规定情形的，可以从轻、减轻或者免除处罚；有第二项、第三项规定情形的，可以从轻处罚。犯第一款罪，有第三项规定情形被判处死刑缓期执行的，人民法院根据犯罪情节等情况可以同时决定在其死刑缓期执行二年期满依法减为无期徒刑后，终身监禁，不得减刑、假释。"

## 【案情评析】

本案背后所涉及的社会问题主要有以下几个。

（1）市场经济飞速发展带来的负面效应。改革开放以来，随着市场经济体制逐步建立，我国的经济文化水平迅速发展，在多个方面发生了历史性的深刻变化，如综合国力增强、人民生活水平提高、思想观念更新等。这种变革所带来的消极负面的影响，即所谓的市场经济的负面效应，是指在市场经济起步发展、运行机制尚待完善的特殊阶段，不可避免地会在一定程度上激发违法犯罪行为，对社会稳定带来消极影响。

经济体制的多元化在一定程度上为职务犯罪的滋生提供了温床。在计划经济体制时期，单一的公有制致使经济成分单一；改革开放之后，国家开始实行多种资产组合方式与多种经营方式。随着市场经济的蓬勃发展，逐渐形成了以市场经济为主导、多种经济成分并存的多元化的经济体制。现有的经济体制中包括了国有制经济、集体所有制经济、个体经济、私营经济、中外合资企业、外资企业等7种经济成分。多元经济成分对应的多种利益主体在同一市场内进行经济活动，在搞活经济、促进竞争和繁荣市场等多方面发挥了积极的作用。

但是，各种经济成分背后所具有的经济利益是各自独立的，各种经济成分内部的不同利益主体之间的利益划分也各不相同，而这些复杂的经济成分之间，各种利益主体之间都具有一定的联系。将这些联系相互集中起来，就是各方主体所参与的市场竞争。由于在各自利益的驱动下，各自利益主体纷纷参与市场竞争，当竞争的焦点集中在同一领域时，甚至集中在相同的目标时，往往会发生冲突与纠纷。由于法律不完备、地方保护主义等多种因素的影响，特别是滥用公共权力渗透在经济领域，造就了商品经济的畸形发展，权钱交易是其中最典型的表现。在这种交易中，权力即为金钱，金钱即为权力。

（2）心理因素的影响。市场经济的发展使得人民的生活水平逐步提高。在这一浪潮中，众多民众把握住机遇，赚取了大量财物。而另一部分民众未能把握住机会，仍然仅靠工薪生活，维持基本生活需求。于是，那部分仅靠工薪生活的国家工作人员，在反差如此之大的刺激之下，在心理上不可避免地产生了不平衡，在工作积极性和效率性等方面受到负面影响。在这种状况下，某部分心理极度不平衡的人就有可能通过其所掌握的国家职权非法攫取社会财富，使自己在金钱方面得到应有的"补偿"。与此同时，个别国家工作人员利用贪污受贿等非法手段发家致富的现象，刺激了周边的更多人员利用国家职权非法"致富"，从而使个别国家工作人员的工作氛围陷入更深的权钱交易的怪圈。贪腐存在的"乘法效应"使得权力和金钱形成了往复交叉的恶性循环。事发的贪腐案件通常存在两种情形，一人收受多人钱财，或一人向多人送钱谋利，其中任意一人案发，将成倍增加其他人案发的结果概率。在多人行贿、多人受贿的金钱链条中，即使是链条最末端东窗案发，也会导致与之不具有直接关系的最顶端受到波及。事物的发展过程中，偶然中蕴含着必然的趋势。对于贪腐行为，一时的安然无事不代表永远不会被发现、不会被查处。随着我国反腐力度的不断加大，国家体制机制的不断完善，腐败行为终有一天会被揭发。任何人都不能藐视法纪、心存侥幸，计算相安无事的概率，抱有万无一失的幻想。

针对上述贪腐问题，可以从以下几个方面解决。

（1）从源头上加大预防腐败、惩治腐败的力度，深化改革，创新体制。依照精简、统一、效能的原则，继续对行政机构进行改革。精简办事机构，转变政府职能，实行政企分开、政事分开，进一步切实转换政府职能，转换到宏观调控、市场监督、社会公共事务管理上来。权力范围缩小，权钱交易的机会也会随之被压缩，就能从根本上促进国家体制的高效、廉洁、依法行政。同时，深化行政审批制度改革，建立健全市场管理机制。首先，妥善处理简化行政审批环节同权力监督的关系。既要改变因审批权环节设置过多所带来的效率低下、腐败机会过多的状况，又要防止因管理环节的减少、权力的相对集中而导致监督制约弱化的问题。其次，公共工程项目必须进入当地建立的统一市场，实行公开招投标；坚持对经营性土地使用权的出让，实行公开招投标和公开拍卖；坚持国有企业的产权交易过程中必须有中介机构来评估，不允许政府官员和企业领导个人说了算，防止利用审批权进行权钱交易的现象。同时，还要进一步完善经营性土地使用权的出让、产权交易和政府采购制度等方面。深化财政制度管理和金融体制改革。坚决堵塞财政方面的漏洞，加强对财政资金的监管，进一步强化金融监控职能，实行储蓄存款实名制，不给犯罪制造条件。加快推进部门预算改革，强化预算管理。

（2）深化国有资产管理体制改革。加强并改进对国有资产和国有企业的监督管理，防止国有资产流失。在部分垄断性行业和部门引入竞争机制。对铁路、民航、电力、燃气、电信、供水、银行等行政垄断的行业和部门开放市场，引入竞争机制，切实堵住个别人员依靠行业的敛财之路。深化改革干部阶层人事制度，建立健全科学的干部选拔任用机制、监督管理机制以及公务员工资补贴制度。建立国家公务人员的"廉政风险基金"制度，这样既可以解决公务人员的后顾之忧，同时也将加大腐败和犯罪的成本。总之，逐步加大治理力度，通过进一步深化改革，从根源入手，将社会经济生活的各个方面、各个环节，逐步纳入制度化、规范化、合法化的轨道。

（3）充分发挥市场机制的作用和功能，合理缩减政府权力并对其加强制约。通过政府权力对资源进行配置是贪污贿赂得以生存的重要条件。对此，制约贪污贿赂犯罪的一个有效手段就是对政府权力进行制约。一是缩小政府权力的活动范围，对权力的运作范围进行制约，破坏权力运行的完整性。也就是加快实现政企分开、政资分开，实现政治体制改革，尽可能使更多的可利用社会资源交由市场进行配置。限制政府干涉依靠市场能做到的事，依靠企业能做的事，把政府权力的运作限制在尽可能有限的范围之内。二是制约政府权力的运作过程。程序是确保实体的必然手段，如果没有程序上的制约，很难保证政府在权力运作的过程中切实合法，因此，除了将政府权力限制在有限范围之内，还要对其运作过程进行监督制约。

## 【案件延伸】

在市场经济环境下，缺少制度的保障，只靠企业个别领导的思想觉悟，是无法切实保证国有资产的安全的。为防止国有企业的资金流入个别人员的私人金库，首先要建立健全财务清单制度，形成严密有效的监督、制约机制，最大程度地减少职务便利的活动空间。要解决监管问题，其次要做到减少并下放民航主管部门的权力，加强民航领域的市场化水平，推进建立公平竞争机制，推进民航管理信息化水平的提高并加强信息公开，接受外部专门机构以及新闻媒体的监督，让社会公众共同对民航业的腐败问题进行监督。

民航业属于技术专业性强的特殊行业，如何强化管理、预防腐败是行业发展的关键之处。仅依靠民航领域外部的监督，很难做到有效监管。状况频发的民航系统腐败问题已经引起了监管层的高度重视，继续深化体制改革，建成良好的内部监管机制，已经不容回避。还需要后续行动的不停积蓄，让民航业领域真正形成"不想腐、不能腐、不敢腐"的有效机制。[①]

自2015年开始的民航领域反腐风暴，还没有结束的迹象，在这一波反腐中，民航监管机构成了焦点。

中央纪委对中国民用航空局原党组成员、副局长夏某华严重违纪问题进行了立案审查。由于违反中央八项规定精神，借出差之机旅游，违规打高尔夫球并由他人支付费用；违反组织纪律，不按规定报告个人有关事项，在组织函询时不如实说明问题；违反廉洁纪律，收受礼金，依据《中国共产党纪律处分条例》的有关规定，经中央纪委常委会会议审议并报中共中央批准，

---

① 许一航：《那些落马的民航官员……》，载《检察日报》2016年11月22日，第5版。

决定给予夏某华开除党籍处分,按主任科员确定退休待遇。

在夏某华之前,民航系统已有多位管理人员被带走调查。这一轮的民航反腐风暴,是从 2015 年 7 月中央第十二巡视组进驻中国民用航空局开展专项巡视前后开始的。首先是中国民用航空局空中交通管理局原局长助理刘某华涉嫌严重违纪违法接受组织调查,之后是中国民用航空局运输司的国内运输处原处长苏某和国际航空运输处原处长魏某陆续被带走,再之后则是北京首都国际机场股份有限公司原总经理史某某,而史某某在调入该公司之前正是苏某的上司。

民航业务链纷繁复杂,又是资金密集度极为集中的行业,过于稀缺的资源和过于集中的审批,很容易制造一个个权力寻租的黑洞。

例如,被调查比较频繁的中国民用航空局运输司,主要职责就涉及 17 项,包括负责起草民航运输、通用航空等法规、政策、标准;负责民航运输市场及服务质量的监督管理;指导和监督航空运输协会开展销售代理管理、航空运输业务行业自律等相关工作;负责机场地面服务机构的许可管理;审核并落实国际民航组织等国际、地区性组织有关国际航空运输的决议、标准或建议措施等。

而其中最重要的职能,就是对航空公司新开航线航班以及新设航空公司的审批。在高速增长的中国民航业,掌握有限的航线时刻资源的部门,拥有着绝对天然的权力。

在航班时刻审批、监管和退出方面,有些国家的一些措施值得借鉴。在美国,新增和收回时刻的分配更强调保护新进入航空公司的利益,这些时刻的 50% 将直接分配给新进入航空公司,除非新进入航空公司的需求低于 50%。剩余 50% 的时刻将优先分配给在机场提供长期航空运输服务的承运人。而如果航空公司拿到航班时刻后连续两个月内的使用效率不足 80% 将被收回。①

此外,美国还建立了一个统一的航班时刻二级交易市场。允许各家航空

---

① 陈姗姗:《民航反腐风暴继续 那些被抓的官员都犯了什么错》,载第一财经网 2017 年 1 月 4 日,https://www.yicai.com/news/5197598.html。

公司将自己的航班时刻存量，以有偿的方式拿到航班时刻二级交易市场上出租、出售、转让、抵押和拍卖。

而在日本，航班时刻同样实行审批报备制，负责审批的机构是运输省航空局，但负责审批的岗位流动性非常大，几乎每两三个月，负责审批的人就会更换。此外，对什么样的航线和时刻给什么样的公司使用，制度也非常明确。这些都是为了减少人为控制、寻租的机会。

民航管理机关将强化航线航权航班时刻监管，构建以执行率为核心的评价指标体系，建立航线航权航班时刻清理退出机制和联合惩戒机制，对执行率低于50%的航班进行全面清理。